위기 시대의 사회 철학

대안적 사회 철학의 모색

선우현 지음

울력

ⓒ 선우현, 2002

위기 시대의 사회 철학: 대안적 사회 철학의 모색

지은이 | 선우현

펴낸이 | 강동호

펴낸곳 | 도서출판 울력

1판 1쇄 | 2002년 10월 25일

등록번호 | 제10-1949호(2000. 4. 10)

주소 | 121-886 서울시 마포구 합정동 427-5(2층)

전화 | (02) 2614-4054

FAX | (02) 2614-4055

E-mail | ulyuck@hananet.net

값 | 14,000원

ISBN | 89-89485-16-9 03160

차 례

서문   철학의 위기와 대안적 사회 철학의 모색

1. 들어가는 말: 총체적 위기 상황의 도래

요즘처럼 위기라는 말이 우리 사회 도처에서 그렇게 빈번하게 사용되는 경우도 드문 것 같다. 웬만큼 큰 사건이 아니고선 아예 미동조차 하지 않는 것이 최근의 세태라는 사실이 말해 주듯이, 위기라는 표현이 붙여져야만 그나마 사람들의 시선을 끌어 모을 수 있게 된 작금의 현실은 이제 위기가 위기로 감지되지 않을 만큼 사회 전반에 만연되어 있다는 사실을 말해 준다. 그에 따라 이제 위기라는 말 자체가 실제의 위기적 상황을 가리키기보다 일반 대중의 관심을 끌기 위한 하나의 수사학적 자극제로서 기능하고 있지는 않은가 하는 의구심을 갖도록 해준다. 철학의 영역만 해도, 학술 모임을 알리는 안내문의 제목에 위기라는 말이 들어가는 경우라야 다소나마 사람들의 주목을 받게 된 지도 꽤 오래 되었다.

여하튼 우리 사회에서 위기라는 용어가 본격적으로 운위되기 시

작하면서 세인들의 이목을 집중시켰던 사건은 아무래도 현실 사회
주의의 붕괴에 따른 마르크스주의의 총체적(전반적) 위기[1]가 아니었
나 싶다. 서구 사회에서는 이미 68운동을 전후하여 나름대로 마르
크스주의에 대한 역사적 평가가 완결되었지만, 한국 사회의 경우에
는 오히려 80년대 들어서 사회 구조적 모순과 한계를 조망하는 거의
유일무이한 철학적 분석틀로 각광받았던 것이 바로 마르크스주의였
다. 그러던 중 구 소련과 동구 사회주의 국가들의 붕괴와 함께 마르
크스주의가 더 이상 이론적 · 실천적으로 그 역할을 수행할 수 없게
될 것이라는 위기 의식이 당시 한국 사회에 급속하게 확산되면서 급
기야 마르크스주의의 총체적 위기로서 표출되었던 것이다.

　국가적 · 지역적 경계를 뛰어넘어 전 지구적 차원의 문제로 확대
되어 가고 있는 환경 파괴의 문제도 생태계 위기의 심각성을 우리
사회에 각인시켜 주었으며, 동시대적인 문제로 우리 사회에 커다란
영향을 미친 근대/탈근대 논쟁의 경우도 이성의 위기[2]가 우리 시대의
중요한 위기 문제임을 인식토록 해주었다. 아울러 해방 이후 한국
사회의 전개 과정에서 초래된, 민족 정기의 훼손과 불공정한 사회
구조의 구현, 사회적 부정의의 만연 등과 관련하여 지속적으로 제기
되고 있는 한국 사회의 윤리적 위기[3]도 여전히 거론되고 있는 위기적

---

1) 이병천/박형준 편저, 『마르크스주의의 위기와 포스트마르크스주의 I』(1992), 6-12쪽 참조.
2) 참과 거짓을 판별하는 보편적 척도가 더 이상 이성에서 확보될 수 없는 상황이나 자본
　주의 사회에서 이성의 비이성화 등 이성의 위기적 상황에 관한 비판적 지적에 관해서
　는 차인석, 「기술적 합리성과 세계의 운명」, 『사회철학대계 3』, 111-117쪽; H. Marcuse,
　"Some Social Implications of Modern Technology," A. Arato/E. Gebhardt(eds.), *The
　Essential Frankfurt School Reader*(1988), 138-145쪽 참조.
3) 여기서 말하는 윤리적 위기의 핵심은, 현재 우리 사회에는 사회 성원들 대부분이 받아들
　일 수 있는 옳고 그름의 보편적 윤리적 잣대가 확립되어 있지 않다는 사실을 가리킨다.
　이와 관련하여 사회 역사적 환경과 맥락은 다르지만, 공동체주의를 대변하고 있는 맥
　킨타이어의 경우도, 특정 행위나 현상에 관한 도덕적 불일치 사태를 심각한 무질서에
　처한 도덕적 위기 사태로 보고자 한다. A. MacIntyre, *After Virtue*(1984), 6-10쪽 참조.

사태라 할 수 있다.

그렇지만 한국 사회 구성원 각자에게 오늘의 시대적 상황이 위기에 봉착해 있음을 극명하게 보여준 결정적인 계기는 뭐니뭐니 해도 IMF 경제 체제 위기라 할 것이다. 이는 특히 개인의 생존과 직결된 위기 사태였다는 점에서 위기에 대한 인식과 체감의 정도가 그 이전과는 질적으로 비교가 되지 않는 것이었다. 게다가 이러한 IMF 위기 사태를 극복하기 위한 현실적 방안으로 도입된 신자유주의 논리에 기초한 정책 대안들은 한국 사회 곳곳에 파고들어 생활 세계의 고유한 논리를 시장 논리로 대체 · 침윤시키면서 다양한 형태의 위기적 상황을 연출해 내고 있다. 가령, 비효율적 경영의 개선과 합리적 운영, 생산성의 증대를 내세워 추진된 **구조 조정**은 수많은 실업자를 양산해 냄으로써 생활 세계를 터전으로 살아가는 당사자들에게 먹고 사는 문제를 당장 해결해야 하는 **실존적 위기** 사태를 안겨주었으며, 다른 한편으로 효율성과 무차별적 경쟁을 강요하는 신자유주의 정책 노선에 대해 비판을 가하는 — 철학을 위시한 — 인문학의 비판적 성찰 논리를 억압하는 사태로서, 이른바 인문학의 위기를 초래하고 있기도 하다. 최근 들어 자주 언급되고 있는 **교육의 위기** 또한 교육 현장에 비인간적 경쟁을 조장하는 시장의 원리를 적용코자 시도하는 **신자유주의 논리**의 무차별적 침탈에 기인하고 있다.

이처럼 우리 사회가 직면하고 있는 위기 상황은 다양한 양태를 취하고 있을 뿐 아니라 중첩적으로 얽혀져 있다. 물론 이러한 위기 사태가 단지 거품에 지나지 않는 **사이비 위기**인지, 아니면 실제로 우리 삶 속에 들어와 있는 말 그대로 위기적 상황인지에 관해서는 보다 세밀한 탐구가 요구된다.[4] 하지만 — 다소간 부풀려진 감은 있지

---

4) 이와 관련, 인문학의 위기는 교육관에 관한 상이한 입장에 따라 위기로 판단되기는커녕 오히려 발전의 징표로 볼 수 있다는 의견이 개진되고 있다. 박이문, 「인문학의 위기

만 ― 현재 우리 사회가 맞고 있는 위기적 상황은 이전과 달리 심상치 않다는 위기 의식이 사회 성원들 사이에 팽배해 있으며, 현 상황이 위기라는 점에 대체로 동의하는 분위기이다. 이는 현재의 위기가 단순히 학술적 차원에서 논의되는 추상적인 것이 아니라, 우리 주변에서 쉽게 목도되는 현상이란 점에 그 근거를 두고 있다.[5]

2. 인문학의 위기/철학의 위기

인간 자신의 본질과 삶의 진정한 의미에 관한 탐구로서 인문학이 위기에 처해 있다는 것은 곧 철학이 위기에 봉착해 있다는 것을 의미한다. 이는 철학이 본래 자신에게 주어진 ― 비판과 성찰을 중심으로 한 ― 역할과 기능을 제대로 수행할 수 없는 사태에 직면하게 되었음을 말해 준다. 물론 이 같은 철학의 위기 징후는 우리의 삶 곳곳에서 실제로 감지되고 있다. 예컨대, "우리가 먹고 살아가는데 철학은 도대체 무슨 역할을 하였는가"라는 물음에서 드러나듯, 오늘날 한국 사회에서 철학은 현실과 유리된 뜬구름 잡는 얘기나 해대는 공리공담의 학으로 치부되고 있거나 실제적인 삶과는 무관하게 쓸데없이 딴죽을 걸거나 비판을 위한 비판이나 해대는 여유 있는 자들의 지적 유희로 비쳐지고 있는 실정이다. 소위 학문의 전당이라 일컬어지는 대학의 강의실에는 취업과 관련된 과목에만 수강생들이 몰릴 뿐, 인문학적 소양의 함양과 직결된 철학이나 역사학 관련 강좌는 철저히 외면 당하는 상황이 연출되고 있다.

사정이 이러함에도 인문학의 위기를 둘러싼 논쟁에서는, 이 같은

와 교육이념」, 『비평』 8호(2002), 41-42쪽 참조.
5) 이에 대한 사례로는 박이문, 같은 글, 37쪽 참조.

위기 상황의 실재 여부를 놓고 상반된 견해가 오가고 있다. 그 가운데는 인문학의 위기 개념 자체가 불가능한 개념이라는 주장이 포함되어 있으며,[6] 현재의 인문학의 위기는 새로운 것이 아니라는 입장도 개진되고 있다. 이와 함께 — 철학의 위기를 포함하여 — 인문학의 위기를 초래한 근본 원인에 관한 분석과 진단, 그것의 극복 방안에 대한 다양한 시각과 견해가 표출되고 있기도 하다. 여기에는 인문학의 대상과 주제가 바로 인간 자신이라는 사실에 기인하는, 객관성의 취약(성)과 지나친 세분화로 인한 편협성이 인문학의 위기를 초래하고 있다는 내재적 요인설, IMF, 신자유주의, 정보 사회 등 외적 환경에서 위기의 원인을 찾고자 하는 외재적 요인설, 인문학의 내적 속성과 외부적 요인, 양자로부터 원인을 해명하려는 이원론적 요인설, 아울러 인문학에 참여하고 있는 탐구자 주체의 주변적이며 소극적인 특성에서 주된 원인을 제시하려는 연구 주체적 요인설 등, 나름의 논리와 근거를 갖고 원인을 해명해 보려는 시도들이 포함되어 있다.[7] 게다가 이러한 다양한 해명 방식들에 대한 잠정적인 평가 작업 또한 인문학 위기에 관한 담론들에 대한 분석을 통해 이루어지고 있기도 하다.

이처럼 인문학의 위기를 둘러싸고 전개되고 있는 논쟁 상황을 염두에 둘 때, 또한 이미 그 대체적인 내용이 밝혀진 상황에서, 위기와 그것의 원인에 대한 또 다른 해명이나 접근 방식을 개진한다는 것은 단지 사족을 다는 작업에 그칠 뿐 그다지 의미 있는 작업은 되지 못할 것이다. 이러한 이유에서 이 글은 그와 같은 불필요한 설명 작업

---

6) 남경희, 「인문학의 '위기' 와 새로운 인문학」, 『현대사회 인문학의 위기와 전망』(1998), 29쪽.
7) 이에 관해서는 최종욱, 「인문과학 위기에 대한 담론분석을 위한 시론」, 『한국 인문사회 과학의 현재와 미래』(1998), 339-352쪽 참조.

은 생략하는 대신, 현재 우리 사회에서 전개되고 있는 인문학의 위기, 특히 철학의 위기와 관련하여 한마디 정도만 강조하여 부언코자 한다: 즉 우리의 현실을 주체적 시각에서 성찰하고 조망할 능력과 자격을 갖춘 실천적 이론틀로서의 자생적 (사회) 철학 체계[8]가 아직 확립되어 있지 못한 상태, 그리고 이러한 현실이 갖는 의미를 제대로 간취하지 못한 채 서구의 최신 철학 체계를 신속히 도입하여 소개하고 그것의 내용을 보다 본래의 의미에 가깝도록 각주를 달아 해명하는 것을 철학함의 본령이라고 잘못 인식하고 있는 상황, 뿐만 아니라 서구 사회에서 높이 평가받고 있는 철학 사상은 그것의 태생지인 서구 사회를 넘어 한국 사회의 구조적 모순과 왜곡에 관해서도 정확히 해명하고 그 해결 방안을 제공해 줄 수 있을 것이라는 근거 없는 확신이 자연스레 확산되어 나가고 있는 현실, 더욱이 이러한 실상을 철학의 위기 사태로서 제대로 깨닫지 못하고 있는 상황, 이것이 바로 철학의 위기 상황이라 할 것이다.

3. 철학 위기의 본질: 자생적 철학 체계의 부재

잘 알려진 것처럼 그간 우리 철학계는 대체로 서구 중심의 외래 철학 사상을 수용하여 그것을 적당히 포장하여 소개하고 분석·해

---

8) 이 글에서는 "세계를 변혁"(K. Marx, *Thesen über Feuerbach, MEW* 3(1978), 7쪽)시키는 과제와 "인간의 운명 개척의 길을 밝혀주는 가장 보편적인 진리를 해명"(황장엽, 『인간중심철학의 몇 가지 문제』(2000), 197쪽)하는 것을 철학의 사명으로 간주하는 실천적 철학을 철학의 본령으로 이해하고자 한다. 요컨대 철학은 기본적으로 현실 문제를 조망하고 그에 대한 해결 방안을 제시해 주는 실천적 이론 체계, 즉 이론과 실천의 통일체로서 비판적 실천적 사회 철학이어야 한다고 본다. 그런 한에서 이 글에서 사용되는 자생적 철학 체계는 자생적 사회 철학 체계에 다름 아니다.

명하는 데 치중해 왔다. 물론 서구 중심의 이론 수용과 해명 작업을 통해 우리 철학계는 그간 상당한 수준의 철학적 지식과 정보를 축적해 왔으며 질적으로 우수한 연구물들을 양산해 왔다. 나아가 이전보다 텍스트에 충실하고 정확한 해석이 이루어져 왔으며 전문적인 이론 연구 작업이 활성화되었다.

하지만 서구의 철학 체계들은 한결같이 서구인들 자신의 현실에 터 하여 형성된 그들의 사유 체계이자 그들의 문제를 해결하기 위한 이론적 도구이다. 이러한 사실을 제대로 고려하지 못한 채, 경쟁적으로 서구의 이론틀을 도입하여 소개하는 데 주력해 온 우리의 철학함 방식은 분명 철저한 자기 비판과 자기 반성의 과정을 거쳐야만 할 대목이다. 특히 현시점에서 근원적으로 비판받아 마땅한 철학함의 태도는, 우리의 현실에 관한 치열한 문제 의식과 진지한 접근 자세를 결여한 가운데, 왜곡된 보편주의와 서구 중심의 세계화 논리의 본질을 간과함으로써, 그러한 논리의 횡포에 놀아나면서 서구의 최신 철학 사조에 대한 무반성적·추수주의적 사유를 우월한 철학(함)의 사유 방식으로 당연시하는 식민지적 발상이 우리의 철학(함) 밑바닥에 공고히 자리잡도록 방치했다는 점이다.

당연히 여기에는 철학 하는 이들의 주체적인 문제 의식의 결여가 가장 큰 몫을 차지하고 있다. 하지만 그것 말고도 학문적 예속성과 식민성을 강제하는 서구 인문학 자체에 내장되어 있는 동력원도 또한 작동하고 있다는 점을 유의해야만 한다.[9] 가령, 서구 중심의 자본주의적 근대화 논리는 지구상의 그 어느 사회도 추구하지 않을 수 없는 보편적인 발전 도정으로 자신을 강력히 설파해 왔으며, 그에 따라 우리 사회 역시 그러한 과정을 무반성적으로 추종해 왔으며 서

---

9) 최종욱, 「인문과학 위기에 대한 담론분석을 위한 시론」(1998), 353쪽.

구 사회의 철학적 이론틀에 대해서도 이를 보편적인 것으로 자연스레 받아들여 왔다. 이 같은 왜곡된 현실 속에서 비록 일시적인 현상이긴 했지만, 서구의 최신 유행 철학을 누구보다 앞서 도입하여 소개하는 이가 가장 탁월한 학문적 역량을 지닌 유능한 철학자로 평가받는 웃지 못할 사태마저 일어나곤 했었다.

이처럼 우리 철학계는 이제껏 정치하고 세련된 양태의 서구 중심의 외래 철학을 해명하는 데 익숙해진 까닭에 서구적 사유틀의 우월성을 당연시하게 되었으며, 그처럼 왜곡된 방식으로 고착된 시선에서 우리의 고유한 철학 체계를 정립하는 작업 자체에 대해, 이를 대단히 부정적이고 열등한 것으로 바라보는 이론 사대주의적 · 패배주의적 태도를 견지하기에 이르렀다. 그에 따라 비록 서구의 철학 사상만큼 세련되지 못할 뿐 아니라 논리적으로 치밀하지도 못하며, 어찌보면 조야하기까지 하지만 그럼에도 우리의 현실을 자주적인 각도에서 들여다볼 수 있는 창조적이며 고유한 우리의 자생적 철학 체계를 산출해 내려는 시도에 대해서 이를 우습게 여기거나 냉소적인 자세로 응수하고 있는 형국이다.[10] 이와 같이 우리의 현실을 우리의 문제 의식에서 바라보는 데 기여할 자생적인 철학 체계가 아직 정립되어 있지 못한 상황, 그 자체를 하나의 위기 상황으로 인식하지 못하고 있는 현실, 이것이 바로 오늘의 철학 위기의 본질이 아닌가 싶다.

나아가 — 좀더 세밀한 탐구가 요청되는 가설이기는 하지만 — 우리 현실의 문제점을 예리하게 파헤쳐 낼 수 있는 제대로 된 고유한 철학 체계가 부재한 까닭에, 철학의 위기를 비롯하여 현재 우리 사

---

10) 가령, 지배 이데올로기로 변용 · 왜곡된 주체 사상의 본래적 유형이라 할 황장엽의 인간중심철학은 — 비록 그 이념적 지향점에 관해서는 찬반의 입장으로 나뉜다 해도 — 20세기 한반도의 현실을 사유의 대상으로 삼아 정립된 독창적 철학 체계임에도 불구하고, 그에 대한 남한 철학계의 반응은 거의 무관심과 경시로 이어지고 있다

회가 맞고 있는 다양한 유형의 위기적 사태를 바르게 분석하지도, 아울러 제대로 대처하지도 못하는 상황이 속출되고 있다고 보여진다. 더욱이 현재와 같은 철학의 위기는 이미 충분히 예견할 수 있는 사전적 징후들 — 가령, 우리의 학문적 게으름, 학문적 식민주의, 신자유주의 논리의 확산, 자본주의 체제의 구조적 모순 등 — 을 우리에게 노출시킨 바 있었다. 그럼에도 불구하고 그에 대한 예견은 이루어지지 못했으며, 그에 따라 효과적인 대처 및 극복 방안의 모색마저 지지부진한 상태에 처해 있는바, 이것이 바로 현재 우리 사회의 인문학이 처해 있는 현실, 철학의 현주소이다.

4. 철학 위기의 근본적 처방책[11]: 자생적 철학 체계의 정립

4.1 위기의 긍정적 · 생산적 계기

그렇다면 이러한 인문학의 위기, 철학의 위기는 그저 속수무책으로 감수할 수밖에 없는 비관적이며 절망적인 것인가? 이를 넘어설 수 있는 길은 없는 것인가? 이와 관련하여 — 함부로 논할 수는 없지만 — 최근 우리 철학계의 움직임을 살펴볼 때 그렇지 않다고 단언할 수 있을 것 같다. 적어도 최근 들어, 의식 있는 철학도들을 중심으로 이러한 사태에 대한 철저한 자기 성찰의 과정을 거쳐 이를 중대한 철학의 위기적 상황으로 인식하는 추세가 점차 주류를 이루어 나가

---

11) 여기서 근본적 처방책이란 말은, 전 지구적 차원에서 철학의 위기가 아닌 한국적 상황에서 벌어지고 있는 철학의 위기를 벗어날 가장 기본적이며 일차적인 처방책이라는 의미에서 사용되고 있다. 따라서 이는 철학의 위기를 완전히 극복시켜 준다는 의미를 지니는 것은 아니다.

고 있다는 점에서, 게다가 최근 들어 우리 철학계에도 더 이상 철학 수입상의 역할에 머물지 않고 우리의 현실을 제대로 고찰하고 분석해 낼 수 있는 자생적 철학 체계를 적극적으로 모색해 보려는 시도가 — 만족스러운 상태는 아니지만 — 활발히 이루어져 가고 있다는 점에서, 작금의 철학의 위기 사태는 그리 비관적이거나 절망적인 것이라고 단정하기 어려울 것이다. 오히려 이러한 위기에 대한 올바른 인식이야말로 인문학, 특히 철학의 역할과 기능을 활성화하고 자생적 철학 체계를 확립하는 데 더할 나위 없는 호기(好機)로 작용할 수 있다고 판단된다.

이 같은 사정을 감안할 때, 철학함에 대한 철저한 반성과 그에 따른 — 비록 어설프고 조야할망정 — 자생적인 철학 체계의 수립에 대한 모색이 활발하게 이루어지고 있음은, 철학의 위기가 부정적·비관적 위기 상황이 아닌, 희망적이며 낙관적인 위기 상황임을 예시해 준다. 게다가 위기에 대한 문제 의식과 인식의 정도가 심화되어 간다는 사실은, 객관적으로 위기적 상황임에도 불구하고 그것을 위기로 느끼지 못했던 예전의 상황보다 진전된 경우로서, 이는 우리 철학계가 위기적 상황을 극복해 나가는 도정에 진입했음을 알리는 신호탄이기도 하다. 다시 말해 그와 같은 철학의 위기를 올바르게 파악하기 시작했다는 사실이 이미 위기 극복의 첫발을 내디딘 것이며, 시작이 반이라는 속담이 말해 주듯이 이미 위기의 절반은 넘어선 것이라고 조심스럽게 전망해도 무난할 듯싶다. 물론 위기 상황을 인식하고 있다는 것만으로는 결코 충분한 것이 못된다. 하지만 그럼에도 문제 상황의 심각성을 깨닫고 그로부터 어떻게 해야 하는가라는 앞으로의 전망과 그에 따른 실천적 과제가 무엇인지를 정확히 인지하고 있다는 사실은, 현재의 위기적 상황이 오히려 전화위복의 계기로서 작용하고 있으며 또한 작용할 수 있음을 말해 주고 있는 것이다. 이런 한에서 작금의 위기 사태는 그림자와 빛을 동시에 내포하고 있는 셈이다. 즉 (철학의) 위기는 한편으로 절망과 패배의 징후이기도 하지만, 다른 한편 보다 능동적이며 적극적으로 위기에 대한 문제 의식을 키우고 그것을 극복·지양하기 위한 새로운 철학적 이론 틀의 개척이라는 희망과 승리의 징후이기도 한 것이다.

4.2 자생적 철학 체계의 정립 시도

이제껏 살펴본 것처럼 한국 사회를 비춰보고 그로부터 드러난 한계와 모순, 문제들을 해결하고 넘어설 방안을 모색해 보는데 중요한 역할을 할 독자적인 고유한 철학 체계를 구상하고 그 정립 방안을 모색해 보려는 움직임 속에는 이미 위기 극복의 단초가 담겨져 있다. 아울러 이로부터 우리는 현재 철학의 위기를 비롯하여 한국 사회에 만연해 있는 위기적 상황에서 벗어날 일차적이며 실질적인 방안이 자생적 철학의 정립에 있다는 사실을 깨달을 수 있다. 이러한 정립 시도가 갖는 희망적인 가능성에 대한 근거로는, 이른바 맥도날드화(Mcdonaldization)[12]로서의 세계화 열풍과 신자유주의 물결이 급속히 유입됨에 따라 현재 한국 사회에서 벌어지고 있는 새로운 위기 사태, 예컨대 인문학의 위기에 대한 철학적 사유의 대응 방식을 들 수 있다. 곧 상품의 논리를 내세워 상품 가치가 없다는 이유로 인문학의 용도 폐기를 시도하고 있는 신자유주의의 침탈 정책에 맞서 그러한 논리에 담긴 허구성과 (자본주의 체제 유지적) 음모를 폭로하고 비판하는 인문학적 정신, 철학의 정신 속에서 우리는 위기의 진상을 통찰하고 그로부터 벗어날 실천적 방안을 강구하려는 문제 의식과

---

12) 이에 관해서는 G. Ritzer, *The McDonaldization of Society*(1996), 9-11쪽 참조.

실천적 의지를 엿볼 수 있으며, 이것이야말로 자생적 철학 체계의 정립을 위한 이론적 시도의 단초로서 읽혀지기 때문이다.

이 같은 상황을 고려해 볼 때, 현재의 위기는 자생적 사회 철학 체계의 정립 시도를 촉진하고 활성화시킬 수 있는 좋은 계기이자, 동시에 그러한 시도의 추진이야말로 위기 극복의 근본적인 출발점이자 종착점인 것이다. 이러한 문제 의식과 현실 인식이 비로소 철학 하는 이들의 공통된 의식으로 체화되는 경우가 바로 새로운 자생적 사회 철학 수립의 첫 단추를 꿰는 것이며, 이에 의거하여 서구 중심의 외래 철학 사조의 무분별한 수용과 소위 보다 원전에 충실한 교조적인 해석 방식을 철학(함)의 주된 역할로서 간주하던 비주체적인 식민지적·서구 추수주의적 철학(함)의 한계에서 마침내 벗어날 수 있는 실질적인 계기가 확보되는 것이다. 나아가 우리의 현실을 대상으로 삼아 우리의 자각된 문제 의식에 입각하여 문제점과 한계를 드러내고 그에 맞는 해결적 대안을 모색하는, 우리 식의 주체적이며 창조적인 철학(함)의 모델을 정초하고 수립해 나가는 구체적인 시도로서 이어질 것이다. 아울러 이러한 노력은 머지 않아 커다란 결실로 맺어져 한국적 현실에 부합하는 자생적 철학 체계의 뚜렷한 윤곽으로 드러날 것이다.

5. 자생적 철학 체계의 정립을 위한 도정에서 첫 단계 작업: 잠정적인 대안적 사회 철학의 모색

지금까지의 논의에서 드러나듯이 철학의 위기가 갖는 내용은 사실 한두 가지에 국한된 것은 아니다. 하지만 그 가운데 현시점에서 특히 주목하게 되는 사항은, 이전의 철학적 분석틀이나 패러다임에 의거해서는 더 이상 우리 사회의 현실을 제대로 포착·설명해 내는데 한계가 있다는 맥락에서 위기의 내용이다.

이 점과 관련하여 언급할 수 있는 경우가 80년대의 마르크스주의 철학이다. 알다시피 당시 한국 사회에서 마르크스주의 철학은 한국적 현실을 적절히 규명해 내는 이론 체계로 평가받고 있었다. 그러나 그 후 변화된 한국적 현실을 조망하는 데 마르크스주의 철학은 이론적·실천적 한계를 여지없이 노정하고 말았다. 생산력/생산 관계, 토대/상부 구조, 노동 패러다임에 의거하여 분석하기 어려운 새로운 현상들 — 가령, 동성애자와 같은 우리 사회 내부의 소수 집단들(minorities)의 자유나 인권, 해방의 문제 — 이 한국 사회에도 마침내 출현하기 시작했던 것이다. 이와 같이 변화된 사회적 상황을 고려하게 될 경우, 우리 사회를 제대로 고찰하고 그로부터 드러난 병리적 현상들을 해결할 방안을 제시해 줄 수 있는 자생적 철학 체계의 수립이 얼마나 중요하고 시급한 과제인가를 깨닫게 된다.

그런데 이와 같이 완결적 형태의 자생적 철학 유형을 짧은 시일 안에 정립하는 과제는, 우리 철학계의 현실을 고려해 볼 때 현재로서는 대단히 성취하기 어려운 작업이 아닐 수 없다. 하지만 그렇다고 해서 그러한 과제의 달성이 전혀 불가능한 것만은 아니라고 생각된다. 이에 대한 간접적 근거로서 주체 사상의 본래적 유형이라고 할 수 있는 인간중심철학[13]을 들 수 있다.

비록 북한의 1인 지배 체제를 정당화하는 지배 이데올로기로 왜곡·변질되기는 했지만 그처럼 변용·왜곡되기 이전, 인민 대중이 역사 발전의 주체로서 상정된 주체 사상의 본래적 형태로서 인간중심철학은 북한의 현실과 한반도의 분단 상황을 사유의 일차적 대상

---

13) 인간중심철학의 대략적인 면모에 관해서는 황장엽, 『인간중심철학의 몇 가지 문제』(2000), 197-217쪽 참조.

으로 삼아 정립된 자생적 정치 철학 체계라는 점에서, 한국 사회의 고유한 자생적 철학 모델을 확립하는 데 있어 하나의 모범으로 삼을 수 있을 것이다. 특히 마르크스주의 철학을 비판적으로 극복·재편하여 제시한 인간중심철학과 그 과정에서 드러난 철학(함) 방식은, 자생적인 우리 철학을 정립하려는 시도에 적지 않은 교훈과 시사점을 줄 수 있을 것이다. 더욱이 인간중심철학은 남북한 철학계를 통틀어 20세기에 나온 철학적 성과물들 가운데 몇 안 되는 독창적인 철학 체계, 아니 거의 유일한 철학 유형이라는 점에서 특히 그러하다. 물론 인간중심철학은 표현의 소박성이나 논리적 엄밀성의 결여 등을 비롯한 이론적 한계와 아울러 현실에의 구현 과정에서 비롯되는 실천적 난점 등 여전히 보완하고 넘어서야 할 수다한 문제점들을 드러내 보이고 있다. 하지만 그럼에도 한반도의 분단 상황에 대한 깊은 통찰과 사색의 결과로 세상에 나온 것이란 점에서, 충분히 그 의의와 의미를 평가해 주어야 할 것이다. 그리고 바로 이 점이 우리의 분단 현실과 일정 정도 거리를 유지한 채 이론을 위한 이론의 차원에 머물러 온 남한 내 철학의 전개 과정에 대한 근원적인 반성의 지침으로 기능할 수 있을 것이다.

이 같은 사실을 고려할 경우, 자생적 철학 체계의 수립을 위한 고유한 이론적 단초나 토대가 마련되어 있지 않은 우리의 처지에서, 한국적 철학 체계를 정립하기 위한 현실적인 방안은 외래의 철학 사상을 기초로 하여 추진될 수밖에 없다고 보여진다. 아울러 이러한 발상에 부합하는 구체적인 방식으로, 우리의 시각에 비추어 이론적·실천적으로 설득력 있다고 보여지는 서구의 유력한 철학 유형을 우리의 문제 의식과 현실에 맞게, 부분적 혹은 전면적인 수정과 변용, 비판적 재구성을 통해 대안적 철학 체계를 이끌어내는 방안을 구상해 볼 수 있다.[14] 물론 이러한 대안적 철학 체계는 — 앞서 "각주 8)"

에서 밝힌 바와 같이 — 실천적 철학관의 맥락에서 대안적 사회 철학의 형태를 취하지 않을 수 없다. 아울러 이 같은 철학적 구상은 우리의 사회 현실을 분석하는 이론틀의 맹아적 형태마저 아직 우리에게 주어져 있지 않은 사실에 비추어볼 때, 현시점에서 하나의 우회적인 방식으로서 불가피하게 선택될 수밖에 없다고 보여진다.

결국 한국적 현실에 부합하는 완결적 형태의 고유한 철학 체계가 수립되기 전까지, 잠정적으로 우리의 현실을 비추어보고 이를 보다 바람직한 상태로 변혁해 나갈 수 있는 역할을 수행할 대안적 사회 철학을 모색해 보는 작업이야말로, 한국적 철학 체계를 정립해 나가는 도정에서 우선적으로 이루어져야만 하는 과제이다. 이렇게 볼 때, 대안적 사회 철학에서 대안적이라는 말은 두 가지 의미를 함축하고 있다고 생각할 수 있다. 그 하나는 완결적 형태의 자생적 철학 체계가 정립될 때까지 그 역할을 대신 수행할 잠정적인 철학 체계라는 의미이며, 또 다른 하나는 지금까지 우리 사회를 조명하는 데 실질적으로 기능해 온 서구의 유력한 철학 체계를 대신할 철학 체계라는 의미가 바로 그것이다.

이 같은 내용을 갖는 발상의 배후에는, 현재 우리 사회가 맞고 있는 위기적 사태는 서구 사회를 비롯한 전 지구적 차원에서 전개되고 있는 위기의 여러 측면 가운데 일정 부분을 공유하고 있으면서 동시에 한국 사회만이 지닌 특수한 사회 구조적 조건에서 유래하는 위기의 특성을 또한 포함하고 있다는 점에서, 서구의 유력한 사회 철학 체계를 토대로 삼아 그것을 비판적으로 재구성한 철학 체계의 수립은 현 단계에서 나름의 의미를 지닐 수 있다는 생각이 자리하고 있다.

---

14) 물론 이러한 발상이, 대안적 철학 체계의 모색이 우리의 전통 사상이나 동양 철학을 바탕으로 하여 이루어질 수 없다는 것을 의미하는 것은 결코 아니다.

그러므로 서구의 주요 사회 철학 유형들을 세밀하게 탐구하고 비판적으로 분석해 내는 작업은, 이러한 문제 의식에 입각해서 이루어지는 경우 의미 있고 가치 있는 철학적 작업으로 간주될 수 있다. 아울러 이는 한국적 현실에 대한 주체적인 자각이나 문제 의식 없이 무반성적으로 행해진, 서구 철학 이론의 무분별한 도입과 그것에 매몰된 채 자구 해석에 매달리는 방식의 서구 철학에 대한 연구 작업과는 분명히 질적으로 다른 작업 방식이다.

이처럼 현재의 철학적 지형도에 비추어 볼 때 대안적 철학 체계, 즉 대안적 사회 철학을 모색하는 과정은 두 차원에서 적절한 균형을 이루면서 이루어질 필요가 있다. 즉 한편으로 서구의 주요 사회 철학 유형들에 대해 주체적 시각에서 비판적 통찰과 분석이 이루어져야만 하며, 다른 한편으로 우리의 현실에 대한 정확한 분석과 인식이 제대로 수행되어야만 한다. 이처럼 두 측면에서 이루어지는 작업이 제대로 조화를 이루면서 진행될 경우에, 비로소 우리의 고유한 문제 의식에 기초하여 서구의 유력한 이론틀을 새롭게 비판적으로 재구성해 냄으로써 대안적 사회 철학의 고유 모델을 이끌어낼 수 있을 것이다. 그리고 이 같은 모색의 과정을 거쳐 내놓게 될 대안적 사회 철학 유형은 — 그리 만족스러운 상태는 아니라 해도 — 현 한국 사회의 문제점을 규명하고 그 해결 방안을 강구하는 데 실질적으로 기여할 수 있을 것이다. 특히 이는 이제껏 우리 사회를 들여다보는 데 일정 정도 기여한 기존의 서구 중심의 (사회) 철학 체계에 대한 하나의 대안적 혹은 보완적 사회 철학 유형으로 기능할 수 있을 것이라 보여진다. 물론 이러한 대안적 사회 철학이 한국 사회의 구조적 모순과 한계를 제대로 짚어내고 그에 대한 적절한 해결책을 제시함으로써 한국적 현실에 부합하는 고유한 철학 체계로서 자신의 역할을 수행해 나갈 경우, 그러한 대안적 사회 철학은 **자생적 철학 체계의 지**

위와 역할을 얻게 됨으로써, 잠정적으로 한국적 철학 체계로서 평가 받게 될 것이다.

끝으로 설령 이러한 완결적 유형의 철학 유형이 산출되기 전까지, 과도기적으로 비판과 성찰의 역할을 수행할 잠정적인 대안적 사회 철학을 모색하려는 시도가 단기간 내에 성공적으로 마무리되지 못하는 사태가 발생하더라도, 이러한 모색 시도는 장기적으로 한국 사회의 현실을 제대로 꿰뚫어 보는 자생적 철학 체계를 수립해 나가는 데 결정적으로 기여할 밑거름이 될 것이라 판단된다. 아울러 현 단계 한국 사회의 구조적 모순과 병리적 사태들을 통찰하고 변혁해 나가는 데 필요한 비판적 성찰의 지침으로 기여할 수 있을 것으로 예견된다.

* * *

이 책에 수록된 글들 속에는, 지금까지 언급되었던 주제에 관해 그때그때 생각해 본 어설픈 사유의 흔적들이 미진하고 엉성한 모양새로 그것도 단편적으로 담겨져 있다. 아직 철학적 역량도 제대로 갖추지 못한 상태에서 마음만 앞선 채, 주체적인 문제 의식에 바탕을 둔 창조적이며 고유한 자생적 철학 체계의 정립이라는 자못 거창한 철학적 기획하에 그 일차적인 작업으로서, 오늘의 변화된 한국적 시대 상황을 우리 자신의 시각에 기초하여 엿볼 수 있는 — 잠정적으로 그러한 역할을 수행할 수 있는 — 대안적 사회 철학의 다양한 유형들을 검토하고 모색해 보고자하는 소박한 바람에서 의도된 것이 바로 이 책이다.

이러한 의도에 따라 이 책은 무엇보다 서구의 주요 사회 철학 모델들에 대한 비판적 검토 작업을 시도하고자 한다. 그리고 이러한 작업 성과에 의거하여, 검토 대상이 된 철학 모델들을 수정 · 보완하거나 — 비록 전면적인 재구성이 아닌 부분적인 것이라 해도 — 비판적으로 재구성해 봄으로써 우리 사회의 문제점을 어느 정도 제대로 읽어낼 수 있는 잠정적인 대안적 사회 철학 유형의 산출 가능성을 모색 · 타진해 보고자 한다. 아마도 이 같은 글쓴이의 의도와 그에 따른 철학적 시도는 상당히 어설프고 어쭙잖아 보일 것이다. 그럼에도 이 책이 잠정적으로 한국적 현실에 부합하는 철학으로 기능할 수 있는 보완적 혹은 대안적 사회 철학 모델의 수립에 기여할 만한 자그마한 철학적 논의거리라도 제공할 수 있다면 글쓴이로서는 더 이상 바랄 것이 없겠다. 아무쪼록 이러한 글쓴이의 입장을 감안하여, 이 책을 접하게 되는 독자들은 커다란 기대보다는 철학의 위기 상황과 그로부터 벗어나고자 하는 하나의 어설픈 철학적 시도에 담겨 있는 작지만 나름의 문제 의식을 읽어 주었으면 고맙겠다.

제대로 익지 않은 사유의 조각들을 엮어 이처럼 책으로 내놓는 과정에서 많은 이들의 도움을 받았다. 그 가운데 참으로 어려운 상황에서도 인문학의 활성화에 도움이 될 책들을 출판하는 일에 앞장서고 있는 울력 출판사의 강동호 사장님께 특히 고마운 마음을 전하고 싶다. 또한 보잘것없는 책을 내는데, 여러모로 격려와 애정 어린 비판을 아끼지 않으신 여러 은사님들, 선후배 분들께도 감사의 말씀을 드린다. 그리고 이 책은 비록 형식적으로는 글쓴이 단독으로 쓴 것이지만 실제로는 글쓴이 가족이 공동으로 쓴 것이다. 그들의 희생과 인내, 사랑이 있었기에 보잘것없지만 이 책이 출간될 수 있었기 때문이다. 그러므로 이 책은 글쓴이와 글쓴이 가족들 — 아내 정란과 두 아들 정과 영 — 의 공동 작품이라고 감히 말할 수 있을 것이다.

제1부

사회 비판의 전통과
위기 시대의 사회 철학의 역할

1 자본주의 비판 철학으로서 루소의 평등주의적 정치 철학

철학적 의의와 한계 그리고 현재적 의미

1. 머리말

보다 이상적인 삶의 양식을 구현하고자 했던 현실 사회주의의 급격한 몰락은 상대적으로 현실 자본주의 체제의 우월성을 입증하는 계기로 작용하고 있다. 그러나 이것이 곧바로 자본주의의 승리로 귀결되는 것은 아니다. 즉 현시점에서 우리가 영위하고 있는 자본주의는 그것이 지닌 여러 강점에도 불구하고 그 전개 과정에서 수다한 모순점을 드러내고 있으며, 특히 사회적 불평등의 문제는 사회 정의의 이념과 맞물려 매우 심각하고도 중요한 사회 문제로 제기되고 있다.

우리 사회도 그간의 경제 발전 덕택으로 절대적 삶의 수준은 높아졌지만, 반면에 가진 자와 갖지 못한 자 사이의 상대적 삶의 수준은, 비록 많이 좁혀졌다고는 하나, 아직도 그 격차가 상당히 벌어져 있는 심한 불균형 상태에 놓여 있다. 따라서 부의 차등적 소유에 기인한 사회적 불평등의 문제는 국민들의 정치·사회적 의식의 고양과 결부되어, 보다 공정하고 균등한 부의 배분에 대한 점증하는 요구로 분출되어 나타나고 있다. 이는 사회적 불평등의 극복과 정의 사회의 구현이 우리 사회의 당면 과제로 등장하였음을 대변해 주는 것이다.

이 글이 사회적 불평등과 정의의 문제를 제기하여 논의하고자 하는 바는, 인간이 처한 열악한 상황을 개선하여 보다 나은 사회를 이루려는 욕망이 작용하는 것이라는 다렌도르프의 지적처럼,[1] 우리가 영위하고 있는 현실 자본주의하에서 벌어지고 있는 사회적 불평등의 문제를 극복 · 지양함으로써, 보다 바람직한 사회, 정의로운 사회를 이루고자 하는 바람과 의도에 따른 것이다.

이와 관련하여 이 글이 특히 루소의 평등주의적 정치 철학의 내용을 다루고자 하는 까닭은 현재 우리가 직면해 있는 사회적 불평등과 사회 정의에 관한 문제를, 루소는 이미 수세기 앞서 자신의 시대에 등장했던 초기 자본주의하의 사회적 불평등에 대한 비판적 탐구를 통해 제기하고 그것의 극복 방안에 대해 몰두했던 선구적 사회 사상가이기 때문이다. 더욱이 루소의 이상적 사회상은 역사적 제약과 시대적 한계를 지니고 있음에도 불구하고, 마르크스적 대안이 실패한 현실적 상황에서 자본주의와 사회주의 간의 양자택일의 방식이 아닌 양 이념의 조화와 결합이라는 제3의 방안으로 제시될 수 있다는 점에서, 그의 정치 철학적 입장은 충분한 검토의 대상이 될 수 있는 것이다.

이상의 사실을 고려하면서, 이 글은 루소의 정치 철학의 핵심이 사회적 평등을 근간으로 실질적 자유가 실현되며 사회 정의가 구현되는 이상적 사회의 건립에 놓여져 있음을 보여 주고자 한다. 아울러 사회적 불평등이 함의하고 있는 본질적 의미에 대한 루소의 혜안과

---

1) R. Dahrendorf, *Life Chance*(1979), 6장 참조.

그것이 극복·지양되어야 할 철학적 근거와 당위성에 대한 루소의 윤리적 관점에 대해 고찰해 보고자 한다. 더불어 이러한 과제를 수행해 나아가는 가운데 자유와 평등의 양립불가라는 전통적 자유주의의 입장에 대한 루소의 반론을 검토해 보고자 한다.

이와 같은 고찰의 예비 단계로서 흔히 부르주아 혁명으로 불리는 프랑스 혁명에 미친 그의 영향과, 사유 재산의 옹호로 인해 일반적으로 인정되어 온 신흥 부르주아의 이익을 대변하는 자유주의의 옹호자라는 해석, 그리하여 그것의 경제학적 이념인 자본주의의 옹호자라는 왜곡된 루소 해석을 파기하고자 한다. 이 글은 오히려 자본주의에 대한 비판자로서의 루소상(像), 나아가 마르크스의 사상적 선구자로서의 루소상을 부각시켜 조망해 볼 것이다.

끝으로 이 글은 루소의 평등주의적 정치 철학이 지니는 의의와 한계에 대해 검토해 볼 것이며, 특히 그의 철학적 입장을 오늘날의 현실 상황에 적용했을 때 드러나는 현대적 의미를 적시하여 제시해 볼 것이다.

2. 초기 자본주의의 비판자로서 루소의 철학적 입장

2.1 루소의 철학적 입장에 대한 다양한 해석

철학사에 있어서 루소만큼 다방면에 걸쳐 폭넓게 자신의 사상적 입장을 피력하고 전개한 사회 철학자도 드물 것이다. 실로 루소는 철학 이외에도 문학, 정치, 경제, 교육 등 인간사의 모든 면에 관심을 기울이고 근대적 사상을 고취·확립시킨 선구적 사상가였다. 예컨대 사회 철학자로서 루소가 차지하는 위치에 대한 언급은 차치하더

라도, 루소는 어린이 중심의 교육 이론을 최초로 주창하였으며, 아울
러 근대 낭만주의 소설의 창시자이기도 하다.

이처럼 폭넓은 사상적 관심을 표명하고 있는 루소의 철학적 입장
에 대해 수많은 연구자들은 다양하고 상반된 해석을 피력해 왔는데,
그럼에도 대체로 합의하고 있는 점은 루소의 사상에는 논리적 일관
성이 결여되어 있다는 점이다.[2]

바라다트는 루소의 사상이 다양한 정치적 스펙트럼을 지니고 있
는 관계로 사회주의적 관점과 자유주의적 관점에서 해석될 수 있음을
지적하고 있다. 곧 사유 재산의 제한이라는 측면에서는 사회주의적
입장의 해석이 가능하며, 보통권과 정책 결정의 절차적 측면에서는
자유주의적 입장의 해석이 가능하다는 사실을 가리키고 있다.[3]

버키는 개인과 법, 정치적 평등을 중시하는 시민적 비전과 집단과
역사 그리고 경제적 측면에서의 부의 분배에 관심을 기울이는 사회
적 비전이라는 양 관점에서 루소를 파악하고자 한다. 즉 버키는 루소
의 사상을 근대 정치 의식의 변증법적 전환점이자, 시민적 비전과
사회적 비전을 잇는 연결 고리로 간주하고 있는데, 그는 루소의 사
상을 시민적 비전을 대담하게 표현하면서 동시에 그것을 신랄하게
비판한 최초의 사상으로 해석하고 있다.[4]

그렇지만 일반적으로 루소의 정치 철학은 개인주의와 전체주의의
입장으로 대별하여 해석되어 왔다. 예컨대 루소의 사상을 개인주의
의 관점에서 바라보려는 입장으로는 뷔르즐랭과[5] 코반을[6] 들 수 있
으며, 이에 비해 저명한 역사학자인 탤몬은 20세기 전체주의의 동조

---

2) J. N. Shklar, *Men and Citizens: A Study of Rousseau's Social Theory*(1969), 1쪽.
3) L. P. Baradat, *Political Ideologies: their origins and impact*(1991), 65쪽.
4) R. N. Berki, *The History of Political Thought*(1977), 158-159쪽.
5) P. Burgelin, *La Philosophie de l'existence de J.J.Rousseau*(1973).
6) A. Cobban, *Rousseau and the Modern State*(1934).

자 혹은 선구자로 루소를 해석하고 있다.[7] 쉬클라는 탤몬의 견해를 『에밀』과 『신엘로이즈』를 통해 새롭게 보충하여 옹호하고 있다.[8]

보간은 비교적 중도적 관점에서, 루소의 사상을 초기의 대담한 개인주의의 입장과 후기의 공동체에 귀의하는 전체주의의 입장으로 구분하면서, 일관된 논리의 결여를 지적하고 있다.[9] 공동체의 재발견자로서 루소를 파악하고 있는 새빈의 경우, 보간의 이러한 입장을 받아들이면서도 루소를 전체주의적 입장에 더 근접하는 사상가로 이해하고자 한다.[10]

이와 같이 루소의 사상에 대한 다양한 해석은 실로 루소의 사상을 제대로 포착하는 것이 얼마나 어려우며 힘든 과제인가를 말해 주는 것이다. 그런데 여기서 유의할 점은, 루소에 대한 다양한 해석에도 불구하고 그의 사상이 역사적으로 신흥 부르주아의 이해를 표출시킨 프랑스 혁명의 이론적 토대로 작용한 만큼, 루소는 부르주아의 입장을 옹호하고 있는 자유주의적 사상가라는 견해가 널리 유포되어 있다는 사실이다.[11] 물론 루소의 사상에는 이와 같이 해석될 수 있는 측면이 존재한다. 그러나 그의 사상 체계에는 이와는 상반되는 측면, 즉 자유주의에 대한 비판적 입장이 상존하며 나아가 사회주의의 입장과 부합되는 측면이 공존하고 있음에 유념해야 할 것이다.

---

7) J. L. Talmon, *The Origins of Totalitarian Democracy*(1952).

8) J. N. Shklar, 앞의 책, 215-235쪽.

9) C. E. Vaughan, *Political Writings of J.J.Rousseau, 2vols*(1915). (G. H. Sabine, *A History of Political Theory*(1950), 489쪽에서 재인용.)

10) G. H. Sabine, 위의 책, 575-596쪽.

11) 예컨대, J. H. Hallowell, *Main Currents in Modern Political Thought*(1957), 159-197쪽.

2.2 마르크스의 사상적 선구자로서의 루소

기이하게도 자유주의 진영에서는 루소가 자유보다 평등을 강조하고 있다는 점을 들어, 그를 사회주의의 입장에 근접하는 사상가로 파악하려는 경향이 강한 반면, 사회주의 진영에서는 루소를 부르주아의 입장을 대변하는 자유주의적 사상가로 해석해 왔다.[12] 이러한 사실은 그간의 루소에 대한 평가와 해석이 이데올로기적 편견에 의해 공정하게 이루어지지 않았음을 보여 주는 것이다.

이와 관련하여 이탈리아의 마르크스 사상가인 꼴레띠는, 마르크스는 그의 사상 체계의 상당 부분을 루소에게 의존하고 있음에도 불구하고 그 자신은 어디에서도 그러한 사실을 암시조차 하고 있지 않다고 지적하고 있다.[13] 마르크스 자신은 오히려 루소를 고립된 개인으로부터 출발하고 있는 사상가로 규정하여, 소위 **로빈슨 크루소류**의 고전적 경제학자들과 동일선상에 놓고 루소를 비판하고 있다.[14] 이는 마르크스 사상 체계의 확립에 지대한 영향을 미친 루소 사상에 대한 마르크스 자신의 정당한 평가와 올바른 이해의 부재를 의미하며, 이 점은 이후 그의 사상적 추종자들에게 그대로 이어졌다.

그렇다면 루소를 마르크스의 사상적 선구자로 볼 수 있는 근거는 무엇인가? 이 글은 바로 이러한 물음에 대해, 보다 객관적 관점에서 루소의 철학적 입장을 검토하면서 답해 보고자 한다.

루소는 봉건제와 자본주의가 서로 교차하던 시기의 사상가로서 반봉건적 · 반자본주의적 입장을 동시에 드러내고 있다. 즉 반봉건

---

12) 소비에트 과학아카데미 철학연구소(편), 『세계철학사II』(1988), 327-333쪽 참조.
13) L. Colleti, "Rousseau, Kritiker der bürgerlichen Gesellschaft," *Marxismus und Dialektik*(1977), 133쪽.
14) K. Marx, *Einleitung zur Kritik der Politischen Ökonomie*, MEW Bd.13, 615쪽.

적 입장에서 루소는 절대 왕정에 반대하면서 새로이 등장한 신흥 부르주아 계층의 이해를 옹호하고 있으나, 동시에 서서히 태동하고 있던 자본주의의 문제점에 대한 비판적 통찰은 반자본주의적 입장으로 나타나고 있다. 특히 초기 자본주의가 지닌 문제점에 대한 루소의 선구적 혜안은 사회적 불평등의 궁극적 원인을 사유 재산으로 간파 · 제시했다는 점에서 극명하게 드러난다. 뒤에서 상세히 살펴보겠지만, 이 점이야말로 루소의 사상을 마르크스 사상의 원천으로 위치 지울 수 있게 하는 핵심적 사항이다.

아울러 루소의 사상 체계 내에는 사회적 부정의와 불평등의 원인이 되는 사유 재산이 존재하지 않았던 원초적 평등 상태가 설정되고 있는데, 이러한 가설적 전제는 마르크스의 원시 공동체 사회와 그 궤를 같이하는 것이다. 특히 여기서 주목할 점은, 이와 같은 가설적 전제를 통해서 양자는 현재의 상태를 혁파하고 지향해 나아가야 할 계급 없는 이상적 정의 사회상을 암시하고 있다는 사실이다.[15]

루소의 국가 사상 또한 마르크스의 국가론의 사상적 원천이다. 즉 루소는 정부의 최초 설립이 가진 자들의 허울 좋은 논법에 따라 이루어졌으며, 아울러 가진 자들이 갖지 못한 자들보다 더 많은 이익을 얻을 수 있도록 자의적으로 정부 형태를 채택했다고 주장하고 있다(Inég III, 177-180).[16] 이어 루소는 정부의 채택 후, 빈자들에 대한 가진 자들의 지배의 공고화에 대해, "야심에 찬 통치자들은 자신의 지

---

15) R. M. Lemos, *Rousseau's Political Philosophy*(1977), 178쪽.

16) 이 글에서 인용되고 있는 루소의 문헌은 Jean-Jacques Rousseau, *Oeuvres complèts*, 4 vols(1964)에 의거하고 있다. *Discours sur l'origine et les fondements de l'inêgalité* [Inég]; *Du contrat social* [CS]; *Discours sur l'économie politique* [Eco]; *Projet de constitution pour la corse* [Corse] 등은 III권에, *Emile ou de l'éducation* [Emile]은 IV권에 수록되어 있다. 이 글에서는 루소의 문헌을 인용할 경우, 편의상 약호와 저작선의 권수, 쪽수만을 표시하고자 한다.

위와 직권을 영구화하였으며, 인민은 종속에 길들여져 쇠사슬을 끊을 만한 힘마저 없는 까닭에 예속의 상태를 강화하는 데 동의했다"(Inég, III, 187)고 기술하고 있다. 아울러 루소는 법의 기원에 대해서도 그것이 가진 자와 강자의 입장에서 빈자와 약자를 억압·착취하고자 하는 의도에서 성립되었음을 지적하고 있다(Inég, III, 178). 요컨대 루소는 마르크스에 앞서 국가를 경제적 지배 계급이 다른 계급을 억압·착취하는 도구로 파악하고 있는데, 이는 무산 계급에 대항하여 유산 계급의 이익을 보호하는 것이 국가의 제1기능이라고 파악하는 마르크스적 원칙의 효시가 되는 것이다.[17]

인간 존재가 사회적 산물이라는 루소의 통찰 또한 마르크스가 물려받은 중요한 사상적 원천이다. 예컨대 루소는『에밀』에서 신체적 욕구와 구별되는 사회적 욕구와 감성이 어린이에게 생겨나며, 이를 통해 어린이가 합목적적이고 도덕적인 존재로 되어 가는 과정을 그리고 있다. 즉 루소는 사회 질서가 인간 성격의 구조에 영향을 미치고 있다는 사실에 대해 예리하게 간파하고 있었는데,[18] 이와 같은 루소적 고찰은 사회적 관계의 총체로서의 인간이라는 마르크스의 인간에 대한 규정의 선구적 이론으로 작용하고 있다. 아울러 루소는 마르크스와 마찬가지로 정의 사회의 구현과 지속을 위한 새로운 도덕적 인간형을 요구하고 있다.[19]

이처럼 루소는 시종일관 사회 내에 놓여진 인간을 고찰의 대상으로 삼아, 사회 구조와 제도에 의해 변화해 가는 인간의 심성과 상태에 관해 주목하고 있다. 흔히 비판되고 있는 원초적 평등 상태에서의 고립된 인간이란, 단지 현재의 사회적 불평등하의 인간의 타락된

---

17) J. Plamenatz, *Man and Society*(1981), vol.1, 419쪽.
18) J. Plamenatz, 위의 책, 440쪽.
19) K. Nielsen, *Marxism and The Moral Point of View*(1989), 179쪽.

모습이 사유 재산을 비롯한 제 문명에 의해 야기된 것임을 설명하고 검토하는 준거점으로 제시된 하나의 가설일 뿐이라는 점에 유의해야 할 것이다(Inég, III, 160).

이외에도 윤리적 · 도덕적 관점에서 사회적 불평등의 본질을 인간에 의한 인간의 지배 · 예속 상태로 파악하는 루소의 통찰은 마르크스가 고스란히 물려받은 사상적 유산인바, 이는 윤리적 마르크스주의의 이름으로 면면히 이어지고 있다.

루소는 특히 마르크스의 사상 체계에 있어서 핵심적 위치를 점하고 있는 소외 이론과 소유론에 결정적인 영향을 발휘함으로써 마르크스적 사상의 원천으로 기능하고 있는데, 이 점에 대해서는 뒤에서 본격적으로 살펴볼 것이다.

이상으로 우리는 개략적이나마 루소와 마르크스의 사상적 합치점을 검토해 보았다. 아울러 이를 통하여 얻은 결론은, 비록 루소를 사회주의자로서 규정할 수 없다 하더라도, 그의 사상 체계는 마르크스의 사상 형성에 지대한 영향력을 끼쳤으며 동시에 마르크스 사상의 핵심적인 원천으로 작용하고 있다는 점이다.

3. 루소의 소유론에 나타나는 평등주의적 측면

3.1 사회적 불평등의 원천으로서 사유 재산에 대한 루소의 비판

루소의 사상에 있어 평등주의적 특색이 두드러지게 나타나는 곳은 바로 그의 소유 이론이다. 비록 대단한 경제학적 지식을 소유하지는 못하였지만,[20] 그럼에도 루소는 사회적 불평등의 문제를 사유 재산의 생성과 연결하여 바라보고 있다.

루소는 다소 모호하면서도 구체적인 표현을 사용하여 사유 재산의 출현에 대해, "어떤 토지에 울타리를 치고 이것은 내 것이다라고 선언할 생각을 지녔고 아울러 다른 사람들이 그를 믿을 만큼 순진하다는 사실을 발견한 최초의 사람이 시민 사회의 진정한 창시자였다" (Inég, III, 164)라고 암시적으로 기술하고 있다.

아울러 이러한 사유 재산의 출현과 그것의 불평등한 소유로 인해 누구나 자유롭고 독립된 삶을 영위했던 원초적 평등의 상태가 깨지고, 부의 차별적 소유에 따라 부자와 빈자 간의 자유의 불평등한 향유가 발생하고, 빈자가 부자에게 복속되며, 나아가 인간 상호간의 관계마저도 화폐를 매개로 이루어지며(Eco, III, 272), 급기야 허영심과 무자비한 경쟁심이 인간의 심성을 지배하는 부정의한 사회가 전개되었다는 것이 루소의 주장이다.

특히 여기서 주목할 점은, 우선 루소는 소유권을 자연권이 아닌 사회에 의해 인위적으로 창조된 것으로 보고 있으며 동시에 그것의 보호를 가진 자의 권력을 보호하는 것으로 간주하고 있다는 점이며,[21] 다음은 루소가 부의 차별적 소유에 기인한 경제적 불평등이 결국에는 빈자가 부자에게 정치적으로 예속되는 사태를 낳는다는 사실에 대해 경고하고 있다는 점이다.[22] 즉 "타인에게 경제적으로 의존하는 사람은 누구도 자유로울 수 없다"(Corse, III, 903)는 것이다.

이와 같은 사회적 불평등에 따른 빈자의 부자에의 예속 사태에 대한 루소의 반감은 당시에 이루어졌던 부자와 빈자간의 불공정한 계약을 냉소적으로 꼬집은 데서 여실히 드러나고 있다.

---

20) A. Rayan, *Property and Political Theory*(1986), 49쪽.

21) J. Reiman, *Justice and Modern Moral Philosophy*(1990), 177쪽.

22) J. Plamenatz, 앞의 책, 425쪽.

나는 부유하고 너는 가난하기 때문에, 너는 내가 필요하다. 따라서 우리가 계약을 맺자. 나는 너에게 명령하는 데 들인 수고에 대한 보답으로, 너에게 남은 얼마 안 되는 것이나마 나에게 준다는 조건으로, 네가 나에게 이바지할 수 있는 영예를 허락하겠다. (Eco, III, 273)

이 구절은 후일 마르크스가 자본주의하의 모순적 사태에 대해 신랄한 비판과 분석을 가하고 있는 『자본』에서 고스란히 인용하고 있는 유명한 문구인데,[23] 루소는 이러한 문구를 통해 당시의 초기 자본주의하의 뒤틀린 사회 상황, 곧 부의 차등적 소유에 기인한 부자의 빈자에 대한 일방적이며 비인간적인 지배의 한 단면을 보여 주고 있다.

3.2 사회적 불평등에 대한 루소의 처방책

루소가 비판하고 아울러 극복코자 했던 사회란 당시에 발흥하고 있던 초기 자본주의 사회였다. 루소는 그 속에서 자본주의적 횡포와 모순적 사태를 간파하였는데, 당시의 불평등한 사회상을 루소는 다음과 같이 기술하고 있다.

평등이 깨지고 뒤이어 더욱더 무서운 무질서가 야기되었다. 이리하여 부자의 횡령과 가난한 자의 약탈과 만인의 방종한 정념이 자연스러운 연민의 정, 그리고 약한 정의의 목소리를 질식시킴으로써, 사람들을 욕심쟁이와 야심가 그리고 악인으로 만들어 버렸다. (Inég, III, 176)

이와 같은 자본주의하의 사회적 불평등과 그에 따른 비인간적 상

---

23) G. D. Volpe, *Rousseau and Marx*(1978), 84-85쪽.

황에 대한 루소의 비판은 후세의 어떤 사회주의자도 능가할 수 없을 만큼 강력한 것이었다. 그러나 루소는 사회주의자는 아니었다. 즉 루소는 부정의한 사회를 형성시키는 사회악과 그 주된 원인에 대한 진단에서는 사회주의자와 일치된 견해를 나타내고 있지만, 그럼에도 그는 사유 재산의 폐지나 계획 경제 등을 제시하고 있지는 않다. 오히려 루소는 우리의 예상과는 반대로, 사적 소유권의 확보를 주창하고 있다.

> 인간이 사회 계약에 의해 상실하는 것은 자연적 자유이며, 반면에 획득하는 것은 사회적 자유와 그가 갖고 있는 모든 것에 대한 소유권이다. (CS, III, 364)

더불어 루소는 "공동체가 개인으로부터 재산을 양도받는 것은 개인의 재산 소유권을 법적인 것으로 만들어 주며 아울러 점유를 진정한 권리로 만들어 준다는 점이다"(CS, III, 367)라고 언급함으로써, 사적 소유권의 확보뿐만 아니라 그 보장을 제시하고 있다. 이처럼 루소는 사적 소유의 옹호라는 측면에서 사회적 불평등의 치유책으로 사적 소유의 폐지를 내세우는 마르크스와 결정적으로 구별된다. 그러나 여기서 유의해야 할 점은 루소가 사유 재산제를 용인하고 있지만, 무제한적인 부의 소유와 축적을 허락하고 있지 않다는 점이다. 루소는 "모든 사람이 일정한 재산을 소유하며 그 누구도 지나치게 소유하지 않을 때에만 유익한 사회가 이루어진다"(CS, III, 367)라고 주장함으로써, 오로지 타인에게 지배당하거나 종속되지 않을 정도의 재산 소유를 인정하고 있을 뿐이다.

루소에 따르면 오직 평등한 사람들 사이에서만 자유가 확보될 수 있는데, 이때 평등이란 위계 질서를 무시하거나 재산의 균등 소유를 의미하는 것은 결코 아니다(CS, III, 391). 그에게도 사회적 신분 차는 존재한다. 다만 그것은 공동체에 대한 기여에 따른 것일 뿐, 부 자체가 명예로운 것은 아니다.[24] 루소는, 각자가 경제적으로 자기 자신의 주인이며 어느 누구도 타인에게 의존하지 않을 때, 그 경우에만 비로소 모든 사람이 평등하다고 말하고 있다. 즉 평등을 통해서 루소가 시종일관 겨냥하는 것은 인간 상호간의 지배·예속의 관계는 부의 차별적 소유에 의한 것이므로,[25] 독립된 삶의 확보를 통해 모든 사회 성원들 사이의 대등하고 자유로운 관계의 확립이 필수적으로 요청된다는 점을 보여 주고자 하는 것이다.

이리하여 이제 법과 정부의 역할도, 가장 가난한 사람도 부자로부터 독립할 수 있는 만큼의 충분한 재산을 소유할 수 있게 보장해 주는 것으로 바뀌게 된다. 그리하여 "상속에 관한 법은 항상 평등을 회복하는 데 도움이 되도록 힘써야 하며, 모든 사람이 적당한 재산을 갖지만, 그럼에도 과다한 재산을 소유하지 못하도록 애써야 한다"(Corse, III, 945)고 루소는 강조하고 있다.

3.3 거대한 중간 계층만이 존재하는 경제적으로 계급 없는 사회

이제까지 살펴본 바와 같이 루소는 각자가 처한 상황에서 자신의 독립된 삶을 영위할 수 있는 만큼의 적당한 부를 사회 성원 모두가 소유해야 한다는 주장을 통해, 자신의 사회적 평등의 의미를 암시적으로 표출하고 있다. 즉 모든 사람이 자신의 노동 생산물에 대한 소유권이 아닌, 자신의 독립된 삶을 확보할 수 있는 만큼의 재산에 대한 소

---

24) J. Plamenatz, 앞의 책, 424-425쪽.
25) "아무것도 소유하지 않은 사람들 사이에 어떤 주종 관계의 사슬이 있겠는가"(Inég III, 161).

유의 권리만을 갖고 있다는 점을 루소가 시종일관 강조하고 있다는 점에 유의해야만 한다.[26]

  그런데 루소가 이러한 의미의 사회적 평등을 중요시한 까닭은 그 것이 보다 공정하고 정의로운 사회의 초석으로 작용하기 때문이다. 곧 모든 사회 성원이 독립적 삶의 유지에 필요한 재산을 소유할 경 우에 개인들은 소유권의 보호를 위해 공동체 사회에 보다 더 의존하 게 되며, 더불어 누구도 과도하게 소유하지 않을 경우에 사회 내의 법에 동등하게 순응하게 되어 사회가 순조롭게 작동되어 나아가며 사회 정의가 가능하게 된다는 것이 바로 루소의 입론이다.[27]

  요컨대 루소는, 공동의 이익은 모든 사람들이 부를 과도하지 않게 적당히 소유할 때에만 획득될 수 있다는 입장을 취하고 있다.[28] 이것 은 루소가 마르크스적 의미의 부르주아 계급과 프롤레타리아 계급 으로 분화되어 대립되지 않는, 모든 사람들이 남에게 종속될 만큼의 빈자도 아니며 남을 지배할 만큼 부자도 아닌, 오로지 하나의 거대 한 중간 계층만이 존재하는 경제적으로 계급 없는 사회를 옹호하고 있음을 의미하는 것이다.[29]

4. 소외 이론에 나타난 루소 사상의 평등주의적 측면

  앞에서도 살펴본 것처럼 루소의 정치 철학의 주된 관심은 인간의 문제이다. 이 점에 관해선 이미 뢰비트도 언급한 바가 있으며,[30] 바르

---

26) J. Plamenatz, 앞의 책, 427쪽.
27) R. M. Lemos, 앞의 책, 164-169쪽 참조.
28) R. M. Lemos, 위의 책, 177쪽.
29) R. M. Lemos, 위의 책, 178쪽.

트도 루소의 인간학은 근대 세계에 있어서 인간의 소외에 관한 마르크스와 헤겔의 사상적 원형으로 해석된다고 지적하고 있다.[31] 밀러 또한 루소를 현대 유럽 세계의 중요한 범주인 자기 소외에 대한 최초의 진단자로 파악하고 있다.[32]

루소는 『에밀』에서, "문명인은 노예 상태 속에서 태어나 살다가 죽는다. 그리고 인간의 모습을 지니고 있는 동안은 사회 제도에 얽매여 산다"(Emile, IV, 253)라고 언급함으로써 간접적으로 당시 인간의 소외 상태를 드러내고 있다. 루소는 『불평등 기원론』에서 보다 상세히 자기 소외에 대해 기술하고 있다.

> 미개인은 자기 자신 안에서 살아가는 데 비해, 사회인은 늘 자기의 외부에 존재하며 타인의 의견 안에서 살아가고 있다. (Inég, III, 193)

즉 사회 상태에서 인간은 외적인 행동 모형과 양식에 강제되어 살고 행위함으로써 감히 자기 자신이 될 수 없으며, 단지 타자 지향적으로 세상을 살아간다는 것이 루소의 입장이다.[33]

그러면 이와 같은 상황은 어떻게 야기되었는가? 루소에 의하면 인류 문명의 발전으로 본래적 심성을 간직했던 자연 상태의 인간이 사회적 상태로 넘어옴에 따라 점차 이기적인 인간으로 전화되면서 그와 같이 되었다는 것이다(Emile, IV, 245). 곧 사회 내에서 증오심과

---

30) K. Löwith, *Von Hegel zu Nietzsche: Der revolutionäre Bruch im Denken des 19. Jahrhunderts*(1981), 255-260쪽.

31) H. Barth, "Über die Idee der Selbstentfremdung des Menschen bei Rousseau," *Ztsch. f. Philos. Fschg.* XIII. Jg., 16쪽 이하. (F. Müller, *Entfremdung*(1985), 60쪽에서 재인용).

32) F. Mülller, 위의 책, 같은 쪽.

33) H. Barth, *Wahrheit und Ideologie*(1974), 107쪽.

경쟁심, 허영심 등의 무제한적인 욕망의 발산이 사유 재산의 소유와 연결되면서 끊임없는 부에 대한 추구가 일어나며, 심지어 인간마저도 소유와 지배의 대상으로 삼게 됨으로써 자연 상태에서는 본래 그대로의 자기 자신과 합일되었던 인간이 사회적 상태에서는 자신의 내부에서 분열되어 자기 자신으로부터 소외된다는 것이 루소의 진단이다.[34]

이때 루소가 비판의 초점으로 삼고 있는 것은 문명의 횡포의 근저에 놓여 있는 왜곡된 인간 관계이다. 왜냐하면 이러한 왜곡된 인간 관계의 기반 위에서 성립한 사회 구조로 인해, 늘 정당하고 올바른 질서에 부합되던 본원적 정념인 자기애가 타율적 인간을 지향하게 하는 이기심에 의해 대체되었기 때문이다(Emile, IV, 492). 아울러 이러한 입장에는 초기 자본주의하의, 빈자의 부자에로의 예속이라는 인간에 의한 인간의 지배뿐 아니라, 부자마저도 화폐의 노예로 전락해 가는 소외된 인간상에 대한 루소의 우려가 반영되어 있는 것이다.[35]

루소는 이러한 소외를 극복하기 위해서 인간의 타율이 종식되고 자기 결정의 상실로부터 벗어나 자신이 자신의 주인이 될 수 있는 정치적 질서가 구현되는 이상적 사회의 구성을 제안하고 있다.[36] 그러한 사회는 인간들이 자유로운 계약을 통해 구성되는 보편적 의지가 지배하는 사회로서, 여기서는 모든 사회 성원들이 제각기 공동체에 자신을 완전히 넘겨줌으로써 자신과 공동체가 완전히 일체가 된다. 아울러 이러한 이유로 해서 공동체의 의지, 곧 일반 의지에 복종한다는 것은 오로지 자기 자신의 의지에만 복종하는 것이 되며, 결

---

34) H. Barth, 위의 책, 108쪽.
35) F. Mülller, 앞의 책, 61쪽 참조.
36) H. Barth, 위의 책, 114쪽.

국 완전한 자유가 보장되는 것이다. 또한 오직 자신의 의지에만 복종함으로써 자기가 자신의 주인이 되며 이로써 마침내 자기 소외의 질곡으로부터 벗어나는 진정한 인간적 사회가 확보되는 것이다(CS, III, 360).

그런데 루소가 제시하는 이상적 사회에 있어서, 일반 의지가 완벽하게 작동하기 위해서는 공동체와 일체가 되려는 개인들의 자발성 이외에도 여러 가지 전제 조건의 충족이 요구되고 있다. 루소는 그 중에서도 가장 기본이 되는 것으로 사회적 평등을 내세우고 있다.[37] 즉 "부에 있어서, 어떠한 사람도 타인을 살 수 있을 만큼 부유해서도 안 되며, 그 누구도 자기 자신을 팔 정도로 가난해서도 안 된다"(CS, III, 391-392)는 것이다. 왜냐하면 일반 의지는 사회 내의 모든 성원들이 공유하고 있는 이해 관계의 표현이며, 동시에 공통된 이해 관계란 모든 사람들 사이에 불평등이 발생하지 않도록 하는 것이기 때문이다.

요컨대 인간의 자기 소외를 문명화와 그에 따른 사회적 불평등에서 발원하는 것으로 파악하는 루소는, 이러한 소외 현상의 문제를 사회적 평등을 근간으로 하는 일반 의지가 지배하는 이상적 사회 체제의 건립을 통해 해결하고자 한다.

---

37) R. N. Berki, 앞의 책, 165쪽.

5. 루소의 정치 철학에 있어서 사회적 평등의 의미

5.1 자유 실현의 토대로서 사회적 평등

루소가 지향하는 이상 사회란 진정한 의미의 자유가 실현되는 사회이다. 루소에 따르면, 도덕적 · 합리적 존재로서의 인간은 자신이 추구하는 존재가 실현될 수 있는 기회가 많을수록 자유로우며, 궁극적으로 자신의 가능성의 실현을 통해 실질적 자유를 구현한다.[38] 곧 루소는 자아 실현을 진정한 자유의 의미로 간주하고 있으며 아울러 이러한 자유는 인간의 행복에 필수 불가결한 것이다. 그런데 이와 같은 자아 실현의 성취를 위해선 모든 사회 성원들의 독립된 삶의 보장과 자유로운 인간 관계의 확립이 선행되어야 하며, 이를 위해서 우선 각자가 경제적으로 평등해야 한다는 루소적 의미의 사회적 평등이 전제되어야만 한다.

루소는 또한 정치적 평등의 확보를 위해서도 반드시 경제적 평등이 선행되어야 함을 주장하고 있다. 왜냐하면 루소는 경제적 평등의 확립 없는 정치적 평등이란 단지 정기적으로 주어지는 투표권의 행사에 지나지 않는 형식적인 것에 그칠 뿐이라는 점을 간파하고 있었으며,[39] 그와 같은 형식적 평등을 통해서는 실질적 자유의 실현은 요원하다는 사실을 직시하고 있었기 때문이다.

이러한 루소의 입장은 자유는 평등과 양립할 수 없다는 자유주의적 입장[40]과 상치되는바, 루소는 오히려 자유와 평등의 양립 가능성을 논할 뿐 아니라 나아가 평등을 자유의 근거로 제시하고 있다. 곧

---

38) J. Plamenatz, 앞의 책, 440쪽.
39) J. Plamenatz, 위의 책, 430-431쪽 참조.
40) 가령, M. Friedman, *Capitalism and Freedom*, (1962).

"평등이 그 대상으로 되는 이유는 평등 없이는 자유가 존재할 수 없기 때문이다"(CS, III, 391)라고 주장하고 있다.

5.2 정의 사회의 기초로서 사회적 평등

루소는 어떠한 위대한 정치 철학자보다도, 평등과 정의, 평등과 도덕 사이의 관계를 심각하게 다루고 있다고, 저명한 루소 연구가인 레모스는 지적하고 있다.[41] 실제로 루소는 당시 시민 사회의 사회적 불평등을 부정의로 파악하고 있으며 그로 인한 개인들의 사악함을 드러내 보이고 있다.[42]

루소가 왜곡된 사회 구조를 혁파하고 새로이 구성코자 하는 정의 사회란 공동의 이익을 고려하는 일반 의지가 지배하는 사회이다. 여기서는 일반 의지에 따르는 것이 인간다운 존재가 되는 것인바, 사적 이기심을 억제하는 것이 요구되며, 아울러 일반 의지가 주권을 지닐 때에만 비로소 인간에게 진정한 자유가 보장된다.[43]

그런데 이처럼 공동의 선이 실현되고 참된 자유가 확립되는 정의 사회가 구현되기 위해서 우선적으로 요청되는 것은 사회적 평등이다. 경제적 불평등은 개인들의 사적 이익을 우선하는 왜곡된 사회를 성립시키는 데 비해, 일반 의지는 공동의 선을 추구하는데, 그것의 원활한 작동을 위해서는 사회 성원간의 경제적 평등이 일차적으로 요구된다. 동시에 인간에 의한 인간의 지배라는 부정의한 사태를 타파하고 서로 대등하고 독립적인 인간 관계를 회복하며 그 기반 위에서 성원 각자의 잠재력을 실현하기 위해서도, 불평등한 인간 관계의

---

41) R. M. Lemos, 앞의 책, 130쪽.
42) J. C. Hall, *Rousseau: An Introduction to his Political Philosophy*(1973), 40쪽.
43) R. N. Berki, 앞의 책, 164-165쪽.

궁극적 원인인 부의 불평등한 소유를 제거하는 것이 우선적으로 요청되는 것이다.

이처럼 루소가 추구하는 이상 사회는 곧 사회적 평등에 기초하여 일반 의지가 지배하는, 동시에 독립된 인간 관계 위에서 실질적 자유가 보장되는 정의 사회인 것이다. 이처럼 루소는 공정한 부의 배분과 정의 사회에 대해 선구적으로 인식하고 있던 최초의 정치 철학자였다. 이러한 사실은 오늘날 롤즈에 의해 전개되고 있는 사회 정의론의 사상적 연원이 루소에 놓여져 있다는 사실에서도 확연히 드러나고 있다.[44] 더불어 루소가 제시하는 사회적 평등에 기반한 이상 사회는 현실적으로는 마르크스적 의미의 부르주아 계급과 프롤레타리아 계급을 배제한 중간 계층으로 구성되는 사회로 보다 구체화된다.

6. 루소의 평등주의적 정치 철학의 철학적 의의와 한계

6.1 루소의 평등 사상의 철학적 의의

루소의 평등 사상에 있어 주목되는 철학적 통찰은, 우선 당시의 사회적 불평등 상황의 궁극적 원인을 사유 재산으로 파악했다는 점과 아울러 그와 같은 불평등한 모순적 사회를 자본의 원시적 축적기로 규정 · 비판했다는 점,[45] 그리고 당시 초기 자본주의하의 사회적 불평등의 본질적 내용을 인간과 인간 사이의 지배 · 종속 관계의 정립 과정으로 간주하고, 이를 인간의 존엄성이라는 관점에서 비판하고 극복하고자 했다는 점이라 할 것이다.[46]

---

44) J. C. Hall, 앞의 책, 140-146쪽 참조.
45) 平田淸明, 『社會思想史』(1982), 110-116쪽 참조.

특히 사회적 불평등에 대한 비판과 사유 재산이 지닌 인간과 사회에 대한 부패 효과에 관한 루소의 진술은 마르크스에게로 곧바로 이어진 철학적 유산인바, 프리드는 이러한 점이 루소의 사상을 사회주의적 관점에서 해석할 수 있도록 한다고 지적하고 있다.[47]

루소는 당시의 시대상을 원시적 자본 축적기로 규정하고 "화폐를 사회의 진정한 유대"(Emile, IV, 461)로 고찰하였는데, 이는 루소가 인간과 인간의 관계를 화폐에 의해 연결된 사물화된 관계로 파악하였다는 것을 말해 준다. 이는 루카치 등에 의해 제기된 자본주의하의 물화 현상에 대한 비판의 이론적 선구이다. 루소는 또한 소유권의 확립 과정에서 "점유가 진정한 권리로 되었다"(CS, III, 367)는 표현을 통해, 점유를 부자의 교묘한 도둑질로 간주하여 비판함으로써 자본주의의 본질적 모순점을 지적하고 있다. 곧 여기서 언급하고 있는 교묘한 도둑질은 바로 부등가 교환을 암시하는 것이다.[48] 이렇듯 루소는 자본주의적 모순이 심화되기 이전이라는 시대적 한계에도 불구하고, 앞으로 도래할 자본주의의 본질적 문제점들을 정확히 인식하고 있었던 것이다.

그러나 루소의 평등 사상이 담고 있는 진정한 철학적 의의는, 초기 자본주의 사회의 사회적 불평등에 대한 비판의 준거틀을 인간의 존엄성에 두고 있다는 점에서 드러난다. 곧 본래 인간은 평등하고 존엄하다는 관점에서 사회적 불평등의 본질적 내용인 인간에 의한 인간의 지배라는 왜곡된 관계를 타파할 것을 주창하고 있다. 루소가 시종일관 주장하는, 진정한 인간 관계의 회복을 통한 소외 현상의 제거와 나아가 참된 자유의 향유와 자아 실현이 보장되는 정의 사회

---

46) R. N. Beck, *Handbook in Social Philosophy*(1979), 111쪽 참조.

47) A. Fried/R. Sander, *Socialist Thought*(1964), 31쪽.

48) 平田清明, 앞의 책, 116쪽.

에 대한 강력한 요청과 필요성은 바로 이와 같은 인간관에 기인하는 것이다.

아울러 이상의 내용에서 드러나는 바와 같이 루소는 두 측면에서 자신의 평등관을 제시하고 있다. 곧 한편으로 인간은 본래 평등한 존재라는 점에서 **본체론적 평등**을 제시하고 있으며, 다른 한편으로 인간 존엄성의 확보라는 차원에서, 사회적 불평등을 제어하기 위해 인위적으로 개인간의 부를 조정 · 통제하는 **결과적 평등**을 제시하고 있다.

6.2 시대의 아들로서의 루소 — 루소의 사상적 한계

뛰어난 혜안과 통찰력의 소유자였던 루소는 시대적 제약에도 불구하고 자본주의가 내포하고 있는 문제점에 대해 비판적 입장을 개진할 수 있었다. 그러나 루소가 분석의 대상으로 삼은 자본주의는 아직 본질적 모순을 현저히 발현할 수 없었던 초기 자본주의였다. 이는 루소의 통찰 역시 역사적 한계를 지니지 않을 수 없음을 말해 주는 것이다. 즉 루소도 어쩔 수 없는 시대의 아들이었던 것이다.

우선 루소의 사상적 한계는 그의 역사관에서 드러난다. 루소가 활약하던 시기에 백과전서파를 중심으로 한 계몽주의자들은 근대 과학과 생산 기술의 발전, 그리고 자본주의 생산 양식에 대해 높이 평가하면서 장차 도래할 미래 사회에 대해 낙관적 입장을 피력하고 있었다. 이에 비해 계몽 사상의 비판자였던 루소는 역사의 진보에 대한 신념을 결여하고 있었으며, 고도의 생산력을 겸비한 자본주의 양식의 긍정적 측면보다는 부정적 측면, 즉 자본주의가 미칠 경제적 부정의의 악영향에 대해 염려하고 있었다. 그리하여 루소는 당시의 불평등 사회를 대체하는 새로운 사회의 현실적 모델을 점차 발전해 가고 있던 상공업 중심의 산업 사회가 아닌 농업 중심의 소규모 자급 자족 사회 체제로 제시하는 퇴행적 입장을 나타내고 있다.[49] 요컨대 루소는 폐처가 지적한 대로 역사 발전을 비관적으로 진단한 염세주 의자였으며,[50] 현재의 상태를 변화시키는 모든 역사적 진보에 대해 반감을 나타냈던 정체적 사상의 소유자이기도 했다.

루소의 사상적 한계는 앞서도 지적한 것처럼 사상적 일관성을 결 여하고 있다는 점에서도 드러난다. 원래 루소의 사회적 불평등에 대 한 비판은 주로 자본주의하의 가진 자에게 예속되어 억압받으며 살 아가는 소외된 계층에 대한 배려와 그들의 입장을 대변하면서 제기 되는 것이다. 그럼에도 그의 사상 체계에는 이와는 상반되는 이질적 측면이 상존하고 있는데, 루소는, "실정법에 의해서만 인정되는 인 위적 불평등은 신체적 불평등과 균형이 잡히지 않을 경우에는 언제 나 자연법에 위배된다는 결론이 도출된다"(Inég, III, 193-194)라고 언 급하고 있다.

이러한 구절을 통해, 루소가 의도하는 바는 개인들간의 자연적 불 평등을 인정하고 거기에 비례하여 나타나는 사회적 불평등은 용인될 수 있다는 것이다. 그러나 그와 같은 입장은 그의 평등 사상의 전체 적 맥락에 위배될 수 있는데, 왜냐하면 위의 구절은 결국 자연적 능 력이 뛰어난 자가 자연적 능력이 미미한 자를 궁극적으로 지배 · 착 취할 가능성을 남기고 있기 때문이다.[51]

요컨대 자연적 능력에 비례하여 정립되는 사회적 불평등의 인정 이라는 입장은, "인간은 체력이나 재능에 있어서는 불평등할 수도 있지만 계약과 권리에 의해 모두 평등하게 되는 것이다"(CS, III, 367)

---

49) L. Althusser, *Politics and History*(1977), 157-159쪽.
50) I. Fetscher, *Rousseaus politische Philosophie*(1980), 13쪽.
51) L. Colleti, 앞의 책, 138-139쪽.

라는 입장과 모순되며, 인간과 인간의 지배 · 예속 관계에 대한 비판
과 극복이라는 루소적 과제와 충돌하는 것이다.

6.3 루소의 평등주의적 정치 철학의 현재적 의미

현실 사회주의의 급격한 붕괴가 몰고 온 사회주의의 총체적 위기
라는 현시점에서[52] 루소의 정치 철학이 갖는 의미는 그 어느 때보다
크다 할 수 있다. 곧 현실 사회주의의 몰락은 상대적으로 자본주의
의 강력한 견제 세력의 쇠퇴로 작용하는바, 수다한 문제점을 노정하
고 있는 현실 자본주의에 대한 비판 철학으로서 루소의 평등주의적
정치 철학은 자본주의에 대한 중요한 하나의 비판적 준거틀로 기여
할 수 있기 때문이다.

더욱이 루소의 철학적 입장은 자본주의의 철폐와 사회적 소유를
근간으로 한 사회주의로의 혁명적 전환을 통해 계급 없는 사회를 구
성코자 하는 마르크스(주의)적 프로그램의 실패에 따른 현실적 대안
으로서 적극 검토될 수 있을 것이다. 왜냐하면 사적 소유의 폐지에
관한 마르크스(주의)적 입론은, 그것이 지닌 도덕적 정당성에도 불
구하고, 오늘날 생산력 정체의 문제를 비롯한 여러 난점을 노정하고
있는 데 비해, 루소의 자본주의 비판 철학은 사회적 불평등에 대한
강력한 비판을 제기하고 있음에도 문제의 해결책으로 사적 소유의
폐지를 주장하지 않는다는 점에서 현실적으로 호소력을 갖고 있기
때문이다.

물론 루소는 무한정한 소유가 아닌, 경제적으로 과도한 불평등을
야기하지 않는 범위 안에서의 사적 소유를 허용하고 있다. 곧 루소

---

52) 이병천, 「현대 마르크스주의의 위기」, 『사회주의 개혁논쟁』(1990), 78-83쪽 참조.

의 평등 사상은 사적 소유를 허용하되 사회 성원의 부를 과세 등을 통해 외부적으로 통제함으로써 일부 성원이 과다한 부를 소유할 수 없으며, 아울러 종속된 삶을 야기하는 빈곤도 허용치 않는, 전 사회 성원의 중간 계층화라는 입론으로 요약될 수 있다.

이와 같은 루소의 입장은, 소규모의 자본주의적 사적 기업 형태가 허용되는 체제에 적합한 것이다. 그러므로 루소의 입장을 현대의 대규모 산업 사회에 적용할 경우, 세금을 통해 마련된 재원을 매개로 성립되는 대규모 기간 산업 체제에 의해, 그와 같은 소규모 기업들의 부족분이 보완됨으로써 전체적으로 균형 잡힌 산업 체제가 성립되어야 할 필요성이 있다.[53] 이러한 사실은, 현대의 산업 사회에 있어서 루소의 정치 철학적 입장은 한편으로는 소규모의 개인 기업이, 다른 한편으로는 대규모의 공적 혹은 사회주의적·산업적 기업들이 공존하는 혼합 경제 체제를 허용하는 입장으로 귀결된다는 점을 의미하는 것이라 할 수 있다.

요컨대 루소적 방안은 외부적으로 통제되는 사적 소유권의 확실한 보장을 통해 개인의 자립적 삶의 기반을 마련해 주면서 동시에 경제적으로 특정한 부유층의 성립을 미연에 방지해 전 사회 성원을 중간 계층화함으로써, 마르크스가 의도했던 바와 동일한 경제적으로 계급 없는 사회를 달성코자 한다. 이러한 입장을 현시점에서 적용·고려할 경우, 그것은 사적 소유권에 대한 강력한 통제와 공적 혹은 국가적 기업의 점진적 확대에 주안점을 두고 전개되는 것이며, 아울러 그것은 양 체제의 측면에서 볼 때 자본주의에 대한 비판적 혁신과 사회주의에 대한 비판적 수용이라는 입론으로 요약될 수 있다.

이상의 논의를 고려해 볼 때, 루소에 의해 개진되고 있는 사회적

---

53) R. M. Lemos, 앞의 책, 179-180쪽.

평등에 기반한 정치 철학적 입장은, 자본주의 체제를 근간으로 하면
서 보다 높은 수준의 사회적 평등의 실현과 정의 사회의 구현을 내
세우는 자본주의 개혁론의 입장, 곧 혁신 자유주의[54]와 직접 연결되
는 것이며, 동시에 고르바초프에 의해 주창되었던 인간적 · 민주적
사회주의의 입장과도[55] 그 궤를 같이하는 것이다.

7. 맺는말

이제까지 살펴본 것처럼 루소는 초기 자본주의하의 사회적 불평
등의 문제를 사유 재산의 소유 그리고 사회 정의와 연결하여 비판적
으로 고찰한 선구적 사상가였다. 특히 루소는 역사적 · 경제적 관점
에서 당시의 시대상을 원시적 자본 축적기로 규정함으로써 장차 도
래할 자본주의의 모순점에 대해 진단할 수 있었으며, 윤리적 · 정치
철학적 관점에서 자본주의하의 사회적 불평등의 본질적 의미를 인
간에 의한 인간의 지배 · 예속 관계로 파악했던 철학적 휴머니스트
였다.

더욱이 루소의 철학적 입장은, 현실 사회주의의 몰락으로 자본주
의에 대한 견제 세력이 부재하는 현 상황에서 우리가 영위하고 있는
자본주의가 드러내고 있는 문제점들에 대한 보다 유의미한 비판적
지침을 제공하고 있다. 특히 그것은 경제적 측면에서 삶의 질의 절
대적 향상에도 불구하고 상대적 삶의 차이라는 사회적 불평등의 문
제, 아울러 불공정하고 불평등한 부의 배분이라는 사회적 부정의의

---

54) 차인석, 「혁신 자유주의와 사회주의 이념」(1992), 233-268쪽 참조.
55) M. Gorbatschow, *Sozialistische Idee und revolutioonäre Perestroika*(1989), 22-26쪽
　　참조.

문제에 직면해 있는 우리 사회에 있어서, 그러한 문제에 대한 접근과 해결을 위한 유용한 준거점을 제시해 주고 있다.

한편 루소의 정치 철학은 사회적 평등을 자유 실현과 정의 사회의 필수적 요건으로 내세우고 있다는 점에서 평등주의의 노선에 귀착하고 있는데, 이는 루소가 법적 평등과 같은 형식적 평등을 통해서는 진정한 자유의 확보가 어렵다고 보았기 때문이다. 이러한 루소의 관점은 자본주의하의 불평등 문제에 대한 해결의 열쇠를 개인들 상호간의 독립성을 확보할 수 있을 만큼의 사유 재산을 허용하고, 동시에 부를 통한 타인의 지배를 방지하기 위한 전 사회 성원의 경제적 중간 계층화에서 찾고자 한다는 점에서 구체적으로 드러난다.

아울러 마르크스와 달리 사적 소유의 철폐가 아니라 그것을 보장함으로써 사회적 불평등의 극복과 자유의 확보, 나아가 정의 사회의 구현을 확보코자 하는 루소의 전략은 여러 가지 문제점을 노정시킨 마르크스(주의)적 치유책이 실패한 현시점에서, 자본주의에 대한 새로운 극복책으로 검토될 수 있을 것이다. 왜냐하면 루소적 방안은 자본주의냐 혹은 사회주의냐 하는 양자택일의 방식이 아닌, 양 체제의 장점을 취합하여 상호 보완하는 보다 신축성 있는 현실적 방안이라 할 수 있기 때문이다.

요컨대 이러한 루소의 평등주의적 정치 철학은 모든 사회 성원의 재산 소유량의 절대적 균등화를 추구하는 바뵈프 식의 평등주의와는 본질적으로 다른 것으로, 계급적 착취의 근절과 계급 없는 사회의 구현이라는 마르크스(주의)적 이념을 고스란히 담보할 수 있는, 그러면서도 사적 소유의 사회적 · 국가적 보호와 통제를 통해 사회적 평등을 확보할 수 있다는 점에서 보다 신축성 있는 입장인 것이다.

2 비판적 사회 이론으로서 권력–지식론
그 성립 가능성에 대한 비판적 탐구

1. 머리말

일반적으로 푸코의 권력–지식론은 반이성주의의 대표적 이론으로서, 합리성에 의거해 사회 현실을 분석·비판하는 비판적 사회 이론의 전통과는 대치되는 것으로 이해되어 왔다. 게다가 이성에 대한 근본적 비판을 넘어, 이성 자체의 해체를 시도하는 후기 구조주의 입장 중 하나로 인식되고 있기도 하다.[1] 그러나 흔히 알려진 이러한 이해 방식과는 달리 푸코의 권력론은 이성 일반의 폐기나 이성의 가치를 무화시키는 그 어떤 전략적 의도도 가지고 있지 않다. 그의 이론 체계는 시종일관 합리성의 테두리 내에서 이성적 방식에 따라, 현실에 대한 비판적 분석 작업을 수행하고자 한다. 비록 그의 이론이 보편적 합리성과 그에 기초한 계몽의 기획을 근원적 차원에서 비판하고 있지만, 이것이 합리성의 해체나 무용론을 의미하는 것은 아

---

1) 예컨대, M. Frank, *Was ist Neostrukturalismus?*(1984).

니며, 비이성을 이성의 대안으로 삼고자 주창하는 것도 아니다.

실상이 이러함에도 푸코가 반이성적 무정부주의자로 곡해되고 있는 상황은, 그의 이론적 진의와 관계없이 근대/탈근대, 합리주의/비합리주의라는 이분법적 대립 구도 속에 그를 가두고 비판하려는 이론적 의도와 관련된다. 이 점은 비판적 사회 이론의 전통을 반성적·정통적으로 계승한 하버마스의 사회 이론에서 제기되는 푸코에 대한 비판에도 스며들어가 있다.[2]

이러한 상황을 염두에 두면서 이 글은 푸코의 이론적 기획의 목표가 탈근대성의 관점에서 근대성을 비판하는 데 있지 않으며, 오히려 근대성의 지평에서 이성에 대한 근본적 비판을 제기하는 데 있으며, 그런 한에서 비판 이론적 전통을 철저히 계승한 특수한 유형의 비판적 사회 이론임을 보여 주고자 한다. 이를 위해 우선 그의 권력 이론과 프랑크푸르트 학파 사이의 이론적 친화성을 검토하고, 그로부터 푸코의 이론에 내재한 비판 사회 이론적 전통의 특성을 살펴볼 것이다(3). 이어 완결적 형태의 비판적 사회 이론이 갖추어야 할 정립 조건(2)과 연관지어, 푸코의 권력론에 가해지는 비판적 논점의 타당성 여부를 검토할 것이다(4). 그럼으로써 그의 사회 이론이 비판의 규범적 토대가 배제된, 독특한 형식의 비판적 사회 이론의 한 유형임을 드러내 보이고자 한다(5.1). 끝으로 푸코의 권력 이론은, 현시점에서 가장 설득력 있는 이론 체계로 평가되는 하버마스의 사회 이론이 드러내는 문제점을 메우고 극복하는, 보완적 비판 이론으로서의 역할을 담당할 수 있음을 보여 주고자 한다(5.2).

그럼에도 이 글은 푸코의 철학적 입장을 일방적으로 옹호하려는 취지에서 기획된 것은 아니다. 이 글은 단지 부당하게 해석·평가되

---

2) J. Habermas, *Die philosophische Diskours der Moderne*(1986), 279-343쪽 참조.

고 있는 그의 이론과 입장에 대해, 가능한 한 공정한 관점에서 그의 이론 기획의 진정한 의도와 목표 그리고 이론적 강점을 제대로 규명해 보고자 작성된 것임을 밝혀둔다.

2. 비판적 사회 이론의 정립 조건과 권력-지식론

하나의 이론이 완결된 형태의 비판적 사회 이론으로서 본연의 역할을 성공적으로 수행할 수 있기 위해서는 적어도 다음의 세 가지 기본 조건을 충족시켜야만 한다. 첫째, 사회 현실에 대한 경험적 분석을 빈틈없이 수행할 수 있는 이론틀을 갖추고 있어야 한다. 둘째, 그러한 분석 결과에 대해 규범적 차원에서 비판을 제기할 수 있는, 사회 비판의 규범적 토대가 확보되어야 한다. 셋째, 현실 분석을 통해 드러난 사회 구조적 모순과 문제점을 극복·치유할 수 있는 실천적 대안을 제시할 수 있어야 한다.

이와 관련해 호르크하이머와 아도르노의 비판 이론은 서구 사회의 위기를 합리성의 총체적 도구화의 관점에서 제대로 포착하였다. 그러나 비판의 준거점으로 설정된 이성마저 도구적인 것임이 밝혀짐에 따라 이른바 수행적 모순에 처하게 되고, 그 결과 위기의 탈출구를 제대로 확보할 수 없는 비관적 상황에 처하고 말았다. 하버마스는 이 같은 비판 이론 1세대의 이론적 난점을 반성적으로 통찰한 후, 사회 비판의 규범적 토대로서 의사소통 합리성을 제시하고 그에 기초한 해방 사회의 기획을 입안하였다. 그러나 비판의 척도로 제시된 의사소통 합리성과 그것의 정초 과정에서 드러나는 문제점으로 인해, 그의 사회 이론 내에서 핵심적 지위를 갖는 비판의 규범적 토대 이론 역시 불완전한 것으로 지적되고 있다.

푸코의 권력-지식론은 비판적 사회 이론의 정립 조건에 비추어 볼 때, 무엇보다 현실에 대한 비판과 진단의 규범적 토대가 확보되어 있지 않다. 아울러 현실의 문제를 타개할 총체적 차원의 치유적 대안이 제시되고 있지 않다는 점에서, 비판적 사회 이론으로 기능하기에 불완전하다는 지적이 제기되고 있다. 그러나 지식-권력 연관에 기초한 푸코의 사회 이론이 채택한 계보학적 비판 전략, 즉 비판적 척도의 정초 기획이 배제된 비판적 분석의 전략이 지닌 독특한 성격과 그러한 전략을 채택한 푸코의 철학적 의도를 성찰해 볼 경우, 정립 조건을 충족시키지 못한다는 사실이 곧 그의 이론으로 하여금 비판 사회 이론으로 성립할 가능성을 제거하는 결정적 요인은 아니라는 것이 밝혀질 것이다. 이와 함께 사회의 구조적 모순을 전면적으로 혁파할 수 없는 한계를 지닌 것으로 비판받고 있는 지역적·국지적 저항책을 제안한 푸코의 이론적 의도 또한 밝힐 수 있을 것이다. 그때 푸코의 권력론은 그의 이론에 내재한 비판 사회 이론적 특성을 해명함과 동시에 또 다른 유형의 비판적 사회 이론의 하나로 해석될 수 있는 가능성이 확보될 수 있을 것이다.

3. 권력-지식론의 비판 사회 이론적 특성

푸코 자신이 "좀더 일찍 비판 이론적 작업의 성과를 알았더라면, 불필요한 이론적 탐구 과정을 거치지 않았을 것"(Telos, 200)[3]이라고

---

3) 이 글에서 인용되고 있는 푸코의 문헌은 약호와 쪽수로 표시하고자 한다. 약호는 다음과 같다: *L'ordre du discours*[L'ordre]; *Histoire de la folie à l'age classique*[Folie]; *Surveiller et punir*[Surveiller]; *Histoire de la sexualité* 1[Sexualité]; *Power/Knowledge*[Power]; "The Subject and Power"[Subject]; "Structualism and Post-Structualism"[Telos]; *Language, Counter-memory, Practice*[Counter]; "The

언급하고 있는 것처럼, 비판적 사회 이론과 푸코의 권력 이론 사이
에는 밀접한 이론적 친화성이 존재한다.

우선 호르크하이머/아도르노에 의해 개창된 비판 이론의 주된 목
표인 전통 이론과의 단절이란 측면에서, 비판 이론의 정통적·직접
적 계승자로 알려진 하버마스는 사실상 전통 이론과 친밀한 관련성
을 지닌 철학적 기획을 제시함으로써 비판 이론의 과제를 수행하고
자 시도한다. 이에 비해 푸코는 근본적 차원에서 전통 이론과의 철
저한 단절을 꾀한다는 점에서, 비판 이론의 전통을 보다 정통적으로
계승하는 이론적 입장이라고 볼 수 있다.[4]

또한 푸코의 권력-지식론은 비판적 사회 이론에 의해 수행된 합리
성 비판의 전통을 수용하고 있다. 잘 알려진 것처럼 호르크하이머와
아도르노는 삶의 영역에서 자행되는 이성의 총체적 도구화를 폭로하
였으며, 마르쿠제 역시 기술적 합리성의 폐해를 지적하였다. 이어 하
버마스는 근대의 병리적 현상을, 본래 세 차원으로 이루어진 근대적
합리성이 도구적으로 일면화되는 사태로 규정·비판하고, 그로부터
빠져 나올 탈출구를 제시하고자 한다. 이처럼 비판 이론가들은 합리
성의 도구적 왜곡화와 변질된 합리성이 인간의 삶을 억압·지배하
는 수단으로 전용되는 사태에 비판의 초점을 맞추고 있다.[5] 그런 한
에서 비판 이론의 역사는 합리화 과정과 밀접히 연결된, 다양한 형
태의 지식과 지배 양식 그리고 이것들이 산출하는 권력 효과에 대한
비판의 점진적 발전의 역사라고 할 수 있다.[6] 아울러 외관상, 가능한
단 하나의 유일한 이성의 형태처럼 보였던 합리성 개념이 실상은 그

Ethic of Care for the Self as a Practice of Free" [Ethic]; "Qu'est-ce que les lumierès?"
[Lumières].

4) D. C. Hoy/Th. Mccarthy, *Critical Theory*(1994), 144쪽 참조.

5) B. Smart, *Foucault, Marxism and Critique*(1987), 132쪽.

6) B. Smart(1987), 133쪽.

시초와 종말을 지닌 역사적으로 한시적인 것이라는 사실을 보여 주
고자 한다는 점에서 비판 이론과 푸코 간의 방법론적 일치를 엿볼
수 있다.[7]

　푸코의 권력-지식론 역시 서구적 합리성에 의해 자행된 구조적
억압에 대한 비판적 해명을 자신의 주된 과제로 삼고 있다. 실제로
푸코에 의해 수행된 합리성 비판은, 담론을 둘러싸고 있는 체계와 관
련된, 비판적 분석의 측면(고고학적 비판)으로부터 담론의 현실적인 형
성의 계열과 관련된, 계보학적 분석의 측면(계보학적 탐구)(L'ordre, 71)
에 이르는, 그의 사상적 전 · 후기를 관통하는 사회 비판의 중심 과
제였다. 푸코는 특정 이론과 담론의 출현을 가능케 하고 동시에 규
제하는 조건/규칙을 분석하는 전기의 고고학적 탐구의 시기에, 이미
광기의 역사에 대한 검토를 통해 합리성 비판을 전개하고 있다. 여기
서 푸코는 근대의 계몽적 이성이 자신의 타자인 비이성을 배제 · 감
금함으로써, 자신만의 세계를 구축해 나아가는 동일화 과정을 탐구
한다. 그리고 그 속에서 이루어지는 "비이성에 대한 이성의 승리가
보증되는"(Folie, 508-509) 사태를 비판적으로 통찰함으로써, 근대 이
성의 억압적 본성을 드러내고자 한다.

　반면 후기의 계보학적 탐구 시기의 푸코는 서구 합리성의 일의적
해석에 기인한 합리성 일반에 대한 비판을 지양한다. 대신 권력과
지식 간의 상호 연관성을 탐구함으로써, 특정 영역에서 관철되는 개
별 합리성들의 지배적 속성을 폭로하고자 한다.[8] 이러한 시도의 배

---

7) D. Hoy/Th. Mccarthy(1994), 146쪽.

8) 이러한 푸코의 합리성 비판은 억압적 구조(가령, 관료적 통제 구조)와 합리성 사이의
　내적 연관성을 지적 · 비판한다는 점에서, 비판적 사회 이론의 흐름과 그 궤를 같이한
　다. 그럼에도 푸코의 경우 "사회나 문화의 합리화를 전체로서 다루기보다, 이 과정을
　광기, 질병, 죽음, 범죄, 성과 같은 각각의 근본적 경험에 근거한 다양한 분야로 나누어
　분석하고자"(Subject, 210) 한다는 점에서 두 입장간에 기본적인 차이가 존재한다. 그

후에는 지식을 매개로 하여 유지 · 확장되는 지배적 권력 구조의 특성을 보여줌으로써, 합리성에 내재된 권력 지향적 속성을 드러내 비판하려는 의도가 자리하고 있다. 이로써 푸코는 합리성에 대한 직접적 비판에서, 다양한 지식 형태와 권력 간의 상호 연관성을 추적, 해명하는 간접적 비판의 방식으로 방법상의 전환을 꾀하고 있다.

이러한 푸코의 합리성 비판 기획은 비판 이론의 핵심 전통인 비판의 정신을 보다 근원적인 차원에서 계승하고 있음을 보여 준다. 즉 푸코는 특정한 유형의 합리성(예컨대 도구적 합리성)에 국한하지 않고, 모든 형태의 합리성을 비판적 분석의 대상으로 상정한다. 그리하여 모든 보편적 합리성 유형들이 사실상 특정한 역사적 조건하에, 인간이 자신에 대한 이해를 증진시킬 의도에서 성립시킨 것임을 보여 주고자 한다. 그가 합리성 비판을 위해 채택한 계보학적 역사 서술이 바로 이러한 의도를 충족시키는 비판적 분석의 방식이다. 계보학적 역사 서술은 "지금과 같은 상태로 존재하는 것이 항상 그러한 상태로 존재했던 것은 아니며, 왜 그리고 어떻게 지금과 같은 상태로 존재하는 것이 더 이상 그러한 상태로 존재하지 않을 수 있는가"(Telos, 206)란 근본 물음에 대한 탐구를 수행한다. 이런 점에서 푸코의 권력론은 그 어떤 사회 이론보다 비판 이론의 전통인, 투철한 비판 의식을 계승하고 있는 것이다.

이처럼 푸코는 시공을 초월한 보편적 합리성의 정초에 초점을 맞춘 합리성의 이론에 관심을 갖기보다는 합리성의 역사성을 추적하고자 한다. 그러나 이성에 대한 철저한 비판이 이성의 파괴나 해체로

에 의하면 "우리가 해야 할 일은 일반적인 합리화의 진행을 불러일으키기보다는, 오히려 특정한 유형의 합리성을 분석하는 것이다"(Subject, 210). 여기에는 총체적 차원의 합리화를 통한 역사 발전과 해방 사회의 실현 가능성이 실상 하나의 거짓된 신화일 수 있다는 푸코의 계몽적 메시지가 담겨져 있다.

이해되어서는 곤란하다. 오히려 이성 자체의 필연성과 보편성에 대한 이성의 가정이, 이성은 역사적으로 형성된 것이자 신뢰할 수 없는 것이며 또한 쉽게 붕괴될 수 있다는 사실을 간과한 하나의 환상일 수 있다는 점을 우리에게 상기시키려는 것[9]이 푸코의 진의이다.

  푸코 이론의 비판 이론적 특성은 억압적 사회 구조에 대한 비판적 통찰에서 그 정점을 이룬다. 푸코는 모든 삶의 영역에 파고든 권력의 그물망에 개인들이 예속되어, "누구나 필연적으로 권력 내(dans)에 존재하고 그로부터 벗어나지(échappe) 못하는"(Sexualité, 126) 억압적 상태에 관한 비판적 분석을 시도한다. 그럼에도 비판 사회 이론은 주로 지배 권력의 억압성이라는 부정적 측면에 초점을 맞추어 권력 비판을 수행해 온 반면, 푸코의 권력론은 우리의 일상적 삶에 별다른 저항없이 스며드는 유순하고 온화하며 심지어 개인의 자발적인 복종을 이끌어내는 권력의 긍정적·생산적 측면을 집중적으로 탐구하고 있다. "권력이 전적으로 억압적인 것이라면, 그 어떤 사람이 권력에 복종하겠는가? 권력이 자신을 정당하고 긍정적인 것으로 여기도록 만드는 요인은, 그것이 단지 금지적·강압적 권력으로 우리를 억압하기만 하는 것이 아니라, 사물을 생성하고 쾌락을 제공하며 지식을 산출하고 담론을 형성한다는 사실에서 찾을 수 있다"(Power, 118-119). 이처럼 푸코는 권력의 폭력적·억압적 이미지 대신, 타당한 근거를 제시하면서 우리의 삶에 자연스럽게 파고들어 지배적 관계망을 구축하는 권력의 진상을 보여 주고자 한다.

  이러한 분석적 통찰을 통해, 푸코는 생산적·긍정적 권력의 등장을 가능케 한 결정적 요인으로 인문과학적 지식에 주목한다. 그리하여 푸코는 권력 관계가 합법적인 방식으로 은밀하게 우리의 삶을 억

---

9) D. Hoy/Th. Mccarthy(1994), 147쪽.

압적·예속적 상황으로 몰고 가는 사태에서, 지식과 진리가 수행한 도구적 역할을 드러내고자 한다. 요컨대 "어떠한 지식도 권력 관계를 전제하거나 구성하지 않는 것은 없다"(Surveiller, 32). 이처럼 푸코는 보다 정교화되고 세련된 권력 관계의 지배적 속성을 지식의 본성에 대한 해명을 통해 보여줌으로써, 근본적 차원에서 권력 관계와 그것의 유지 확대 수단으로서 지식의 본질을 비판하고자 한다.

이러한 푸코의 권력 비판은 비판 사회 이론에 의해 수행된 이데올로기 비판의 전통을 계승한 것이지만 그럼에도 그것과 구분될 뿐만 아니라 오히려 그것을 넘어서고 있다. 이데올로기 비판은 사회적으로 비준 받은 모든 지배 형태의 지식을 억압의 가면이자 도구로 간주한다. 특히 권력과 실증주의적 과학 지식과의 연대를 통해 형성된 억압적 사회 구조를 비판의 중심으로 삼고 있다. 이에 비해 근본적 수준에서 전개되는 푸코의 권력 비판은 특정한 지식에 국한하지 않고, 지식 일반과 권력의 상호 결합에 대한 계보학적 탐구를 통해, 양자의 일체성을 드러내고자 한다. 그 결과 보편적이며 필연적인 것으로 수용되는 지식과 그것의 제도화가 사실상 권력 관계의 공고화와 확장을 위한 생산 수단적 매개물이자 권력 효과의 산출물임이 폭로된다.

본래 비판은 인간이 산출한 미망과 왜곡, 제약에 대한 성찰의 과정을 의미한다(이데올로기 비판). 이에 비해 저항적 사유로서, 흑막을 제거하여 사람과 제도, 사상 등의 정체를 폭로하는 행위라는 보다 심원한 의미를 갖는, 계몽에서 유래하는 비판이 존재하는바,[10] 푸코의 권력 비판은 바로 이러한 관점에서 행해지는 사회 비판의 한 형태이다. 그것은 당연하고 불변적인 것으로 인식되는 보편적인 것들

---

10) B. Smart(1987), 135쪽; P. Connerton, "Introduction," P. Connerton(ed.), *Critical Sociology*(1978), 16-18쪽 참조.

이 실상은 유한하고 우연적인 것이며 권력의 유지를 촉진하는 매체
이자 권력 효과의 산물임을 드러낸다는 점에서 보다 근원적 차원의
비판 형태이다.

4. 권력-지식론에 대한 비판의 타당성 검토

4.1 반이성주의적 이론

푸코에 대한 가장 흔한 비판은 그를 후기 구조주의의 일원으로서,
이성의 해체를 시도하는 반이성주의자,[11] 혹은 반근대주의를 옹호하
는 청년(설익은) 보수주의자로 규정·해석한다는 점이다.[12] 그러나
이러한 비판을 푸코에게 적용하기는 어렵다. 푸코는 근대/탈근대의
구분과 관련해, 계몽주의에 대한 찬반의 택일을 강요함으로써 근대성
과 계몽주의에 대한 비판을 합리성의 포기와 반이성주의로 몰아가
는 이른바 계몽주의의 협박(le chantage à Aufklärun)을 거부한다
(Lumières, 69). 오히려 푸코는 근대를 역사적 시기보다는 태도와 관련
된 것으로 이해하여, 근대성의 태도가 형성된 이후 그것이 반근대성
의 태도와 어떻게 대결해 왔는가를 탐구하고자 한다(Lumières, 67). 이
처럼 푸코는 자신을 탈근대론자로 생각지 않으며 오히려 우리의 역
사적 처지에 대한 영구 비판(critique permanente de notre etre historique)
으로 계몽을 특징지움으로써, 근대성의 태도에 투철한 근대주의자
로 자신을 이해하고자 한다.[13]

---

11) M. Frank(1984), 135-258쪽 참조.
12) J. Habermas, *Kleine Politische Schriften* I-IV(1981a), 464쪽.
13) M. Kelly, "Introduction," M. Kelly(ed.), *Critique and Power*(1994), 3쪽.

　푸코의 이론적 입장은 일관되게 이성에 대한 비판, 특히 근대의 계몽적 이성에 대한 근본적 비판을 제기하는 것이다. 이를 위해 푸코는 미리 설정된 경계 내에 머물면서 주어진 형식에 따라 이루어지는 비판적 사유를 넘어서, 그 주어진 틀 자체에 대한 비판적 분석을 시도하고자 한다. 그리고 이러한 지반 위에서 푸코는 이성과 계몽에 대한 전면적 비판이 곧바로 비합리주의나 반이성주의로 귀결되는 논리를 강력히 배격하고자 한다.[14] 그의 이론적 전략은 결코 이성을 폐기하거나 비이성에 기초해 이성을 비판하는 데 있지 않다. 그의 일관된 논지는 근대성의 포기가 아닌 근대성의 완수이며, 그러한 단적인 예를 우리는 칸트에 대한 새로운 해석을 통해 자신의 이론을 근대에 관한 철학적 전통과 결합하고 있다는 점[15]에서 찾을 수 있다. 그가 부정적으로 인식하여 거부하려는 것은, 오직 근대의 계몽적 이성에 토대하여 모든 현상을 총체적으로 일관되게 해명 · 진단하고, 그 실천적 대안을 제시하려는 철학적 보편주의의 입장[16]과 그에 따른 거대 이론의 수립 기획이다. 그가 보기에 근대성 기획은 초역사적 보편성을 갖지 못하며, 역사적으로 규정되고 한계 지워진 제한적 해결책에 지나지 않기 때문이다.

　상황이 이러함에도 푸코를 근대성과 이성의 파괴를 도모하는 반이성주의자로 비판하는 것은, 그의 이론틀에 내재한 근대적 측면과 합리주의적 특성을 제대로 파악하지 못한 몰이해에서 비롯된 것이다. 아울러 그러한 비판은 그의 이론이 갖는 긍정적 측면을 수용하

---

14) 푸코는 근대/탈근대, 이성/반이성의 대립 구도적 전략은 하나의 오류이며 그러한 구도를 통해 이성의 붕괴에 대해 사유하는 것을 이해할 수 없다고 밝히고 있다(Telos, 205).

15) M. Kelly(1994), 3쪽.

16) H. L. Dreyfus/P. Rainbow, "Qu'est-ce que la maturité? Habermas, Foucault et les lumières," D. Hoy(ed.), *Michel Foucult: Lectures critique*(1989), 138쪽.

기보다는 그의 이론 자체를 폐기하려는 다분히 비학문적인 전략적 차원에서 제기된, 공정하지 못한 처사이다.

4.2 사회 비판의 규범적 토대의 부재

푸코의 권력-지식론에 대해 제기되는 여러 비판 가운데 특히 중 요한 것은, 그의 이론 체계에는 비판의 규범적 토대가 확보되어 있 지 않다는 지적이다. 예컨대 그의 권력 이론은 자신의 규범적 토대를 입증할 수 없는 비판의 자의적 당파성[17]의 문제점을 지니고 있다는 비 판이 제기되기도 한다. 또한 그의 이론이 수행하는 비판적 분석은 가치 있는 경험적 분석임에도 불구하고, 경험적 통찰과 규범적 차원 이 서로 혼재되어 있다는 비판적 논점이 가해지기도 한다.[18]

이른바 정체불명의 규범주의로 요약되는 푸코 권력론에 대한 비판 은 그의 이론이 갖는 난점을 제대로 지적한 것이다. 실제로 그의 권 력 이론은 규범적 평가의 준거틀을 배제한 채, 가치 중립적 관점에 서 권력 관계와 권력이 지닌 근원적 성격 그리고 그것이 우리의 일 상의 삶에 미치는 부정적 효과를 해명하고자 한다. 이른바 계보학적 역사 서술의 방법을 통한 권력 관계나 사회 제도, 인간 과학에 대한 비판적 분석 작업이 바로 그것이다. 여기서는 비판의 규범적 토대 이론의 수립 기획은 처음부터 제외되어 있으며, 시종일관 이성의 비 판적 능력에 입각한 근원적 사회 비판이 수행되고 있을 뿐이다. 그러 나 그의 작업 과정에서 드러나는 평가적 술어와 규범적 차원의 시대 진단 등은 푸코의 권력 이론이 중립적 원근법적 관점을 넘어서, 모종

---

17) J. Habermas(1986), 325쪽.

18) N. Fraser, "Foucault on Modern Power: Empirical Insights and Normative Confusions," *Praxis International* vol. 1(1981), 284쪽

의 가치 관련적·규범적 합리성과 연계되어 있음을 보여 주고 있다.[19] 이런 한에서 다음의 비판적 논점은 푸코의 이론적 한계를 제대로 보여 주고 있다: "푸코는 명시적으로 지배에 대한 저항을 피력한다. 그러나 왜일까? 왜 복종보다는 투쟁이 바람직할까? 왜 지배는 저항을 받아야 하는가? 모종의 규범적 관념을 도입할 경우에만, 푸코는 이러한 질문에 답할 수 있을 것 같다. 규범적 관념을 끌어들여야만 비로소 그는 근대의 지식-권력 구조에서 무엇이 잘못되고, 왜 우리가 그것에 저항하고 투쟁해야 하는가의 이유를 언급할 수 있을 것이다."[20]

푸코 자신도 이 점을 의식해 자신의 권력 비판의 규범적 척도와 근거의 논점을, 미진하나마 해명하고자 시도한다. "자유의 실천이야말로 사회와 개인이 스스로 수용할 수 있는 존재 양식이나 정치적 사회를 결정하는 데 필수적인 것이다. 해방은 새로운 권력 관계를 열어놓는데, 그러한 권력 관계는 자유의 실천에 의해 통제되어야 한다"(Ethic, 3-4). 그러나 푸코는 자신의 사회 비판과 시대 진단의 규범적 토대에 관한 해명의 과제를 결국 미완의 작업으로 남기고 말았다.

그러나 푸코에 대한 이러한 비판의 타당성에도 불구하고 그것이, 푸코의 권력 이론이 독특한 형태의 비판 사회 이론의 하나로서 그 역할을 수행하는 것을 막을 수는 없을 것이다. 이 점에 관해서는 비판을 정당화할 수 있는 이론적 근거의 토대를 확보하는 작업을 보류한 채, 현실에 대한 비판적 분석을 시도하고 있는 그의 **이론적 전략**

---

19) 그의 분석 과정에서 엿보이는 평가적 술어와 윤리적 차원의 진단 등은, 그의 계보학적 분석틀에 가치 관련적 측면이 내재해 있거나, 아니면 가치 중립을 표방하는 계보학적 방식을 통해 이루어진 분석의 결과에 대한 비판적 평가가 모종의 규범적 토대를 전제하고 있음을 보여 주는 실례이다.

20) N. Fraser(1981), 283쪽.

을 살펴봄으로써 어느 정도 답할 수 있을 것이다. 따라서 문제의 본
질은, 푸코의 이론에 비판의 척도가 결여되어 있다는 사실(이론적 한
계)보다는, 왜 비판의 토대가 배제된 비판 사회 이론을 전개하고자 하는
가에서 찾아져야 한다. 적어도 이 점이 제대로 해명될 경우 푸코의
이론적 취약점은 오히려 이론적 강점으로 부각될 수 있을 것이다.

푸코에 의하면 비판을 정당화하는 근거를 제시하기 위한 규범적
토대를 마련하려는 시도는, 비판의 대상에 비해 우월하고 보편적으
로 적용될 수 있는 비판의 준거점을 정초하려는 이론화 작업이며,
이는 본질상 불가능한 것이다.[21] 사회 비판을 가능케 하는 이른바 완
전무결하며 절대적으로 타당한 비판의 규범적 토대에 관한 이론들
은 사실상 존재할 수 없으며, 존재한다 해도 거기에는 이미 그 자체
입증될 수 없는 독단적 · 자의적 요소들이 전제되어 있다는 것이 푸
코의 관점이다. 그리고 바로 이러한 이유에서 푸코는 비판적 토대
이론의 수립 기획이 생략된, 새로운 형태의 사회 비판 곧 계보학적
역사 서술에 기초한 사회 비판을 수행하고 있다.

4.3 치유적 대안의 부재

푸코의 권력론에 가해지는 또 다른 비판은, 현실 진단을 통해 드
러난 문제점을 극복할 총체적 · 실천적 대안을 갖고 있지 않다는 점
이다. 즉 푸코의 이론은 권력 관계의 그물망에서 자유로울 수 있는
현실적 대안을 적시하지 못한다는 지적이다. 이러한 지적과 관련해,
실제로 그의 이론틀에는 마르크스의 사회주의적 대안이나 하버마스
가 제안한 자유로운 의사소통에 기초한 근본 민주주의의 기획과 같

---

21) 이 점에 관해서는 양운덕, 「근대성과 계몽에 대한 상이한 해석: 하버마스와 푸코」, 장
춘익 외, 『하버마스의 사상』(1996), 366-373쪽 참조.

은 거대 이론적 기획이 자리하고 있지 않다. 그러나 이른바 대안 없는 사회 비판의 배후에는 푸코 자신의 독특한 권력/지식관이 놓여 있다.

예컨대 마르크스는 국가를 지배 계급의 권력의 원천이자 권력 행사의 중추적 기구로 이해한다. 따라서 마르크스의 전면적 해방 사회 기획에 따르면, 사유 재산의 철폐와 국가 기구의 폐지를 통해서만 비로소 현 사회 구조의 모순이 제거되고 지배 권력에서 벗어난 자유로운 노동자 왕국이 구현될 수 있다. 이에 대해 푸코는 "권력이란 제도나 구조 혹은 특정인에게 주어진 권한이 아니며, 그것은 한 사회의 복합적인 전략적 상황"(Sexualité, 122)이라는 고유한 권력관에 입각하여, 국가를 권력의 핵으로 보는 기존의 입장에 대해 이의를 제기한다. 푸코는 자신의 독특한 관점에 따라 다양한 권력 관계의 기반 위에서 비로소 작동되는 국가의 제거가 곧 지배 권력의 제거를 가져오는 것은 아님을 보여 주고자 한다. "국가는 권력의 독립적 원천이 아니며, 기존의 여타 권력 관계의 기반 위에서만 작동될 수 있는 것이며, 이런 한에서 국가는 상부 구조적인 것"(Power, 122)이다. 바로 이러한 이론적 근거에서 푸코는 사회적 구조를 전면적으로 개조하려는, 총체적 차원의 해방 사회적 대안의 실효성을 회의적으로 바라본다.

이러한 푸코의 관점은 이성적 해방 사회의 구현을 도모하는 계몽의 기획에 대해서도 적용된다. 푸코는, 이성이 인간의 자유를 확장시켜 줌으로써 궁극적으로 지배로부터 벗어난 정의 사회를 실현시켜 준다는 계몽의 기획이 하나의 허구적인 미몽일 가능성을 지적한다. 그 근거는 다음과 같다. 지금까지의 사회 체제는 실상 다양한 지식과 권력의 결합을 통해 형성된 권력 지향적 사회 체제였다. 따라서 계몽에 입각한 전면적 사회 변혁의 프로그램은 억압과 지배에서 인류를 해방시키는 것이 아니라, 단지 변형된 형태의 지식-권력 메커니즘을 통해 그 외양만을 새롭게 치장한, 본질적으로 동일한 억압적 속성을 지닌 지배적 권력 사회로 탈바꿈하는 것이다.[22] 요컨대 총체적 사회 변혁의 기획은 인류에게 해방을 약속하지만, 결국은 지배 구조의 지속적인 존속에 기여함으로써, 인류를 억압적 구조에 여전히 종속시키는 역할을 수행한다. 푸코는 바로 이러한 이유에서 총체적·근본적 차원에서 추구되는 정치적 실천 방안을 거부하고 있다 (Counter, 232-233).

그렇다고 푸코의 사회 이론이 치유적 대안을 완전히 포기하고 있는 것은 아니다. 푸코는 새로운 사회 구성체로의 전면적 이행은 현존 권력 관계를 새로운 형태로 재편하는 것에 불과하다고 보아, 일반 대중의 입장을 고려한 다양한 민주주의적 사회 조직의 형성을 지향하는 실천 방안을 강구한다. 이는 지역적으로 차별화되고 특수화된 다양한 형태의 지배 권력에 대항하는 동시다발적·미시적 저항의 방식으로 구체화된다. 다시 말해 억압적 지배 구조가 공고하게 자리잡고 있는 구체적 삶의 현실 속에서, 모든 것을 자신의 유지와 확대를 위한 도구와 조작 대상으로 변질시키는 권력에 맞서 투쟁할 것을, 푸코는 자신의 실천적 방안으로 제시하고자 한다. 그러므로 국지적 실천책을 제시하는 푸코의 진정한 의도는, 그의 이론의 대안적 부재에 기인하기보다, 전면적 방식으로 진행되는 사회 변혁적 대안들이 변형된 억압 구조의 고착화를 수행하고 있다는 그의 통찰에 따른 것이다.

---

22) 이와 관련해, 푸코는 인류의 역사 발전을 결국 한 지배 양식으로부터 다른 지배 양식으로 전환되는 것으로 파악하고자 한다(Counter,151).

4.4 권력-지식론에 대한 하버마스의 비판

권력-지식론에 대한 비판 가운데 특히 관심을 끄는 것은 하버마스의 비판적 논점이다. 하버마스는 푸코 사상의 전후기를 관통하는 이론적 전략을, 근대성에 대한 현재주의적 시대 의식을 극복하고 그로부터 해석학적 방법론을 폐기하여, 역사를 거시적으로 개념화하는 역사 기술과 갈라서려는 시도로 이해한다.[23]

이어 하버마스는 푸코의 철학적 시도가 봉착하는 이론적 난점을 세 가지로 요약·지적한다. 첫째, 푸코의 계보학적 역사 서술은 본래 객관적 분석을 의도하지만, 불가피하게 자신의 해석학적 출발 상황과 연루되고 있다. 둘째, 푸코는 진리성/정당성/진실성/이해 가능성에 대한 타당성 요구를 의사소통에 내재한 보편적 형식이 아닌 권력의 효과로 파악함으로써 상대주의에 처할 수밖에 없으며, 그 결과 그의 이론 또한 우연적이고 자의적인 지식-권력 연관의 상관물로서 규정된다. 셋째, 푸코의 계보학적 역사 서술은 권력의 효과와 담론의 성립 과정을 가치 중립적 관점에서 해명·분석하고자 의도된 것이지만, 실제로 행해지는 분석 과정은 권력의 구조와 관계망에 대한 윤리적 차원의 비판과 평가를 포함하고 있다. 푸코는 암암리에 권력의 억압적 속성을 규범적으로 비판하고 그로부터의 탈출을 주창하지만, 그 어디에서도 그러한 비판의 규범적 토대나 근거에 대한 명시적인 해명을 제시하지 않고 있다.[24]

이러한 비판에 대해 푸코의 이론틀 내에서 적절한 반론이 제기될 수 있겠지만,[25] 원칙적으로 이러한 비판은 푸코의 권력론에 내재한

---

23) J. Habermas(1986), 293-295쪽.
24) J. Habermas(1986), 325-333쪽.
25) 푸코에 관한 하버마스의 비판적 지적에 대해 푸코의 관점에서 제기되는 반론에 관해

이론적 난점을 제대로 지적한 것이다. 그런데 푸코에 대한 하버마스의 이러한 비판은 상당 정도 호네트에 의해 이루어진 푸코 권력론에 관한 분석적 통찰의 성과에 힘입고 있다. 호네트는 **담화 분석**에서 사회 분석으로 들어선 이후에 전개된 푸코의 권력 이론을 비판적으로 평가한다. 즉 푸코의 사회성(사회)은 행위자들 사이에 끊임없는 투쟁이 전개되는, 전략적 상호 작용의 영역이다. 그런데 이러한 관점에서 권력의 미시 물리학에 대한 분석은, 보다 복합적인 사회적 지배 구조의 형성과 유지에 관한 해명 과정에서 이론적 곤경에 처하게 된다. 그리하여 푸코는 전략적 상호 작용이라는 **행위 이론적** 관점에서 권력을 해석하는 이론적 모델을 포기하고, 전략적 행위자들간의 투쟁의 산물이기보다 사회 체계의 자기 확장적 속성으로 권력을 해석하려는, 체계 이론적 모델의 권력 이론을 전개한다. 여기서 특기할 점은, 푸코의 권력 관계는 끊임없이 전개되는 과정인바, 제도나 사회 질서의 형성은 적어도 이러한 권력 관계의 투쟁적 흐름이 정지될 경우에 비로소 가능한 것이다. 그럼에도 이 점에 대해 푸코는 이렇다 할 해명을 제시하지 못하고 있다. 결국 푸코의 권력론은 현존의 제도나 사회 질서의 성립을 해명하는 것이면서도, 동시에 해명하지 못하는 모순에 빠지고 마는 결과를 낳고 있다.[26]

푸코 권력론에 대한 호네트의 탁월한 분석에 의거해 제기된 하버마스의 푸코 비판은 그러나 한 가지 중요한 문제점을 초래한다. 즉 비판적 지적의 적절성에도 불구하고 푸코 이론에 대한 비판의 전체 윤곽이 이론적 논쟁의 성격보다는 **정치적 논쟁**의 성격이 강하다는 점이다. 그 전형적인 예로 하버마스는 푸코의 사유 방식을 "모든 지

서는, M. Kelly, "Foucault, Habermas, and the Self-Referentiality of Critique," M. Kelly(ed.), *Critique and Power*(1994), 371-382쪽 참조.

26) A. Honneth, *Kritik der Macht*(1989), 174-183쪽.

적 영역의 틈새를 파고 들어와 탈계몽주의적, 탈근대적, 탈역사적 이
론들, 다시 말해 새로운 보수주의를 만들어 내는 정서적 흐름"[27] 가
운데 하나로 간주하면서, 그를 반(反)근대주의를 옹호하는 청년(어설
픈) 보수주의자로 규정하고 있다는 점이다.

이러한 하버마스의 푸코 해석은 푸코의 권력론이 지닌 이론적 강
점을 수용하여 자신의 이론적 취약점을 치유 · 보완하기보다는, 푸
코의 이론을 자신의 근대성 기획을 파괴하고자 시도하는 강력한 적
대적 대항 이론으로 인식하고 있음을 보여 준다. 이러한 하버마스의
시각은 계몽/반계몽, 이성/반이성의 대립 구도 속에 푸코를 옭아맴
으로써 그를 반계몽주의자 혹은 반이성주의자로 고착시키는 사태를
낳고 있다. 이처럼 푸코/하버마스의 논의 구도는 하버마스의 이론적
전략에 따라 자의적인 방향으로 전개되고 있으며, 그로부터 양자간
의 이론적 합치점이나 상호 보완적 측면에 대한 세밀한 탐구 작업이
소홀히 처리되고, 급기야 양자간의 논쟁이 지닌 생산적 측면을 제거
해 버리는 결과를 초래하고 있다.[28]

바로 이러한 점이 하버마스의 푸코 비판이 지닌 결정적인 문제점
이다. 원래 하버마스의 이론적 강점은, 다른 이론적 입장과의 수많은
논쟁과 토론을 통해 상대 이론이 지닌 핵심 부분과 강점을 선별적으
로 수용하여 자신의 이론틀을 보완하거나 재구성하는 데 이용했다
는 점이다.[29] 그러나 이러한 이론적 탐구 방식이 유독 푸코 — 보다
정확히는 푸코를 위시한 일군의 이른바 후기 구조주의자들 — 의 이

---

27) J. Habermas(1981a), 444쪽.
28) 푸코와 하버마스 사이의 본격적인 논쟁은 사실상 푸코의 사후에 이루어짐으로써, 하
버마스의 의도에 따라, 그의 이론적 입장에 유리한 방향으로 전개되고 있으며, 그 결
과 양자간의 논쟁은 대체로 하버마스의 관점에서 해석되고 있다(M. Kelly, "Intro-
duction," M. Kelly(ed.), *Critique and Power*(1994), 4쪽).
29) W. Reese-Schäfer, *Jürgen Habermas*(1991), 73쪽.

론에 대해서는 적용되지 않고 있다. 그런데 바로 이 점이 그의 사회 이론이 보다 완결된 정합적 이론 체계로 나아가는 것을 지연시키는 중요한 요인으로 작용하고 있는 것이다.

5. 권력-지식론의 비판적 사회 이론으로서 성립 가능성

5.1 비판의 토대가 배제된 특수한 형태의 비판 사회 이론

푸코의 권력-지식론은 그 어떤 사회 이론보다 강력한 현실 비판을 수행한다. 그 비판의 대상과 범위에는, 지금까지 사회 질서를 형성 유지시켜 온 제도적 장치를 비롯한 모든 요소와 조건이 망라되어 있다. 여기에는 또한 현실에 대한 비판이 하나의 이론 체계로 정립되기 위해서 요구되는, 비판의 규범적 척도의 정초화라는 전제 조건도 포함되어 있다. 푸코는 절대적으로 타당한 비판의 보편적 척도를 확립하는 작업은 결국 실패로 끝날 수밖에 없다고 본다. 왜냐하면 그러한 비판적 토대의 이론적 체계화 작업은 그 자체 입증되거나 정당화될 수 없는 자기 근거적 요소와 독단적 개념을 불가피하게 끌어들임으로써, 새로운 선험적 이론틀의 수립으로 귀착되기 때문이다. 이는 결국 그 어떤 비판의 토대 이론도, 보편적으로 적용되는 완전 무결한 이론틀의 자격을 충족시킬 수 없음을 말해 주는 것이다. 아울러 그러한 이론화 시도는 탈형이상학적 사유 방식과 이론틀을 지향하는 비판 사회 이론의 기획 의도와도 배치된다는 것이다. 이러한 이유에서 푸코는 "더 이상 비판은 보편적 가치를 지닌 형식적 구조의 탐구 속에서(dans la recherche des structures formelles) 이루어질 수 없다"(Lumière, 71)고 보고, 비판의 근거를 확보하려는 이론적 전략을 포기한다. 대신 비판의 토대 이론 없이도 사회의 모순과 문제를 드러내는 계보학적 비판 전략을 채택한다. 이 경우에 비로소 사회 비판의 이론적 기획은 더 이상 선험적(transcendantale)인 속성을 갖지 않으며, 형이상학적 이론 수립의 가능성을 목표로 삼지도 않게 된다 (Lumières, 71). 푸코의 이러한 비판 전략의 기저에는 계몽의 이념에 보다 투철한 이성의 비판 능력이 전제되어 있으며, 현실에 대한 근본적 비판 의도가 깔려 있다. 따라서 그의 이론틀에 비판의 척도로서의 보편적 합리성이 배제되어 있다고 해서 그의 입장을 비합리주의적 방향으로 나아가는 것으로 해석하는 것은 온당치 않다.

　요컨대 푸코의 진의는 비판의 척도를 정초하는 작업은 거의 불가능한 것이며, 설령 비판의 토대가 확보된다 해도 거기에는 독단적 · 자의적 요소가 존재하는 까닭에, 결국 불완전한 것으로 드러나며, 그러한 결함 있는 규범적 토대에 기초한 사회 비판 역시 현실에 대해 불완전한 비판을 제기한다는 사실을 지적하려는 데 있다. 그리고 바로 이러한 맥락에서 푸코의 권력 이론은, 합리성(예컨대 의사소통 합리성)에 의거해 사회 비판(따라서 합리성 비판)을 수행하는 합리성 이론의 형태를 벗어나, 비판의 규범적 이론틀을 배제한 가운데 근원적 사회 비판을 시도하는 특수한 형태의 비판 사회 이론으로 이해할 수 있는 것이다. 게다가 푸코의 이론은, 현시점에서 이론적 설득력이 가장 탁월한 것으로 평가받고 있는 하버마스의 사회 이론이 드러내는 문제점을, 치유적 차원에서 해소시켜 줄 수 있는 보완적 이론틀의 역할을 수행할 수 있을 것으로 보여진다.[30]

---

30) 이와 관련해 현재 진행되고 있는 다양한 시도 중 특히 주목되는 것은, 푸코의 역사적 저작이 거둔 사회 이론적 성과, 특히 사회성의 패러다임으로서 투쟁을, 상호 이해에 기초한 하버마스의 의사소통 이론적 틀 속에서 통합하려는 호네트의 사회 비판적 이론 기획이다. 호네트는 이러한 시도를 통해 푸코 권력론의 이론적 핵심을 되살리고 동시에 하버마스 이론틀의 난점을 해소하고자 한다. 그리하여 호네트는 이러한 자신의

요컨대 오직 철학적 논증에 의해 그 정당성이 확보되는 하버마스의 추상적 · 보편적 · 절차적 합리성 개념은, 역사 편찬적 · 사회학적 자료에 입각한 푸코의 실질적 계보학적 역사 기술에 의해 보완될 필요성이 요구되는 것이다.[31]

5.2 보완적 비판 사회 이론으로서 권력-지식론

(1) 현시점에서 하버마스의 비판적 사회 이론은 이론적 · 실천적 차원에서 가장 완결된 형태의 사회 이론적 기획에 근접하는 것으로 평가받고 있다. 그러나 탁월한 사회 이론적 성과에도 불구하고, 하버마스의 이론틀은 그것의 이론적 핵심을 형성하고 있는 체계/생활 세계의 이원론적 사회 구조틀과 관련해, 두 측면에서 중대한 이론적 취약성을 드러내고 있다. 그 하나는 체계 자체 내의 병리 현상에 대한 분석과 규범적 비판이 제대로 이루어지고 있지 않다는 점이다. 다른 하나는 의사소통의 논리가 관할하는 생활 세계를 모든 지배 권력으로부터 자유로운 영역으로 설정하고 있다는 점이다.[32] 이러한 문제는 체계/생활 세계간의 이원론적 사회 균형론을 정치 이론적으로 재구성한, 공론 영역/시민 사회 중심의 절차주의적 근본 민주주의 정립 기획[33]에서 어느 정도 해소되고는 있지만, 본질적으로 여전히 난점으로 남아 있다.

이론 기획을, 상호 인정 투쟁이라는 헤겔적 개념에 근거한 도덕적으로 동기 지워진 투쟁의 개념에 의거해 수립하고자 한다. 이에 관해서는 A. Honneth(1989), 380-402쪽; A. Honneth, *Kampf um Anerkennung*(1992), 7-10쪽 참조.

31) D. Hoy/Th. Mccarthy(1994), 148쪽 참조.

32) 이 점에 관해서는, A. Honneth(1989), 328-330쪽 참조.

33) 담론적 절차 과정에 기초한 근본적 민주주의 정립 기획의 대략적 윤곽에 대해서는, J. Habermas, "Volkssuoveränität als Verfahren," *Fatizität und Geltung*(1992), 600-631쪽 참조.

하버마스는 분석적 수준에서 사회를, 보다 나은 논증의 힘을 통해 상호 이해를 지향하는 의사소통적 행위의 영역, 곧 생활 세계 그리고 화폐/권력이란 탈언어적 매체에 의해 조종되는 체계로 구분한다. 이러한 구분은 상호 이해의 지향과 의도의 관철이란 의미의 전략을 대비적인 것으로 바라보는 하버마스의 고유한 사유 방식에 따른 것이다. 이에 따라 전략적 행위 연관에 토대한 권력과 그것의 지배적 속성은 체계(정치·행정 체계)에 귀속된다. 반면 생활 세계는 체계의 논리를 따르는 억압적 지배 권력과 대립된, 의사소통적 해방의 잠재력을 지닌 자유로운 공간으로 파악된다. 그러나 푸코의 시각에서 볼 때, 생활 세계는 본래 다양한 권력 관계의 그물망에 둘러싸인 영역으로 드러난다. 거기에는 체계의 논리를 따르는 권력 관계뿐만 아니라 그것과 무관한, 과거로부터 내려온 문화적 전통과 가치관 등이 얽혀져 이루어진, 생활 세계에 뿌리를 둔 권력 관계도 존재한다.

실상이 이러함에도 하버마스는 언어에 대한 권력 중립적 이해에 의거해, 의사소통적 관계가 권력과 독립적으로 형성되는 것으로 바라본다. 아울러 언어가 속해 있는 사회 현실과 무관하게 언어 자체 내에 합의 형성적 메커니즘이 내재되어 있는 것으로 이해한다. 그러나 언어는 하버마스 자신이 가다머와의 논쟁에서 밝힌 것처럼, 지배의 매체이자 조직화된 권력 관계를 정당화하는 데 기여하고 있다.[34] 다시 말해 언어의 내적 구조와 그것에 기초한 언어적 상호 작용은 현실의 권력 관계로부터 자유로울 수 없는 것이다. 그럼에도 하버마스는 애초의 자신의 입장과 달리 현실의 권력 관계를 배제한 채, 순전히 언어와 언어적 상호 작용 그 자체에만 집착하는 경향을 보이고 있다.[35]

---

34) J. Habermas, *Zur Logik der Sozialwissenschaften*(1982), 307쪽.

물론 권력의 지배에서 자유로운 의사소통 영역의 설정은 현재의
언어적 의사소통 구조의 왜곡 정도를 파악할 수 있는 비판의 준거점
을 제공할 뿐 아니라, 해방 사회 실현의 잠재적 가능성의 거점을 확
보할 수 있는 강점을 지니고 있다. 그러나 이러한 이론적 전략은 무
엇보다, 어떻게 왜곡된 의사소통의 구조를 본래의 상태로 회복할 수 있
는가에 대해 제대로 해명해 주는 것이 없다. 또한 다양한 이해 관계와
입장이 점철된 현실의 상황에서, 개인이나 단체가 개인적 혹은 집단적
이익을 희생하면서 합의 구속적 대화에 임할 수 있게 하는 동기 부여적
요인에 관해서 설득력 있는 논변을 제시하지 못하고 있다. 이러한 사
실은 자유롭고 평등한 대화를 통해서 사회 문제를 해결하고, 이성적
인 사회를 건립하고자 시도하는 의사소통적 해방 기획이 현실적으로
해결해야 할 난관들이 적지 않음을 말해 준다.

바로 이 지점에서 의사소통 구조를 둘러싸고 있는 다양한 권력 관
계에 대한, 푸코의 분석이 거둔 이론적 성과의 수용이 요청된다. 현
실의 권력 관계에 대한 조망은 합의 지향적 의사소통 구조가 제대로
작동되기 위한 전제 조건을 정확히 간파하기 위해서 필수적일 뿐 아
니라, 왜곡된 의사소통 구조의 복원을 위해서도 절대적으로 긴요하
다. 이러한 권력에 관한 분석적 통찰에 의거할 때, 현실의 다양한 권
력 관계는 자유롭고 평등한 대화의 작동을 가로막는 장애 요인이기
도 하지만, 동시에 대화를 가능케 하는 동기 부여적 조건으로 작용할
수 있다는 점[36]이 드러난다. 아울러 지배 권력에 의해 왜곡되고 일그

---

35) 이와 관련해 하버마스가 중시하는 언어의 논증적 힘이나 담화의 보편적 형식인 네 가
지 타당성 요구도, 언어 외적 현실과 무관한 언어의 고유한 속성 또는 경험을 넘어선
선험적·초역사적인 것이라기보다는, 근대 사회의 도래와 함께 이루어진 사회 문화
적 영역의 분화와 발전에 따라 구조 지어진 것이라고 볼 수도 있다. 이에 대해서는 보
다 세밀한 탐구가 이루어져야 할 것이다.
36) 예컨대 비슷한 세력과 권력을 지닌 두 집단이 무력의 방식으로 문제를 해결할 때 서

러진 의사소통 합리성의 현실태를 비춰봄으로써, 그것의 복구를 위한 실천적인 지침을 마련할 수 있다.

하버마스의 경우, 의사소통 구조의 왜곡화는 체계의 논리에 기초한 지배 권력이 자신의 관할 영역을 넘어 생활 세계에 침범하여 의사소통의 구조를 훼손함으로써 초래되는 것으로 이해된다. 다시 말해 하버마스는 절차적 담론 과정을 거쳐 형성된 의사소통적 권력(따라서 법을 매체로 전환된 행정적 권력)을 제외한 나머지 권력을 체계의 논리에 부합하는 지배적 강제력으로 한정 지운 후, 그러한 권력이 체계의 경계를 넘어 생활 세계의 의사소통적 논리를 변형 · 대체하는 사태를 왜곡화로 파악한다. 이에 따라 하버마스는 체계의 논리를 생활 세계로부터 본래의 영역으로 되돌려 놓음으로써 의사소통 구조의 왜곡화가 치유될 수 있다고 전망한다.[37]

그러나 만일 생활 세계 내에 체계의 논리를 따르는 권력 외에 생활 세계 자체에 그 기원을 두는 또 다른 유형의 권력이 존재하고 그것이 의사소통 구조를 체계적으로 변형 · 왜곡시킨다면, 그 점은 하버마스의 이론틀 내에서 적절히 설명하기 어려운 이론적 문제로 남게 된다. 하버마스의 경우 의사소통 구조의 뒤틀림은 전략적 행위 연관에 기초한 체계의 기능적 권력에 의해 야기된 것이라고 일의적으로 해석하고 있다. 하지만 생활 세계 내부에 기원을 둔 또 다른 유형의 권력이 존재하며 그것에 의해서도 왜곡화가 발생한다. 그러한 권력들 가운데는 목표의 실현을 최우선 과제로 삼는 체계 차원의 권

로간에 막대한 피해가 예상될 경우, 논증적 힘에 기초한 대화에 참여하여 상호 이해 지향적 합의를 통해 문제를 해결할 수 있다.

37) 하버마스는 왜곡된 의사소통 구조가 주로 체계에 의한 생활 세계의 내적 식민화에 따른 것으로 파악함으로써, 종교적 · 인종적 갈등 구조에서 드러나는 것처럼 생활 세계에 근원을 둔 권력 관계에 의해서도 불평등한 의사소통적 관계가 형성되고 있다는 점을 간과하고 있다.

력 형태가 아닌, 목표-수단 연관이 배제된 비언어적 권력 관계의 형
태로 주어진 권력도 존재한다.

(2) 물론 이러한 종류의 비판에 직면하여 하버마스는 의사소통적
권력을 중심으로 한 권력 이론을 제시하면서 대응하고 있다. 하버마
스의 권력 이론은, 권력(Macht)을 상호 이해를 추구하는 의사소통적
힘으로 규정하고, 폭력(Gewalt)을 타인의 의지를 자신의 목적 달성의
수단으로 이용하고자 시도하는 강제적 힘으로 파악하는 아렌트의
권력관[38]을 반성적으로 수용하여 정립한 것이다. 하버마스는 아렌트
의 권력 구분을 원용하여, 전략적 행위에 기초해 이해 관계를 추구
하는 강제적 폭력을 사회적 권력으로, 의사소통적 담론의 절차 과정
에 근거한 권력을 의사소통적 권력으로 명명한다. 진정한 의미의 권
력으로 규정된 의사소통적 권력은, 왜곡되지 않은 공론 영역의 담론
적 절차 과정을 통해 산출된 공적인 영향력이 의회 제도 내에서 정
당한 권력으로 형성된 것이다.[39] 이러한 의사소통적 권력은 그 자체
로 정치적 체계의 결정 과정에 영향력을 행사할 뿐만 아니라, 입법
화 과정을 거쳐 행정적 권력으로 전환되어 체계를 규제하게 된다.[40]
그 결과 체계의 논리가 자의적인 방향으로 전개되어 생활 세계의 의
사소통 구조를 침해하는 부정적 사태를 방지할 수 있게 된다. 이러
한 관점에서 하버마스는 일반적으로 통용되는 권력 개념을 도구적
강제력으로 이해하며, 민주주의적 의사소통의 과정을 거쳐 이루어
진 권력만을 정당한 정치적 권력으로 인정한다.

---

38) 아렌트의 권력관에 대해서는, J. Habrmas, "H. Arendts Begriff der Macht,"
    Philosophisch-politische Profile(1981b), 228-232쪽; J. Habermas(1992), 182-187쪽
    참조.
39) J. Habermas(1992), 449쪽.
40) J. Habermas(1992), 186-187쪽.

하버마스는 이처럼 절차적 의사 형성 과정에 토대한 의사소통적 권력의 정립을 통해, 권력에서 자유로운 의사소통 대 지배 권력이라는 대립 구도의 한계를 일정 정도 벗어나고자 한다. 이 점은 이익의 관철에 투철한 다양한 사회 권력이 생활 세계의 사적·공적 영역에 머물며 영향력을 행사하는 사태, 특히 공론 영역의 담론적 절차 과정을 통제함으로써 자유로운 의사 형성의 통로가 봉쇄되는 사태에 대한 탐색을 통해, 사회 권력과 의사소통 구조간의 사실상의 연관성을 검토하는 대목에서 그대로 드러난다.

그러나 이는 의사소통과 권력 간의 대립을 의사소통적 권력 대 강제적 폭력의 대비로 치환하여, 표면상 권력과 의사소통의 상호 연관성을 보여 주는 데 그치고 있다. 그 이유는 하버마스의 일차적 목표가 규범적 관점에서 현실적 삶의 영역에서 벌어지는 권력에 의한 의사소통 구조의 왜곡화를 비추어 보는 비판적 평가의 척도, 곧 왜곡되지 않은 의사소통 영역의 확보에 있기 때문이다. 이로 인해 하버마스의 권력론은 무엇보다도 본질적 차원에서 형성되어 있는 지배 권력과 의사소통 간의 내적 연관성을 간과해 버리는 우를 범하고 있다. 게다가 양자간의 현실적 관련성도 더 이상 논구되지 않은 채, 규범적 토대의 확보를 위해 상호 독립된 것으로 대비시키고 있다. 그에 따라 상호 이해 지향적 합의(따라서 의사소통적 권력)의 산출 경로인 담론적 절차 과정(의사소통적 통로)은 현실의 억압적 권력 관계의 지배 — 그것이 전략적 이해 관계에 기초한 강제력이든 혹은 비전략적 행위 연관에 의거한 생활 세계적 권력이든 — 에서 벗어난 것으로 여전히 규정된다.

그 결과 하버마스의 권력 이론은, 다양한 이해 관계에 기초해 형성된 권력 관계의 그물망에 사로잡혀 있는 사회 성원들이 어떠한 동기에서 그리고 어떠한 방식을 통해, 권력 관계에서 빠져 나와 자유롭고 평등한 담론적 의사 형성의 과정에 참여할 수 있는지에 관해 설득력 있는 논거를 제시하지 못하고 있다. 더불어 하버마스 자신에 의해 권력으로 파악되지 않는, 지배적 강제력이나 비전략적 행위 연관에 기초한 권력이 담론적 의사 형성 과정에 미치는 영향력이나 내적 연관에 관해서도 이렇다 할 입장을 개진하고 있지 않다. 이는 곧 그의 권력 이론 내에는 훼손된 의사소통 구조의 복구 방안이나 담론적 절차 과정을 에워싼 권력망에서 벗어날 수 있는 방법에 대한 명쾌한 답변이 마련되어 있지 않음을 말해 준다. 물론 그의 권력 이론은 민주적 의사 형성의 절차를 통해 정당화된 권력을 산출하고, 그것을 입법화를 통해 정당한 정치 권력으로 확립하여 체계를 제어함으로써, 왜곡된 의사소통 구조를 복구할 수 있다는 정치 이론적 전망을 제시한다는 점에서 일정 정도의 성과를 거두고 있기는 하다. 그러나 문제의 핵심은 과연 어떠한 방식으로, 막강한 현실적 영향력과 지배력을 갖고 있는 권력 관계에서 벗어나 민주주의적·담론적 절차 과정에 임할 수 있는지, 그리고 그러한 권력의 지배에서 자유로운 담론적 절차 과정이 현실적으로 작동될 수 있는지의 가능성 여부이다. 적어도 현시점에서 하버마스의 권력론은 이 점을 설득력 있게 해명하지 못한 채, 해결해야 할 과제로 남겨놓고 있다.

이러한 상황을 고려할 때 하버마스의 권력 이론은 생활 세계와 공론 영역 내에서 의사소통적 그물망과 밀접히 연결된 권력의 그물망에 대해 보다 치밀한 탐구 작업을 수행해야 한다. 그럴 경우에 비로소 사회 구조의 왜곡성을 규범적 차원에서 평가할 수 있을 뿐만 아니라, 왜곡의 다양한 원인과 정도를 정확히 진단하여 구체적인 처방책을 제시할 수 있게 된다. 아울러 이러한 맥락에서 푸코의 권력 분석이 거둔 이론적 성과의 적극적 수용이 요망된다. 왜냐하면 푸코의 권력 분석은 일상적 삶의 현장에 스며든 권력 관계 역시 **생활 세계의**

구성 요소로 해석될 수 있다는 가능성을 열어줌과 동시에 의사소통과 지배적 권력을 서로 독립된 배타적인 것으로 파악하는 하버마스의 일면적 권력관을 극복할 수 있는 거점을 제공하기 때문이다. 나아가 "권력 관계가 그 자체로 무조건 나쁜 것은 아니며, 또한 권력 관계가 없는 사회는 존재할 수 없으며… 따라서 권력 놀이가 지배를 최소화하는 데"(Ethic, 18) 주안점이 주어져야 한다는 푸코적 관점으로부터, 사회에 순기능적으로 작용하는 권력과 지배적 속성을 갖는 권력 간의 구분 가능성과 필요성을 인식할 수 있게 된다.[41] 무엇보다도 푸코의 권력 분석이 지닌 의의는, 현실 비판의 규범적 준거점인 지배에서 자유로운 이상적 대화 상황에 의거해서도 포착되지 않는, 생활 세계의 고유한 권력에 대한 해명 그리고 자유로운 의사소통적 절차에 임하도록 작용하는 현실적 동기 부여에 관한 이론 수립에 필요한 기초적 발판을 제공한다는 점에서 찾을 수 있다.

---

41) 이와 관련해 권력 관계와 지배적 상태간의 차이에 관한 푸코의 입장은, M. Foucault, "The ethic of care for the self as a practise of freedom," J. Bernauer/D. Rasmussen(ed.), *The Final Foucalt*(1988), 3-4쪽 참조.

3 노동 패러다임과
상호 작용 패러다임의 상호 보완성

비판적 사회 이론의 완결을 위한 한 제언(提言)

1. 머리말

최근 들어 하버마스의 비판적 사회 이론은 한국 사회를 조망하는 이론틀로서 점차 주목의 대상이 되고 있다. 비록 그의 사회 이론은 독일을 위시한 서구 복지 국가를 모델로 삼아 정립된 것이지만, 복지 국가를 지향하고 있는 한국 사회가 현재 직면하고 있는 다양한 사회 병리적 문제들을 검토하고 극복해 내는 데 그의 비판 이론이 거둔 이론적 성과들은 문제 해결의 중요한 지침을 우리에게 제공해 줄 수 있을 것이다. 더욱이 하버마스의 사회 이론은 계층간의 갈등, 지역 감정의 확산 등의 문제 외에 남북한간의 민족 분단 문제까지 풀어 나가야 하는 한국적 현실 속에서, 개인적 혹은 집단적 이해 관계를 넘어 자유롭고 평등한 대화를 통한 문제 해결의 원칙을 제시했다는 점에서, 충분한 검토와 연구의 대상이 될 수 있을 것이다.

잘 알려져 있는 것처럼 노동/상호 작용 패러다임에 기초한 하버마스의 사회 이론은 마르크스의 노동 패러다임[1]이 안고 있는 이론적 난점과 한계를 보완·극복하여, 보다 정합적이고 포괄적인 설명력을 지닌 완결된 비판 사회 이론의 수립을 위해 기획된 것이다. 그 결과 하버마스의 비판 이론은 오늘날 가장 영향력 있는 사회 이론으로 부각되고 있으며 상당한 이론적 성과를 거두고 있다. 그러나 **보완 패러다임**으로 수용된 상호 작용이 노동 패러다임의 미비점을 보완하면서 완결된 이론 체계의 수립에 기여하기보다, 오히려 중심 패러다임 혹은 대체 패러다임으로 전환되면서 여러 문제점들을 노정하고 있다. 마치 노동에 기초한 마르크스의 일원론적 사회 이론이 직면했던 것과 유사하게 하버마스의 비판 이론도 이론적 협애성을 드러내고 있다.

이 글은 바로 이러한 상황을 염두에 두면서, 일원론적 패러다임의 한계를 벗어나기 위해 하버마스가 제시한 **이원론적 패러다임의 기획**[2] 이 현재 직면하고 있는 이론적 난점에 관해 비판적으로 고찰하고 그로부터 벗어날 수 있는 방안을 반성적으로 검토해 보는 것을 주된 과제로 삼고 있다. 이 같은 작업을 위해 우선 예비적 고찰로서 마르크스의 노동 패러다임이 지닌 이론적 한계를 검토하고(2절), 이어 하버마스의 상호 작용 패러다임 수용이 갖는 사회 이론적 의미와 성과를 살펴볼 것이다(3절). 그리고 뒤이어 노동/상호 작용의 이원론적

---

1) 보다 정확히 말하면 노동이 아니라 **사회적 노동**이다. 마르크스의 노동은 단순히 주체와 대상 사이에 이루어지는 도구적 차원의 행위가 아니며, 대상과의 관계(대상 연관)뿐만 아니라 타인과 맺는 언어적 의사소통 관계(사회적 연관)를 포함하는 **사회적 노동**이다. 이에 비해 하버마스의 노동은 대상 연관에 초점이 맞추어진 도구적 행위로서 규정되고 있다.

2) 이 글에서 제시된 **노동/상호 작용의 이원론적 패러다임**은 단순히 하버마스의 초기 이론 중 행위 이론적 관점에서 제안된 노동과 상호 작용에 국한된 것이 아니며, 후기 이론에서 보다 세련화된 목적 합리적 행위와 의사소통적 행위, 사회 진화론적 지평에서 재구성된 체계/생활 세계의 이원론적 구조틀 그리고 물질적/상징적 재생산의 차원까지 포함하는, 포괄적인 것임을 밝혀둔다.

패러다임이 안고 있는 문제점을, 상호 작용 패러다임에 대한 지나친 의존과 도구주의적 노동관에 초점을 맞추어 고찰하고자 한다(4절). 끝으로 마르크스의 노동 패러다임의 이론적 유효성을 검토한 후, 하버마스의 이원론적 사회 이론이 보다 완결된 비판적 사회 이론으로 자리하기 위한 이론적 지침을 간략하게 제시해 보고자 한다(5절).

이 같은 하버마스의 노동/상호 작용 패러다임 기획에 관한 비판적 검토 작업은, 그의 비판 사회 이론이 현재 드러내고 있는 문제점에 관하여 보다 적절한 해명과 보완 그리고 적극적인 해결책이 제시될 경우에만, 비로소 그의 이론이 설득력 있는 완벽한 이론 체계로서 정립될 수 있다는 관점에서 의도된 것이다. 이는 하버마스의 이론적 입장에 대한 비판적 접근이 마르크스의 사회 이론으로 되돌아가는 것을 의미할 수 없음을 간접적으로 말해 주는 것이다. 분명 마르크스의 이론은 그 엄청난 파장과 사회 이론적 기여에도 불구하고 시대적 한계와 이론적 제약성을 드러냈으며, 하버마스의 이론은 마르크스의 그것을 뛰어넘은 보다 우월한 이론 체계로서 평가받고 있다. 그러나 동시에 하버마스의 비판 이론 역시 여러 난점을 노정하고 있으며, 그러한 문제점을 해소·지양함에 있어서 마르크스의 사회 이론, 특히 그의 노동 패러다임이 유익한 보완적 지침을 제공할 수 있을 것이다. 바로 이 점이 이 같은 비판적 검토의 과제를 시도케 한 또 다른 중요한 이유이기도 하다.

2. 노동 패러다임의 이론적 한계

마르크스 역사 유물론의 이론적 토대인 노동 패러다임은 자본주의 사회의 모순에 대한 비판적 해명과 인간적 정의 사회의 구현이라

는 두 가지 과제의 달성을 위해 제안된 것이다. 그러나 하버마스가
보기에 현재의 시점에서 마르크스의 노동 패러다임과 그것에 기초
한 사회 이론은, 탁월한 이론적 설명력에도 불구하고 현실에 대한
비판적 분석과 해방 사회의 건립이라는 이중의 과제를 수행하기에
는 불충분한 것으로 전락했으며 치명적인 난점들을 드러내고 있다
(PDM, 95-103).[3]

첫번째 비판의 논점은 마르크스의 노동 패러다임이 실천 개념의
역할을 떠맡기에는 이론적으로 너무 협소하다는 점이다. 하버마스
에 의하면 마르크스의 노동은 역사 유물론에서 제시되는 두 가지 형
태의 실천, 즉 자연의 지배에서 벗어나고자 행해지는 물질적 생산
활동과 사회적 억압 구조에서 해방되고자 시도되는 정치적 실천의
행위, 이 두 가지 의미를 모두 함의하고 있다(RHM, 31-32). 그러나 노
동은 전자의 의미로는 적절하나 실천적·변혁적 활동이라는 실천
개념으로 자리하기에는 역부족이란 것이 하버마스의 비판이다(EI,
72). 비록 생산력의 발전이 자연에 대한 인간의 지배를 가능케 했지
만 자연에 대한 통제의 증대가 지배로부터의 해방과 일치되는 것은
아니며,[4] 자동적으로 자유의 실현이 보장되는 것도 아니다(TWI, 46).
노동에 기초한 생산력의 발전은 해방 사회를 위한 전제일 뿐 그로부

3) 이 글에서 인용되고 있는 하버마스의 문헌은 편의상 약호와 쪽수만으로 표시하고자 한
다. 약호는 다음과 같다: *Technik und Wissenschaft als 'Ideologie'* [TWI]; *Erkenntnis
und Interesse*[EI]; *Legitimationsprobleme im Spätkapitalismus*[LS]; *Kultur und
Kritik*[KK]; *Zur Rekonstruktion des Historischen Materialismus*[RHM]; *Theorie des
kommunikativen Handeln 1, 2*[TKH1, TKH2]; "Über Moralität und Sittlichkeit — Was
macht eine Lebensform 'rational'?" [MS]; *Vorstudien und Ergänzungen zur Theorie
des kommunikativen Handelns*[VE]; *Die Neue Unübersichtlichkeit*[DNU]; *Der
philosopische Diskurs der Moderne*[PDM]; "Entgegnung" [ENT]; *Faktizität und
Geltung*[FG].

4) A. Giddens, "Labour and Interaction," J. B. Thomson/D. Held(ed.), *Habermas: Critical
Debates*(1982), 52쪽.

터 필연적으로 자유의 왕국이 도출되는 것은 아니다. 오히려 현실의 경험은 인간 해방의 물적 토대로서 이해된 과학 기술이 인간을 억압·구속하는 족쇄로 작용하고 있음을 보여 준다(TWI, 92). 그럼에도 마르크스는 이 같은 조망틀을 결여한 채, 노동이라는 협소한 의미의 실천 개념을 통해 해방 사회의 실현을 달성하려는 범주적 오류를 범하고 있다(RHM, 45).

하버마스에 따르면 해방 사회의 기획은 상호 구분된, 물질적 생산의 차원과 혁명적 실천의 차원을 모두 고려해서만 가능하다. 따라서 억압적 사회 구조나 왜곡된 의사소통적 관계는 노동이 아닌, 언어 매개적 상호 작용의 차원에서 행해지는 실천적 활동에 의해서만 그 원상 복구가 가능하다(EI, 76). 마르크스의 이론적 한계는 바로 이러한 언어 매개적 상호 작용의 측면에 대한 통찰의 결여에서 초래되었으며, 그 결과 인간 해방의 실현과 관련된 정치적 실천의 차원을 이론적 공백 지대로 남겨둘 수밖에 없었던 것이다.

두 번째 비판의 핵심은, 앞서의 비판과 밀접히 연결된 것으로서, 마르크스의 노동이 자본주의의 구조적 모순의 성립 과정에 대한 비판적 분석에는 적합하나, 드러난 문제점을 지양·극복하여 정의 사회를 실현하는 실질적인 절차적 방법을 적시하지 못하고 있다는 점이다. 다시 말해 노동 패러다임은 해방 사회의 구현을 위한 구체적인 정치적 실천 방안, 예컨대 민주주의적 의견 수렴의 확대나 자유 실현을 위한 제도적 장치의 마련과 같은 정치적 차원에서 실현 가능한 프로그램을 제시하지 못하고 있다(FG, 12). 단지 자유의 왕국 혹은 자유로운 생산자 연합이라는 추상적 이념만을 보여줄 뿐, 해방 사회 구현을 위한 근본적 원천으로서 법이나 도덕 원칙을, 단순히 경제적 토대에 의해 규정되는 비자율적인 것으로 고려하고 있다(DNU, 171). 더불어 상호 작용과 그것의 토대인, 자율적 발전 논리를 지닌 규범적 구조에 관한 탐구가 원천적으로 배제됨으로써 마르크스의 이론은 노동에 입각한 과학적 현실 분석의 과제만을 수행할 수 있을 뿐 해방 사회의 구현 과제는 단지 노동의 유토피아라는 공허한 외침에 그치고 있다.[5]

세 번째 비판은, 노동에 의거한 사회 이론은 원칙적으로 주객 모델에 입각한 의식 철학적 이론틀을 형성하는 까닭에 언어 매개적 상호 주관성의 차원을 놓치고 있다는 점에 맞추어져 있다. 이러한 비판은 상호 주관성에 기초할 경우 비로소 드러나는 해방 사회의 건립을 위한 조망틀, 즉 성원들간의 자유로운 의사소통과 그로부터 도출되는 합의에 기초해 문제의 해결책을 모색하고 자유의 제도적 보장을 확정짓는, 일련의 민주적 합의 과정에 대한 전망을 시야에서 놓치고 있음을 겨냥한 것이다(PDS, 41). 노동 패러다임에 기초한 역사 유물론은, 한편에 행위 주체를 다른 한편에 조작 가능한 객관 대상을 상정하여 양자간의 관계에 특권화된 지위를 부여함으로써 의식 철학적 문제틀을 형성한다. 그로부터 인류의 자기 형성은 자기 외화의 모델에 따른 자기 창조의 과정으로 파악되며, 인류는 자신의 욕구를 충족키 위해 주변 환경에 개입하는 거대 주체로 이해된다(PDM, 396). 더불어 인류의 자기 산출 행위는 궁극적으로 노동이라는 유일한 행위 양식을 통해 수행되는 것으로 파악되며, 노동력의 생산적 지출 혹은 사용 가치의 소비라는 개념틀로 분석될 수 없는, 규범적으로 규제되는 상호 작용의 차원은 배제된다.[6] 따라서 인류 사회의 발전에 대한 해명은 노동에 입각한 단선적인 설명력을 지닐 뿐이다.

사실 마르크스는 실제적인 영역에서 행해지는 노동이 의사소통

---

5) R. Zimmermann, "Emanzipation und Rationalität: Grundlagenprobleme der Theorie von Marx und Habermas," *Ratio* 26(1984), 121쪽.

6) A. T. Callinicos, *Against Postmodernism*(1988), 113쪽.

적 측면과 도구적 행위의 측면을 모두 포함하고 있음을 통찰하고 있었다. 그러나 이론적·범주적 차원에서 의사소통적 행위의 측면을 도구적 행위의 측면으로 환원함으로써(RHM, 45), 결국 상호 주관성의 지평이 제거되고 급기야 언어적 의사소통을 통한 합의 형성 메커니즘에 관한 철학적 고찰이 불가능하게 되었다. 바로 이 같은 의식 철학의 한계로 인해 앞서 살펴본 두 가지 비판적 지적이 제기되었으며, 그런 한에서 세 번째 비판의 논점[7]은 앞의 두 비판에 대해 논리적으로 선행하는 것이다.

끝으로 제기되는 비판은, 상징적 재생산의 차원에서 이루어지는 사회적 통합의 메커니즘을 노동 패러다임은 제대로 해명할 수 없다는 점이다(RHM, 160-165). 사회적 통합이 중시되는 이유는, 새로운 사회 통합 형태의 성립을 전제로 해서만 이른바 체계 위기의 문제를 해결할 수 있기 때문이다. 체계 위기란 사회와 그 성원들의 존속과 유지를 위해 우선적으로 요구되는 물질적 재생산이 기능적 장애로 인해 제대로 이루어질 수 없는 사태를 가리킨다. 그런데 이 같은 문제점에 대해 노동은 그것의 배태 과정을 적절히 규명해 내고 있지만 그 해결책까지 제시하지는 못하고 있다. 비록 생산력과 생산 관계의 모순에서 그러한 문제가 초래되지만 생산력의 발전이 자동적으로 그에 맞는 생산 관계를 정립시키는 것은 아니다(RHM, 161). 그것은 새로운 사회적 통합 양식의 출현을 통해서 가능케 된다. 노동 패러다임은 물질적 재생산의 차원에서 전개되는 체계 통합의 해명에 적합한 범주일 뿐, 원칙적으로 상징적 재생산의 필수적 요소들과 그 기반인 규범적 구조에 대한 통찰을 결여하고 있다. 따라서 생활 세

---

7) 마르크스 사회 이론의 의식 철학적 문제틀에 대한 하버마스의 비판은, 예나 시절의 헤겔 철학에 대한 재해석에 의거하여 동일 철학의 오류를 반복하는 것으로 제시되고 있기도 하다(TWI, 9-47참조).

계의 사회적 통합에 대한 설명력은 확보하지 못한 상태로 남게 된
다. 상황이 이러하므로 노동(생산력)에 입각하여 사회 발전을 설명
하는 일원론적 사회 이론은 인지적·기술적 차원의 사회 발전 이외
에 도덕적·실천적 차원에도 사회 진화의 과정이 또한 존재하고 있
음[8]을 간과한다. 다시 말해 물질적 산출력의 증대 외에 사회 성원의
상호 작용을 규정하는 규범적 구조의 발전과 제도화를 놓치고 있
다.[9] 그 결과 사회 진화와 인류 역사의 발전 과정은 불가피하게 두
가지 서로 구분된 차원에서, 총체적으로 통찰하지 못하는 불완전성
을 드러낸다(RHM, 147).

3. 상호 작용 패러다임의 수용이 갖는 사회 이론적 의미

노동/상호 작용의 이원론적 패러다임은 제한적 설명력을 갖는 일
원론적 패러다임의 이론적 부족분을 메우고 보완함으로써, 완결된
비판 이론의 체계를 수립하기 위한 전략의 일환으로 기획된 것이다.
마르크스에 대한 비판을 통해 구분·제시된 노동/상호 작용의 두 패
러다임을, 하버마스는 특정한 형태의 두 행위 패턴으로 이해할 뿐만
아니라 사회 인식을 위한 구조틀로서 파악한다. 그리고 이런 한에서
사회적 재생산의 두 가지 근본적 차원인 노동과 상호 작용은 독립된

---

8) U. Gmünder, *Kritische Theorie: Horkheimer, Adorno, Marcuse, Habermas*(1985), 118
쪽.

9) 마르크스는 보편주의적 규범 구조의 독자적 진화를 통찰하지 못했으며 그것을 단순히
부르주아의 이데올로기로 이해하였다. 이로 인해 마르크스의 사회 이론에서 민주주의
적 의사 형성의 제도화 과정을 논할 수 있는 이론적 장치가 결여되어 있다. 왜냐하면
이러한 측면은 도덕 규범과 법 체계의 보편적 구조와 관련지어 논의될 수 있는 영역이
기 때문이다. 이와 관련된 보다 상세한 논의는, J. Habermas, *Fatizität und
Geltung*(1992), 541-572쪽 참조.

지식 산출의 형태와 합리성 형태에 의해서도 구분될 수 있다.[10]

이러한 맥락에서 상징적 상호 작용 패러다임의 도입이 갖는 사회 이론적 의미는, 무엇보다 마르크스에 의해 미완의 과제로 남겨진 지배로부터 자유로운 해방 사회 기획을 성취할 수 있는 이론적 거점을 확보했다는 점[11]에서 찾을 수 있다. 노동에 기초한 마르크스 이론의 강점은 자본주의의 병리 구조를 경험적으로 분석·비판했다는 점이다. 그러나 노동이 갖는 협애한 이론틀은 개인간의 대등하고 자유로운 의사소통 과정을 포착하지 못함으로써, 민주주의적 합의 도달을 통한 인간적 정의 사회의 실현 방식을 설명하지 못하는 치명적 약점을 드러낸다. 마르크스가 꿈꾸었던 이상 사회는 생산 수단의 사회적 소유와 프롤레타리아 독재를 통해 달성될 수 있는 그러한 사회가 아니며, 자유로운 생산자 연합이라는 막연한 추상적 이념에 의해 그 실현이 보장되는 것도 아니다. 언어적 의사소통에 기초한 민주주의적 의사 형성과 합의 도달의 절차를 거쳐야만 비로소 실질적 의미의 자유와 평등이 보장되는 해방 사회의 수립이 가능하다. 이러한 이유에서 상징적 상호 작용(의사소통 행위) 패러다임의 도입이 필연적으로 요청된다.

상호 작용 범주의 도입이 갖는 중요한 사회 이론적 의미는 인류의 사회적 재생산 과정에 대한 총체적인 통찰과 설명이 가능해졌다는 점에서 또한 찾을 수 있다. 물질적 재생산은 인류와 사회의 존속을 위해 물질적 재화를 생산하는 사회적 재생산의 한 축이며, 상징적 재생산은 물질의 생산을 원활히 하기 위해 문화의 산출과 전수, 개인의 사회화 그리고 사회적 통합을 가능케 하는 사회적 재생산의 또

---

10) A. Honneth, *Die zerrissene Welt des Sozialen*(1990), 60쪽.
11) 이에 관해서는, R. Zimmermann, *Utopie-Rationalität-Politik*(1985), 255-302쪽에서 상세하게 논의되고 있다.

다른 축이다. 이처럼 두 재생산 과정은 상호 의존적 관계에 놓여 있으며 양자 중 어느 하나라도 제대로 기능하지 못할 경우, 사회의 발전 과정은 커다란 장애에 부딪히며 다양한 사회적 병리 현상이 초래된다. 그러므로 사회 발전 혹은 진화에 관한 통찰은 두 차원을 균형적으로 고려할 경우에 제대로 이루어질 수 있다. 이런 점에서 마르크스의 노동 패러다임은 인류 사회의 발전 과정을 단지 물질적 재생산의 측면에 한정하여 바라보는 한계를 내포하고 있으며, 그로 인해 상징적 구조의 차원을 시야에서 놓치고 있다. 바로 여기서 언어 매개적 의사소통의 도입이 갖는 이론적 의미가 드러난다.

이와 관련된 또 다른 이론적 성과는 상징적 재생산의 차원에서 이루어지는 사회적 통합의 전 메커니즘을 해명할 수 있게 되었다는 점이다. 특히 이 점은 앞서 살펴본 것처럼, 생산 양식의 전환을 생산력과 생산 관계의 모순과 그것의 지양을 통해 설명하려는 마르크스 역사 유물론의 이론적 미비점을 보완한다는 점에서 그 의미가 각별하다. 왜냐하면 생산력의 발전은 단지 체계 위기의 문제를 야기하는 원천일 뿐, 자동적으로 생산력에 조응하는 혁신적 생산 관계의 수립을 통한, 새로운 생산 양식의 출현을 가능케 하는 동원은 되지 못하기 때문이다. 체계 위기의 해결과 새로운 생산 양식으로의 전환은 체계 자체의 논리에 의해 이루어질 수도 없으며 설명되는 것도 아니다. 그것은 오직 도덕적 규범 구조에 의거한 언어적 의사소통 과정을 거쳐, 새로운 사회적 통합 형식이 성립됨으로써만 가능하다(KK, 203). 다시 말해 낡은 사회 형태에서 새로운 사회 형태로의 전환은, 도덕적 차원의 학습 과정을 거쳐 개인들이 획득한 규범적 지식에 의존하여 전개된, 합의적 절차로부터 마련된 사회의 통합 형식을 통해 비로소 가능해진다. 이처럼 인류의 학습 과정은 단순히 인지적 차원에 국한되지 않으며 도덕적 규범의 차원에서도 이루어진다. 더욱이 새로운 기술적 차원의 지식이나 그에 토대한 새로운 물질의 생산 구조도 그 기능이 제대로 발휘되기 위해서는, 반드시 그 전제 조건으로 사회적 통합 형식이 형성되어 있어야 한다. 이러한 사회적 통합 형태는 물질의 생산 영역에서 성립되는 것이 아닌 규범 구조에 의해 규정되는 상호 작용의 차원에서 이루어진다는 점에서, 상호 작용 범주의 도입이 갖는 사회 이론적 의미를 또한 엿볼 수 있다.

보완적 패러다임의 수용이 갖는 의미와 이론적 효용성은 새로운 유형의 사회 병리적 현상에 대한 해명과 그 치유책의 제시가 가능해졌다는 사실에서 또한 드러난다. 마르크스의 사회 이론은 주로 체계의 관점에서 노동의 소외나 물상화를 비판적 탐구의 대상으로 삼고 있는 까닭에, 새롭게 등장한 환경 파괴나 핵무기의 확산 등과 같은 사회 병리적 문제들을 바라보는 비판적 조망틀을 결여하고 있다 (TKH2, 577-578). 이러한 문제들은 노동 패러다임이나 체계적 관점에 의거해서 해명하기는 어려우며, 주로 생활 세계의 관점에서 포착할 수 있는 문제들이다. 왜냐하면 이러한 문제들은 체계의 효율성 논리가 생활 세계의 의사소통 구조를 침해함으로써 야기되는 성질의 문제이기 때문이다. 이 점을 하버마스는 상호 작용과 노동 패러다임을 사회 진화론의 지평에서 재구성한 체계/생활 세계의 이원론적 사회 구조틀을 통해 해명하고자 한다(NU, 180). 이른바 도구적/전략적 행위가 중심이 된 체계의 논리가 의사소통 합리성에 기반한 생활 세계의 내적 구조를 훼손하고 대체하는 사태인 **생활 세계의 내적 식민화**를 통해 근대의 새로운 병리 현상을 해명하고 그 치유책을 제시하고자 한다(TKH2, 489-547). 이러한 포괄적 설명력의 확보는 다름 아닌 상호 작용(의사소통 행위) 패러다임의 수용으로 가능했다.

4. 이원론적 패러다임 기획이 갖는 이론적 난점

4.1 패러다임의 대체 혹은 과도한 편향성에 따른 문제

상호 작용 패러다임은 본래 노동 패러다임의 이론적 공백을 메우기 위한 보완적 차원에서 수용된 것이었다. 그러나 노동과 상호 작용간의 적절한 균형적 고려가 이루어지지 않고 상호 작용에로 중심축이 이동하면서(또는 패러다임의 교체가 이루어지면서),[12] 노동/상호 작용의 이원론적 기획은 여러 중요한 문제점을 드러내고 있다. 아울러 이로 인해 비판적 사회 이론의 정립 과업도 어려움에 직면하고 있다. 요컨대 언어적 의사소통 범주에 대한 과도한 편중은, 인간적 해방 사회의 구현을 위한 구체적인 민주주의적 프로그램을 제시하는 사회 이론적 성과에도 불구하고 그 대가로 자본주의의 억압적 모순 구조의 고착화에 대한 비판적 분석틀을 상실하는 문제점을 노정함으로써 새로운 비판 사회 이론의 수립 과정도 그만큼 험난해지고 있다.

상호 작용(의사소통 행위)이 이론 주도적 패러다임으로 부각되는 이유는 무엇보다 현실 비판의 **규범적 토대**를 확보하려는 하버마스의 전략적 의도와 관련되어 있다. 계몽의 변증법의 전 과정을 해명하고 비판 이론 1세대가 빠져든 체념적 결론을 벗어나면서[13] 규범적 차원의 사회 비판을 제기할 수 있는 토대의 마련, 그것은 기존의 체계 이

---

12) 상호 작용이 중심 패러다임으로 부각되었다고 해서, 과연 하버마스의 비판적 사회 이론 내에서 패러다임의 교체가 달성되고 있는가의 여부는 보다 깊이 있는 연구가 요망되는 문제이다. 참고로 록모어는 하버마스의 이론틀은 패러다임의 대체를 통해 궁극적으로 마르크스의 이론 체계와 단절하고 새로운 방향으로 선회하는 것으로 파악하고 있다(T. Rockmore, *Habermas on Historical Materialism*(1989) 참조).

13) A. Honneth(1990), 63쪽.

론적 조망틀에서는 불가능한 것으로서 오직 언어적 상호 이해의 차원에서 확보될 수 있는 것이었다. 이러한 언어적 의사소통으로의 중심 이동은 의사소통 행위를 사회적 재생산의 기본 메커니즘으로 파악하는 입장[14]으로 정립되지만, 반면 규범으로부터 자유로운 **행위 조직체의 존재를 가정하게 된다.**[15] 그 결과 진화적 상호 이해의 행위 조정 구조에서 초래되는 문제점을, 사회 혁신의 원동력으로 이해된 규범 구조(TKH2, 232)와 그것에 기초한 언어적 의사소통에 관한 체계적 통찰을 통해 밝혀내는 탐구 성과를 거두게 되었으나 상대적으로 목적 합리적 행위의 하부 체계에서 나타나는 문제에 관해서는 그 반성적 조망이 흐려지고 있다. 비록 이원론적 패러다임 기획이 사회 진화론의 지평에서 재구성된 체계/생활 세계의 이 단계 사회 개념과 연결되면서, 사회적 합리화와 근대화 과정에 대한 총체적·보완적 해명을 제시할 수 있는 토대가 확보되었지만, 패러다임의 과도한 편중으로 인해 한쪽으로 치우친 이론적 성과를 거두고 있는 실정이다. 상징적 구조의 측면과 정치적 영역이 중시되는 반면 경제의 영역이 소홀히 취급되는 까닭에, 생활 세계의 영역에서 초래되는 체계적으로 왜곡된 의사소통 구조에 관해서는 규범적 차원의 민감한 반응이 이루어지고 있지만, 경제적 영역에서 자행되는 비인간적 소외의 현상은 정상적인 것 혹은 불가피한 것으로 인식된다. 더불어 양 차원간의 변증법적 내적 연관성이 간과되는 까닭에[16] 정치적 영역의 왜곡된 의사소통 구조가 경제적 영역의 임노동/자본의 대립적 모순에서

---

14) A. Honneth, *Kritik der Macht: Reflexionsstufen einer kritischen Gesellschafts-theorie*(1989), 333쪽.
15) A. Honneth(1989), 328쪽.
16) 하버마스의 이론틀 내에서 생활 세계와 체계의 고유한 논리가 각자의 영역에 한정되어 자신의 관할 구역을 지배하는 한 근대화의 병리는 초래되지 않는다. 이 같은 사실에서 두 영역 사이의 분리성과 독립성을 엿볼 수 있다.

배태된, 억압적 지배 구조의 지속적 유지를 위해 의도적으로 고안된 것이란 전망이 애초부터 차단되어 있다. 규범적 비판의 칼날은 오로지 사회 문화적 생활 세계의 요소들에 한정되어 있다.

이러한 결과는 이원론적 기획이 갖는 본래의 의도에 비추어 아이러니가 아닐 수 없다. 그 주된 원인은 언어적 상호 작용이 주도적 범주로 떠오르고 노동이 부차적 중요성을 띠는 종속적 범주로 간주되면서, 전체 이론 구조가 한 패러다임 축으로 지나치게 경도되어 편향적으로 전개되고 있기 때문이다.[17]

4.2 도구주의적 노동관이 갖는 이론적 난점

(1) 상호 작용 패러다임에 대한 과도한 의존과 편향은 하버마스 자신의 노동관과 또한 밀접히 관련되어 있다. 그는 비록 노동이 경험적 수준에서 상호 작용의 측면을 포함하고 있음을 인정하지만, 분석적 수준에서 노동을 비사회적 도구적 행위로 규정하고 있다. 노동/상호 작용 패러다임은 본래 행위 이론적 차원에서 제기된 것이었는데, 초기의 입장(TWI, 62-63)을 보다 세분화·체계화하여 제시한 행위 구분론에서 그는 행위를 크게 **성공 지향적 행위**(목적 합리적 행위)와 **상호 이해 지향적 행위**(의사소통 행위)로 양분한다. 목적 합리적 행위는 다시 사회적 행위인 **전략적 행위**와 비사회적 행위인 **노동**으로 분화된다(TKH1, 384-385). 그런데 이 같은 행위 구분을 통해 제시된 행위 유형은 분석적·이론적 수준에서 이념형으로 제시된 것임에

---

17) 아나슨은 이와 관련해, 하버마스가 사회 진화의 주도적 역할을 규범 구조에 부여함으로써, 노동 중심의 생산력 발전을 도덕 구조에 종속된 것으로 파악하게 되었으며 그로 인해 사회 진화의 과정을 두 축 가운데 한쪽으로 지나치게 축소시켜 바라보는 잘못을 범하고 있다고 지적한다(J. P. Arnason, "Marx und Habermas," A. Honneth/U. Jaeggi(Hg.), *Arbeit, Handlung, Normativität*(1980), 162-167쪽 참조).

유의할 필요가 있다. 아울러 하버마스는 노동을 行爲 요소로 언급하고 있기도 하며,[18] 체계와 생활 세계의 주도적 행위 유형인, 전략적 행위와 의사소통적 행위의 구성 요소로서 나타날 수 있음(VE, 602)을 또한 밝히고 있다.

이처럼 분석적 수준에서 행위의 형태를 구분하려는 시도는 상실된 사회 비판의 규범적 토대를 마련하려는 그의 비판 이론적 전략 때문이다. 이를 위해 하버마스는 실제적 삶의 영역에서 행해지고 있는 구체적 행위를, 행위 이론적 차원에서 다양한 요소로 분해한 뒤 언어 매개적 상호 이해를 지향하는 의사소통적 행위의 차원을 확보하고자 한다. 왜냐하면 이러한 의사소통적 측면에, 탈가치적 · 도구적 합리성의 전횡으로 대변되는 현대의 사회 병리 현상에 대한 비판적 준거점이 놓여 있기 때문이다. 행위 분석을 통해 드러난 의사소통적 행위 측면에 내재된 의사소통 합리성이 바로 사회 비판의 규범적 토대이며, 그것은 합의와 동의를 지향하는 일련의 이해 도달 과정에서 절차적 합리성으로 발현되어 나타난다. 이렇게 볼 때 그의 행위 구분 시도는 경제적 차원에서 자본주의의 구조적 모순을 비판적으로 해명하는 데 초점이 맞추어져 있다기보다는, 정치 · 문화적 수준에서 뒤틀리고 왜곡된 의사소통 구조와 그에 따른 문제점에 대한 비판의 규범적 기초를 정초하는 데 일차적 목적이 있다. 따라서 노동의 도구주의적 규정도 비판의 원점을 확보하기 위한 분석의 수준에서, 행위 요소를 구분하면서 제시된 것이다.

이상의 사실에서 도구적 행위 측면과 상호 작용 측면이 서로 연결된 사회적 노동에 의거해 자본주의적 모순의 실체를 드러내고 그 발생 메커니즘을 경험적 · 과학적으로 분석 · 비판하려는 마르크스의

---

18) A. Giddens(1982), 156쪽.

전략과 사회 비판의 규범적 토대를 확보하려는 하버마스의 전략이
서로 상충하고 있음을 보게 된다. 아울러 각자의 전략적 입장에 따
라 노동에 대한 규정과 관점 역시 상이하게 나타나고 있음을 엿보게
된다. 이런 까닭에 양자의 노동 개념을 직접적·평면적으로 비교하
여 그 우열을 평가하는 것은 그리 생산적인 것이 되지 못한다. 흔히
제기되는 비판의 전형인, 하버마스가 마르크스의 노동을 도구적 행
위로 환원했다거나 노동에 내재된 언어적 의사소통의 차원을 간과
했다는 비판은 두 사람의 의도를 고려치 못한 단편적인 해석이다.
양자의 노동관은 그것에 내재된 전략적 의도와 연관지을 때만 비로
소 그 본래 의미가 드러날 수 있는 것이다.

여하튼 하버마스는 마르크스의 사회적 노동 속에 혼재되어 있던
도구적 차원과 의사소통적 차원을 구분하여 후자로부터 사회 비판
의 규범적 준거점을 도출해냄으로써, 마르크스의 사회적 노동 개념
을 비판적으로 재구성한다.[19] 그러나 이러한 성과의 이면에는 마르
크스가 그토록 심혈을 기울여 이룩해 놓은, 고전적 자본주의의 병리
현상의 발생 경로와 구조적 원인에 관한 비판적 통찰을 소홀히 처리
하는 이론적 오류가 자리하고 있다. 그 주된 이유는 노동 패러다임
이 갖고 있는 현실 분석의 잠재력을 충분히 인식하지 못한 채, 상호
작용에 의거한 현실 사회에 대한 비판적 준거점의 확보와 해방 사회
기획의 달성을 일차적 수행 목표로 삼고 있기 때문이다. 아울러 노
동은 비판적 토대의 확보 과정에서 상호 작용에 비해 상대적으로 그
중요성이 떨어지는 부차적 행위 요소로 전락하면서 방법론적 수준
에서 비의사소통적 도구적 행위로 간주된다.

---

19) M. Pojana, *Zum Konzept der kommunikativen Rationalität bei Jürgen Habermas*(1985),
   28쪽.

(2) 하버마스는 문화의 산출과 전승, 개인의 사회화 그리고 사회적 통합이 제대로 이루어지기 위한 선결 조건으로 물질적 재생산의 원활한 수행을 전제하고 있다. 여기서 관건이 되는 행위는 전략적 행위와 노동인데, 만약 물질적 재생산의 기능이 제대로 작동하지 못할 경우 사회의 존속과 발전이 위협받고 저해되며 상징적 재생산은 위기에 처하게 된다. 따라서 생활 세계의 물질적 기체(基體)의 유지는 상징적 구조의 유지를 위한 필수 조건, 필수적 수단으로 이해되며(VE, 602) 그것의 원활한 작동을 방해하는 요인들은 일차적인 제거의 대상으로 간주된다. 이러한 상황하에서, 물질적 재생산의 핵심적 측면인 노동 역시 사회와 그 성원들의 존속과 유지를 위해 객관적 세계의 대상을 가공·지배하여 물질적 부를 제공하는 수단으로 이해된다. 따라서 노동이 갖는 본질적 요소인 자아 실현의 계기는 어디에도 존재하지 않는다.[20] 노동은 더 이상 대상을 통해 자신의 능력을 발휘하고 이상을 실현하는 자아 형성적 행위가 아니며 단순히 생존을 위해 불가피하게 요구되는 수단적 행위로 이해된다. 이로써 본래의 온전한 형태의 노동[21]이 갖는 이론적 중요성이 간과되며, 마르크스가 제기한 자본주의적 모순에 의해 야기되는 소외된 노동에 관한 비판적 조망점이 상실된다. 이른바 노동의 소외는 물질적 생산의 차질 없는 수행을 위해 불가피한 것 혹은 존재치 않는 것으로 이해된다.

(3) 마르크스는 자본주의 사회의 억압적 지배 구조의 실태를, 실재

---

20) H. Joas, "Unglückliche Ehe von Hermeneutik und Funktionalismus," A. Honneth/H. Joas(Hg.), *Kommunikatives Handeln*(1986), 148쪽.

21) 본래의 온전한 형태의 노동을 이루는 조건은 여러 가지가 있겠지만, 최소한 자아 실현적 측면과 도구적 측면이 상호 결합되어 있는 형태로 이해하고자 한다.

추상을 통한 노동의 소외와 그로부터 야기된 인간 관계의 지배 · 예속 관계로의 전환을 통해 고발하였다. 아울러 왜곡된 노동에 입각한 현실 비판을 통해 인간 해방의 당위성을 제시하였다. 그러나 하버마스는 노동을 단순히 도구적 차원에 한정시켜 초역사적 행위 범형으로 고정하고 노동의 사회적 형태의 변화 과정에 대한 통시적 탐구를 소홀히 함으로써[22] 훼손 당하지 않은 본래의 온전한 형태의 노동이 사회의 발전 과정에서 어떻게 뒤틀리고 손상되었는가를 통찰할 수 없으며, 특히 자본주의적 도구화를 해명할 수 없게 된다. 때문에 자본주의하에서 노동이 단지 생계 유지를 위한 고달픈 작업으로 전락한 과정에 대한 전망은 애초부터 배제되어 있으며,[23] 구체적 노동에서 추상적 노동으로의 전환(실재 추상)을 소외의 관점이 아닌 체계의 분리 · 독립의 과정으로 파악하고 있다. 하버마스는 실재 추상을 물상화로 이해하면서도 규범적 차원의 비판을 제기하고 있지 않으며, 그것을 정상적인 근대화의 과정으로 해석한다(TKH2, 494). 아울러 의사소통 행위의 측면과 결합된 노동의 사회적 형태에 관한 언급에도 불구하고(VE, 602), 주로 물질적 재화를 산출하는 체계의 기능과 관련해 도구적 행위(노동)가 논급되고 있는 까닭에, 하버마스의

---

22) 노동의 사회적 형식에 대한 통시적 · 역사적 고찰을 소홀히 했다는 사실이 다양한 노동의 형태를 설명할 수 없다는 것을 의미하지는 않는다. 하버마스도 다양한 노동 형태의 역사적 변천 과정에 관해 경험적 설명을 제시할 수 있다. 즉 노예 노동, 농노 노동, 자본주의적 임노동에 관하여 다양한 인간 관계(전략적 행위 연관이나 의사소통적 행위 연관)와 도구적 행위 유형의 결합을 통해 설명할 수 있을 것이다. 문제는 각 시대를 특징짓는 노동의 형태를 설명하는 방식이, 본래의 온전한 노동 형태에 기초해서 그것의 왜곡이나 훼손 또는 역사적 변화를 해명하는 것인가 아니면 각 시대의 노동 형태를 기능적인 차원에서 설명하는가의 차이이다. 왜냐하면 전자에 따를 경우에만 자본주의하의 노동의 소외나 왜곡이 드러날 수 있기 때문이다. 이와 관련해 호네트는, 하버마스가 사회적 노동 형태의 역사적 유형을 훼손되지 않은 온전한 노동 행위를 구성하는 조건의 충족 정도에 따라 구분하기보다 그것들의 사회적 조직 형태에 입각해 노동 형태를 구분하고 있다고 비판한다(A. Honneth, "Arbeit und Instrumentales Handeln," A. Honneth/U. Jaeggi(Hg.)(1980), 221쪽).

23) A. Honneth(1980), 192-193쪽.

이론에서 생활 세계의 의사소통적 노동이 갖는 의미나 역할이 분명하게 드러나지 않고 있다. 더불어 실제로 행해지고 있는 노동이 갖는 협업성 혹은 사회성의 측면도 의사소통적 행위 연관 대신 주로 전략적 행위 연관을 의미하고 있을 뿐이다.

하버마스의 이론틀 내에서 언어 매개적 상호 작용 측면의 경우, 그 변화와 발전 과정에 관한 역사적 통찰과 상세한 연구가 치밀하게 이루어지고 있다. 그에 비해 노동의 차원은 상대적으로 그 같은 세밀한 탐구가 제대로 행해지고 있지 않다. 따라서 그의 이론 체계에서 자아 실현의 계기 상실로 나타나는 노동의 소외나 비의사소통적 노동으로의 전환이 갖는 문제점은 포착되지 않는다. 이러한 사실은 그의 이론 구성 방식이 지닌 방법론상의 비균형성과 편중성을 가리키고 있을 뿐만 아니라 그로 인해 그의 이론틀이 갖게 되는 이론적 결함과 불충분성을 또한 말해 주고 있다.

4.3 체계 내 모순의 인식 문제

상호 작용 패러다임에 대한 지나친 의존과 중심 범주로의 전환 그리고 노동에 대한 도구주의적 관점은 상호 결합함으로써, 하버마스의 이론 체계에 심각한 난점을 초래하고 있다. 무엇보다 중요한 문제점은 자본주의적 체계에 내재된 본질적 모순의 인식이 불가능하다는 점이다.[24] 본래 언어적 의사소통 패러다임은, 마르크스가 놓친, 사

---

24) 사실 체계 내의 모순에 대한 인식이 불가능하다는 어구는 다소 지나친 표현이나, 이 글의 논지를 보다 선명히 드러내기 위해 의도적으로 그렇게 기술한 것이다. 그럼에도 하버마스의 이론틀에서 체계 내부의 영역은 규범적 차원의 비판 대상에서 제외되는 까닭에 그 안에서 일어나는 문제는 병리적 현상으로 포착되지 않고 있다. 아울러 설령 참여자의 관점에서 그것이 인식되더라도 그것은 시정이나 극복의 대상이 되지 않는다는 점에서, 체계의 모순에 관한 인식은 사실상 불가능한 것이나 다를 바 없다.

회적 합리화의 중심적 역할을 떠맡고 있는 상징적 재생산 구조의 해명을 위해 제시된 것이며, 체계가 아닌 생활 세계의 영역에서 등장하는 근대화의 왜곡이나 기형에 대한 비판적 평가[25]를 주된 과제로 삼고 있다. 이 점은 근대의 병리 현상에 대해 자립적인 체계의 명령이 생활 세계의 영역에 침범하여 상징적 재생산의 논리를 파괴한다는 생활 세계의 식민화 테제(TKH2, 452)를 통해 설명하는 그의 논증 구도에서도 잘 드러난다. 이러한 근대적 병리의 발생 경로의 해명과 치유책의 제시에서 엿볼 수 있듯이, 하버마스의 이론틀에서 중심적 지위를 점하는 것은 침탈 당하고 파괴되는 생활 세계 내의 의사소통의 그물망이다. 반면 체계는 규범적 평가의 대상에서 제외된 지극히 정상적인 곳으로 간주되며 탈규범적 목적 합리성의 관점에서 구성된 경제와 행정 조직의 지배 구조는 비판의 대상에서 배제된다.[26] 오히려 물질적 재생산의 기능을 저해하는 요소가 척결의 대상으로 드러난다.

이리하여 하버마스의 이론 체계에서, 물질적 재생산 과정에 대한 효율적 통제와 관리에서 야기되는 소외된 노동, 억압적 인간 관계의 고착화 그리고 비인간적 관료제의 지배라는 체계의 모순은 시야에 포착되지 않는다. 병리적 문제가 되는 것은 상징적 재생산의 영역이 체계적 통합 논리에 의해 대체되는 경우이며, 따라서 체계의 논리가 경제와 행정 체계의 경계 내에 머무는 한 아무런 문제도 발생하지 않는다. 물상화는 체계와 생활 세계의 경계 지역에서 일어날 뿐, 체계 내의 특정한 조직 형태는 물상화의 원천이 되지 않는다. 소외의 근원은, 체계 메커니즘 자체에 내재하는 것이 아니라 언어적 의사소통이 필수적인 상징적 재생산 구조를 그것이[체계 메커니즘] 훼손시

25) M. Cooke, *Language and Reason: A Study of Habermas's Pragmatics*(1994), 147쪽.
26) A. Honneth(1989), 326-327쪽.

킬 때 비로소 초래되는 것이다. 이처럼 생활 세계적 논리의 훼손과 파괴로써, 병리화를 해석하는 하버마스의 이론틀에서 체계 자체는 소외나 병리가 존재치 않는 정상적인 영역으로 인식될 수밖에 없으며, 물질적 재생산의 원활한 수행의 이면에서 희생을 강요받는 소외된 노동자의 삶은 고려되지 않는다. 그 결과 체계 내의 소외는 제외된 채, 생활 세계 내의 체계적으로 왜곡되고 뒤틀린 의사소통적 연관만이 소외의 현상으로 인식된다.[27]

같은 맥락에서 하버마스는 근대화의 과정에서 이루어진, 생활 세계로부터 체계의 분리와 독립을 그 자체 정상적인 것으로 바라보며, 물질적 생산의 효율적 기능을 위해 의사소통적 합의 구조를 비언어적 조종 매체인 화폐와 권력으로 대체하는 것이 필수적이라고 이해한다. 상호 이해의 메커니즘은 물질적 생산의 기능을 조종, 통제하기에는 비효율적이며 과도한 사회적 비용이 지출된다는 것이다(TKH2, 271; PDM, 405). 이리하여 체계의 연관들은 규범으로부터 자유로운 구조들로 압축되고 사물화되어(TKH2, 231) 규범과는 무관한 행위 영역으로 등장하며,[28] 사고와 행위의 유일한 척도는 그 결과가 체계의 내재적 기준에 부합되는가의 여부에 놓이게 된다.[29] 하버마스의 시각에서 체계의 자립화는 사회 통합에 소요되는 과중한 비용을 줄인다는 점에서 기능적 강점을 갖는 바람직한 현상으로 이해된다. 따라서 시장 체계나 관료제는 그 자체로는 어떠한 문제점도 갖지 않으며 체계적 통합의 관점에서 진일보한 합리화를 의미할 뿐이다. 따라서 그러한 분리의 과정에서 초래될 수 있는 억압적 구조의 성립이나 계

---

27) A. Wellmer, *Ethik und Dialog: Elemente des moralischen Urteile bei Kant und in der Diskursethik*(1986), 178쪽.

28) A. Honneth(1990), 63쪽.

29) W. van Reijen, *Philosophie als Kritik*(1984), 171-172쪽.

급적 갈등의 제도화 가능성은 제외되어 있다. 마르크스적 의미의 물상화는 언어적 합의 구조가 비언어적 조종 매체에 의해 대체됨으로써 초래되는 것이 아니며 오로지 언어적 의사소통이 필수적인 지점에서 이 같은 대체가 일어날 때 발생하는 것으로 규정된다. 여기서 우리는 물상화에 대한 하버마스의 이중 잣대를 발견한다.[30] 물론 하버마스는 체계 내의 물질적 생산 과정을, 생활 세계의 관점에서도 접근·통찰할 수 있음을 피력하고 있다(TKH2, 275). 그러나 동일한 현상이 체계의 (외적) 관점과 생활 세계의 (내적) 관점 모두에서 대체적인 윤곽이 기술될 수 있다는 주장(ENT, 381)에도 불구하고, 그것이 체계 내의 현상을 소외나 병리로 파악하고 규범적 차원에서 비판 혹은 평가할 수 있다는 사실로 귀결되고 있지 않다.[31] 왜냐하면 체계의 영역은 원칙적으로 규범적 평가의 제외 지역으로 규정되고 있기 때문이다. 이 같은 결과는 하버마스의 체계/생활 세계에 대한 두 가지 구분 방식이 상충하는 것과도 밀접히 관련되어 있다. 즉 본래 하나의 동일한 사회의 진화 과정을 두 관점에서 파악하기 위해 제안된 **방법론적 구분**이 사회의 합리화 과정에서 나타나는 물질적 재생산과 상징적 재생산의 조정 양식의 차이에 대한 **사실적 구분**으로 전환되면서, 그의 사회 이론은 내적 모순을 일으키고 있는 것이다.[32]

---

30) 물상화에 대한 하버마스의 이해는 두 가지 상반된 방식으로 나타난다. 먼저 체계의 자립화 과정에서 구체적 노동이 추상적 노동으로 전환되는 경우는 과도한 사회 통합(geselschaftliche Integration)의 비용을 줄일 수 있다는 점에서 합리적인 것 혹은 불가피한 것으로 이해된다. 반면 체계의 독립 후, 체계의 통합 메커니즘이 생활 세계의 영역을 침범함으로써 초래되는 물상화는 규범적 차원에서 비판의 대상이 된다.

31) 여기서 하버마스 이론틀의 문제점을 지적할 수 있다. 즉 동일한 사회 현상을 관찰자와 **참여자**, 양 관점에서 동시에 고려할 수 있다는 그의 주장에도 불구하고, 생활 세계에서 출현하는 병리 현상은 규범적 차원의 비판이 가능하지만 체계의 영역에서 나타나는 문제는 규범적 평가의 대상에서 제외되고 있다는 점이다. 그렇다면 하버마스의 이론 체계에서 체계의 영역을 생활 세계적 관점에서 접근하는 것이 가능한 것인지, 설령 가능하다해도 그것이 어떤 철학적 의미를 갖는 것인지, 의문을 갖지 않을 수 없다.

이와 관련된 또 다른 중요한 난점은 식민화 테제와 연관된 것으로
서, 하버마스가 식민화 현상을 일으키는 근본적 원인이라 할 수 있는
체계의 경제 위기에 관해 상세한 분석을 결여하고 있다는 점이다. 이
러한 이유로 식민화 테제는 단지 언어 매개적 합의 구조의 파괴와
침탈에 초점을 맞춘, 다분히 방어적 차원에 한정되어 제시되고 있으
며(TKH2, 578), 정작 그러한 식민화를 촉진하는 체계의 공격적 논리
의 근원적 속성은 제대로 밝혀내지 못하고 있다. 그에 따르면 식민
화 현상은 본래 체계 내의 경제적 위기의 문제를 해결하는 과정과의
밀접한 관련 속에서 배태되는 것이다. 즉 체계 내의 지배/예속적 구
조는 계급 갈등을 증폭시키고 그로 인해 물질적 재생산의 차질이 초
래되었는바, 이를 해소하기 위해 후기 자본주의 국가는 경제 영역에
적극적으로 개입하고 노동자를 비롯한 피지배 계층을 위한 복지 정
책을 강화하게 되는데, 그 추진 과정에서 일상의 의사소통적 실천
구조가 경제와 행정의 관료 체제에 편입되면서(FG, 532) 생활 세계의
화폐화와 관료화가 형성된다는 것이다.[33] 따라서 체계 내의 경제 위
기의 구조적 원인과 그 발생 메커니즘의 분석이 선행되지 않고서는,
하버마스의 내적 식민화 테제는 불완전한 것으로 머물 수밖에 없을
것이다. 또한 그 같은 분석적 통찰의 수행과 함께, 단순히 방어적 차
원의 치유책의 제시가 아닌 보다 근원적 차원에서 식민화를 방지할
수 있는 지평이 확보될 수 있을 것이다. 그러나 유감스럽게도 그의
이론 체계에서 경제 위기는 이미 주어져 있는 것으로 기술될 뿐, 그
에 대한 분석적 통찰은 방기되어 있다.[34] 그 결정적 이유는 하버마스
의 이론틀 내에서, 체계의 내적 분화는 오로지 기능적 수준에서 파악

---

32) A. Honneth(1989), 323-325쪽.

33) 이 점에 대한 간결하고도 명쾌한 설명은 W. Reese-Schäfer, *Jürgen Habermas*(1991),
40-44쪽 참조.

되고 있으며, 그에 따라 자본주의 체제에서 그러한 분화가 억압적 지배 구조의 제도화로 연결될 가능성이 원칙적으로 배제되어 있기 때문이다.

하버마스는 한편으로 체계의 분리를 근대화의 진전으로 간주하며 체계 자체는 규범적 평가의 대상에서 제외된 영역으로 규정하고, 체계 내의 모순은 없거나 무시해도 좋은 것으로 이해한다. 다른 한편으로 하버마스는 생활 세계 식민화의 근본적 원인이 체계 내의 경제 위기에 있음을 간접적으로 인정한다. 이러한 상충된 입장은 두 패러다임을 서로 보완적 차원에서 준용하지 못하고, 한 패러다임에 지나치게 편중하여 이론을 개진한 까닭에 결과된 것이다. 그로 인해 자본주의 체계의 지배 구조의 문제점과 계급 갈등 그리고 노동의 소외 등에 관한 반성적 지평이 사라져 버린다. 이러한 측면들은 언어적 의사소통이 아닌 노동 패러다임 — 도구적 노동이 아닌 — 에 입각한 분석을 통해서만 보다 선명하고 명쾌하게 해명될 수 있는 부분이다.

---

34) 이러한 하버마스의 시각은, 임노동/자본의 대립 구도에서 형성된 자본주의적 억압 구조와 노동의 소외 등의 문제가 국가의 적극적인 정치적 개입과 복지 정책에 의해 완벽할 정도로 해결 혹은 해소되었다는 사실에 기인한다. 오히려 그에게 있어서 문제의 핵심은 복지 정책의 추진 과정에서 실직자나 노령자 등에 대한 보상이 법적인 절차에 따라 이루어짐으로써, 그러한 **법제화**(Verrechtlichug) 자체가 인간의 일상적 삶을 관료적 그물망으로 포섭하는 병리적 현상에 모아진다. 이 점은 하버마스 이론이 거둔 탁월한 이론적 성과 중의 하나이다. 그러나 경제 문제에 대한 국가의 적극적 개입으로 자본주의의 구조적 모순이 완전히 제거되는 것은 아니며, 개입 정도에 따라 그 모순의 강도가 변화할 수 있다는 점에서 그것은 여전히 중요한 근원적 문제이며 세밀한 탐구가 요청되는 분석의 대상이다.

5. 비판 사회 이론의 완결을 위한 이론적 지침

5.1 사회적 노동 패러다임의 이론적 유효성

오늘날 마르크스의 노동 패러다임은 분명히 그 시대적 제약성을 드러내고 있지만, 그렇다고 그 이론적 효용성을 완전히 소진한 것은 아니다. 사회적 노동의 범주는 지금도 여전히 중요한 이론적 분석틀을 제공하고 있으며, 특히 비판적 사회 이론의 정립과 관련하여, 현실 분석의 비판적 조망점을 제시해 주고 있다. 물론 하버마스의 사회 이론은 마르크스 이론이 포착하지 못한, 후기 자본주의 사회에서 나타나는 새로운 유형의 문제를 해명하고 그 극복책을 제시한다는 점에서 한 단계 더 높은 포괄적 설명력을 지닌 이론으로 평가된다. 그러나 체계의 내부에 자리하고 있는, 근대적 병리 현상을 일으키는 근원적 동인의 실체를 명확하게 해명하지 못할 경우 그의 이론틀은 단지 반편적 성과에 만족해야만 할 것이다. 아울러 그러한 결과는 이론적 협소성을 벗어나고자 마련된 이원론적 패러다임의 기획 의도와도 상치되는 것이다.

비록 후기 산업 사회에서 등장한 사회 문제들이 계급 갈등에 기초한 고전적 부의 분배 문제의 차원을 넘어선 것이지만, 현재의 시점에서 고전적 자본주의의 문제가 완전히 해소된 것은 아니며 여전히 중요한 사회적 문제로 남아 있는 실정이다. 더욱이 그러한 문제에서 배태된 체계 위기의 극복을 위해, 국가가 적극적으로 경제 문제에 개입·추진하고 있는 다양한 복지 정책의 시행 과정에서 내적 식민화가 초래되고 있다는 사실에 비추어, 식민화 테제에 관한 총체적 설명틀의 확보는 필수적으로 노동 패러다임에 기초한 체계의 분석을 요청하고 있음을 확인할 수 있다.

아울러 하버마스의 의사소통적 전략은 언어 매개적 상호 작용의 관점에 의거하고 있는 까닭에, 체계의 자립화와 체계의 내적 분화를 근대화의 정상적인 측면으로 바라보게 하며(TKH2, 471), 관료화와 화폐화의 이면에 자리한 지배/종속적 계급 관계의 제도화에 대한 인식을 원천적으로 봉쇄하고 있다. 생활 세계와 체계의 분리가 낳는 부정적 사태, 즉 임노동과 자본의 대립 속에서 현저하게 발현되는 체계 내의 억압적 지배 구조의 생생한 윤곽은, 오직 사회적 노동에 입각한 현실 분석틀에 의해서 비로소 인식될 수 있는 것이다. 이처럼 사회적 노동 패러다임은 자본주의적 체계 논리의 억압적 · 지배적 특성을 포착케 해주기 때문에, 체계의 모순을 인식하지 못할 뿐만 아니라 체계의 영역을 정상적인 곳으로 간주하는 하버마스 이론틀의 문제점을 보완하는 역할을 수행한다.

한편 물질적 재생산의 원활한 수행을 위해 체계의 영역을 규범에서 자유로운 공간으로 규정하고 있는 사실에서 드러나는 하버마스의 입장은 해방 사회의 구현을 궁극적 목표로 삼는 비판 사회 이론의 이념과 배치되는 결과를 초래할 수 있다. 비록 사회의 유지와 발전을 위해 물질적 재생산의 차질 없는 수행이 필수적으로 요청된다 해도, 그 과정 속에서 일부 성원의 희생을 강요하거나 그것을 불가피한 것으로 인식한다면 그것은 사회 정의의 관점에서 부정의한 것이 아닐 수 없다.[35] 해방 사회란 생활 세계와 체계 두 차원에서 공히 성

---

35) 이와 관련해 물질적 재생산의 과정에서 생산성과 효율성이 다소 저하되더라도 체계의 모순이 상당한 정도로 제거되는 상태가 더 바람직한 사회로 고려될 수 있을 것이다. 이를 위해서 규범적으로 규제되는, 사회의 물질적 생산 방식, 예컨대 민주적-합의적 경영 방식의 보다 세련화된 형태 등을 생각해 볼 수 있을 것이다. 물론 이와 유사한 시도가 이제까지 행해져 왔으며 많은 경우 실패로 돌아갔지만 그럼에도 이러한 방향으로의 치밀한 연구가 보다 적극적으로 개진될 필요가 있다. 물질적으로 다소 부족하더라도 인간의 자존감이 보장될 수 있는 사회가 인간의 행복을 보다 더 증진시켜 주는 사회이기 때문이다.

취되어야 하는 것이지 생활 세계적 차원에 국한되어 실현되는 것은 아니다. 이런 점에서 사회적 노동 패러다임에 입각한 체계 분석은 정의의 관점과 합치하는, 체계 차원의 해방 사회 구현을 위한 비판적 논증 구도를 제시하며, 보다 완벽한 해방 사회 기획의 달성을 위한 보완적 지침을 제공한다.

요컨대 하버마스의 이론틀 내에서, 체계 기능의 원활한 작동을 위해 끊임없이 희생되는 의사소통적 측면(생활 세계적 구성 요소)은 불가피하고 정상적인 것으로 인식된다. 반면 체계의 기능에 장애가 생겨 물질적 재생산 과정에 위기 상황이 도래하는 경우, 반드시 생활 세계의 상징적 재생산 구조의 희생을 대가(식민화 현상)로 해서만, 체계 복잡성의 증대가 성취되고 마침내 체계 문제가 해결되는데 (TKH2, 277, 452), 그 같은 상황에서만 비로소 희생이 희생으로 드러나고 규범적 평가의 대상으로 인식된다. 이러한 하버마스의 이중적 논리는, 근원적으로 상호 작용 범주에 지나치게 경도되어 물질적/상징적 재생산의 두 측면을 논구하는 까닭에 초래된 것이다. 이로부터 벗어날 탈출구는 일면적·편향적 태도의 지양과 균형적 시각에서 행해지는 현실에 대한 총체적·비판적 탐구에서 마련될 수 있는데, 이를 위해서는 마르크스의 노동 패러다임에 대한 반성적 준용이 필연적으로 요청된다.

5.2 노동/상호 작용 패러다임의 균형적 고려와 상호 보완성

상호 보완성에 입각한 완결적 형태의 비판 사회 이론을 정립하기 위해 시도된 이원론적 패러다임의 기획은 본래 의도와 달리 상호 작용 패러다임에 중심적 역할이 부여되면서, 형식상 절충적 이원론의 형태를 취할 뿐 실제로는 일원론적 사회 이론의 골격을 유지하고 있다. 그러한 이유로 하버마스의 비판 사회 이론 역시 이론적 취약성을 드러내고 있는바, 그것은 구체적으로 현실 사회의 모순에 대한 경험·비판적 분석틀의 상실로 나타난다. 이는 비판 사회 이론에 부여된 두 가지 중요 과제인, 현실에 대한 비판적 분석과 자유의 제도화를 통한 해방 사회 구현 중 후자에 치중하는 반편적 성과를 얻는데 그치고 있음을 말해 준다. 하버마스의 현실 분석은 단지 상징적 재생산 영역의 뒤틀린 의사소통 구조에 대한 규범적 차원의 비판에 국한될 뿐, 물질적 재생산 영역에서 드러나는 억압적 구조와 소외에 대한 경험적·비판적 분석은 간과되고 있다.

상호 작용의 과도한 강조는 합리성 이론과 사회 진화론의 차원에도 그대로 반영된다. 즉 노동/상호 작용은 합리성 이론의 차원에서 목적 합리성과 의사소통 합리성의 범주적 구분으로 드러나는데, 언어 매개적 상호 작용의 기초이자 목적 합리성을 내포하고 있는 포괄적 합리성(VE,605)인 의사소통 합리성이 사회 비판의 규범적 토대로 정립된다. 그리고 이에 준하여 근대의 병리적 현상을, 포괄적 합리성의 도구적 축소화로 규정·비판한다. 그러나 그것은 생활 세계의 차원에 국한된 것일 뿐 체계 자체는 그러한 비판의 적용 영역에서 제외된다.[36] 한편 사회 진화론의 차원에서 노동/상호 작용은 체계/생활 세계의 이 단계 사회 개념으로서 재정립되는데, 여기서도 의사소통 행위가 주동적 행위 유형으로 자리하는 생활 세계에 초점을 맞추어 논의가 진행된다. 그 결과 생활 세계 내의 손상 받는 측면과 그것의 복원 방식에 관한 해명이 중심 과제로 수행되지만, 정작 생활 세계

---

36) 근대화의 병리에 관한 하버마스의 진단에 대해, 합리성의 일면적 축소화를 통한 해명 방식과 생활 세계의 내적 식민화를 통한 해명 방식 간의 이론적 부정합성이 지적되기도 한다. 이 점에 관해서는 선우현, 「하버마스의 '합리성 이론'에 대한 비판적 검토」(1994) 참조.

의 내적 구조를 허물고 파괴하는 체계의 공격적 메커니즘에 관한 통찰은 제대로 행해지고 있지 않다.

이처럼 전체적으로 볼 때 한편으로 치우친 이론 전개 방식은 수차례 지적된 것처럼, 비판적 사회 이론의 완결에 있어 중대한 걸림돌이 되고 있으며, 그 동안 이룩한 이론적 공헌에도 불구하고 하버마스의 이론틀이 여전히 불완전한 체계에 머물고 있음을 보여 준다. 이러한 상황이 하버마스로 하여금 언어적 상호 작용의 과도한 강조나 의존을 지양하고 현실 분석의 잠재력을 여전히 갖고 있는 마르크스의 사회적 노동에 대한 반성적 수용을 요구하는 이유이다. 물론 여기에는 노동 개념에 대한 반성적 통찰과 체계/생활 세계의 구조틀에 대한 정확한 규정 작업이 동시적으로 이루어져야 한다는 당위적 요청이 또한 놓여 있다.

요컨대 하버마스의 비판 사회 이론이 보다 정합적이고 포괄적인 설명력을 지닌 완결된 사회 이론의 자격을 갖추기 위해서는 다음의 두 과제를 차질 없이 수행할 수 있어야 한다. 먼저 자본주의의 구조적 모순의 형성 과정에 대한 과학적인 현실 진단과 비판적 분석을 수행할 수 있어야 하며, 다음으로 자유 보장의 제도적 안전 장치를 확보함으로써 인간 해방의 기획을 달성할 수 있는 구체적인 정치적 프로그램을 제시할 수 있어야만 한다. 이러한 두 과제는 서로 분리되어 추구될 수 없는 내적으로 긴밀히 연결된 것으로서, 단선적 방식이나 일원론적 패러다임에 입각해서는 성취될 수 없는 것이다. 그것은 전체적으로 균형 잡힌, 노동/상호 작용의 이원론적 패러다임에 대한 보완적 의존을 통해서만 제대로 관철될 수 있는 것이다. 두 패러다임 중 하나가 다른 하나를 대체하거나 한편으로 경도될 경우 비판적 사회 이론의 수립은 실패할 가능성이 높기 때문이다.

4 생태학적 위기와 비판적 사회 이론의 역할

1. 머리말

오늘날 인류 사회가 직면하고 있는 생태계 위기는 지금까지 인류가 겪어 온 다양한 위기 상황들과는 질적인 차원에서 그 위상을 달리한다. 즉 이전까지의 위기는 적어도 인류의 생존이 보장된 상태에서 제한적이고 일면적인 것으로 간주되었다. 하지만 현재 전개되고 있는 생태계 위기는 일순간에 인류를 파멸의 구렁텅이로 몰고 갈 수 있다는 점에서, 위기의 강도와 규모가 이전과는 비교가 되지 않을 정도이다. 가령 과거의 환경 오염이나 자연 재앙들은 전세계적으로 문제가 될 만큼 심각한 것은 아니었다. 그러나 현재 지구촌 곳곳에서 벌어지고 있는 생태학적 위기의 징후들은 특정 지역이나 집단, 국가를 넘어서는 초국가적 차원의 생존 문제로 떠오르고 있다. 이런 점에서 모스코비치가 지적하듯이, 18세기의 중심 문제가 시민들의 정치적 권리 확보의 문제, 즉 국가의 문제(Problem des Staates)였고, 19세기의 핵심 문제가 노동자들의 생존과 직결된 사회의 문제(Problem der Gesellschaft)였다면, 20세기의 종착점을 바라보는 현 상황에서의 중심적인 문제는 생태학적 위기로 대변되는 자연의 문제(Problem der Natur)라고 할 수 있다.[1]

이처럼 오늘날 가장 중차대한 문제로 부상하고 있는 생태학적 위기는 이제까지의 다양한 사회 이론들이 주안점을 두고 다루어 왔던 문제와는 그 성격을 달리한다. 즉 이전의 사회 이론들이 주로 인간과 인간의 상호 관계에 주목하여 사회 문제를 다루어 왔다면, 현재 다루어지고 있는 환경 문제는 인간과 자연의 상호 관계에 일차적으로 초점을 맞춘 사회 문제라는 점에서 차이가 난다. 물론 아직도 왜곡된 사회 구조의 모순으로 인해 사회 성원들 사이의 경제적 불평등이나 지배/예속 관계 등이 만족스럽게 해결되지 못하고 있다는 실정을 감안할 때, 인간 상호간의 관계를 중심으로 초래되는 부정의한 사회 병리 현상들은 여전히 중요한 사회 문제임에 틀림없다. 게다가 절대적 빈곤에 시달리는 제3세계의 경우, 환경 파괴의 문제보다 당장 배고픔을 해결해야 하는 문제가 무엇보다 시급하고 근본적인 생존 문제로 자리한다. 비록 생태학적 위기가 전 지구적인 실존의 문제로 부상하고 있다고 해도, 아프리카 등지의 저개발 국가에서는 기아 해결과 빈곤 퇴치를 위한 경제 개발이 보다 우선적인 생존 문제로 인식되고 있는 실정이다.

상황이 이렇다면 인류 사회는 기본적인 생계 유지의 문제, 사회적 부정의의 문제 그리고 전인류 차원의 생태학적 위기의 문제라는 삼중고(三重苦)에 시달리고 있는 셈이다. 물론 이런 문제들 가운데 어느 것이 더 근본적이고 우선적인 중요성을 갖는가에 대해서는 보다 세심한 논의가 요구된다. 여기서는 다만 생태계 문제는 빈곤에 시달

---

1) S. Moscovici, *Versuch über die menschliche Geschichte der Natur*(1982), 13-14쪽.

리는 제3세계 국가로부터 선진 복지 국가에 이르는 모든 영역에 예외 없이 걸쳐 있는 문제라는 점, 동시에 인류의 생사가 걸린 실존적인 문제라는 점만을 지적해 두고자 한다.

이런 맥락을 고려하면서 이 글은 오늘날 요구되는 비판적 사회 이론의 정립 조건과 관련지어, 이런 조건을 제대로 충족시키는 비판적 사회 이론이 새롭게 등장한 생태계 위기의 문제에 제대로 대처하고 그 처방적 대안을 제시하고 있는가를 비판적으로 검토해 보는 데 일차적 목표를 두고 있다. 이를 위해 이 글은 먼저 현재의 생태학적 위기에 대한 철학적 대응 방식들을 잠정적으로 세 가지로 나누어 살펴볼 것이다(2절). 이어 이런 고찰을 토대로 하여 다양한 유형의 비판 사회 이론들이 환경 문제에 대해 어떻게 접근·대응하고 있는가를 검토해 볼 것이다. 이에 따라 우선 비판 사회 이론의 선구격인 마르크스의 실천 유물론과 고전적 비판 이론의 입장을 살펴볼 것이다(3절). 다음으로 현시점에서 가장 설득력 있는 비판적 사회 이론의 체계로서 평가받고 있는 하버마스의 사회 이론을 중점적으로 검토해 볼 것이다(4절). 이어 이런 검토 작업의 성과를 바탕으로, 비판적 사회 이론의 정립 조건이 환경 문제의 본질을 규명하고 극복안을 마련할 수 있는 사회 이론을 확립하는 데 적합한 것인가를 점검해 볼 것이다. 아울러 이를 통해 부분적으로 정립 조건의 내용이 재해석될 필요가 있음을 보여줄 것이다. 그럼으로써 자연의 문제가 초미의 관심사로 떠오른 현시점에서, 비판적 사회 이론이 이 시대가 필요로 하는 사회 이론으로서의 역할을 만족스럽게 수행하기 위해서 요구되는 몇 가지 보완적 사항들을 제시해 볼 것이다(5절).

2. 생태학적 위기에 대한 세 가지 철학적 입장

2.1 강한 인간 중심주의

오늘날 전세계에 걸쳐 벌어지고 있는 환경 오염과 자연 파괴 현상에 직면하여, 인간을 중심에 놓고 자연과 그 대상들을 여전히 인간의 삶을 위한 도구나 수단으로 간주하면서 환경 문제를 다루고자 시도하는 이론적 입장이 강한 인간 중심주의이다. 이런 입장의 대표격으로 환경 개량주의(environmental reformism)를 들 수 있다. 인간 중심적 개량주의는, 현재 인류가 처해 있는 생태계 위기의 근원이 인간과 자연을 분리하여 자연에 대한 인간의 우위와 지배를 정당화하는 데카르트적 이원론과 그로부터 도출된 인간 중심적 · 지배적 세계관에 있다는 생태주의적 비판[2]을 거부한다. 대신 자연(자원)에 대한 무차별적인 남용과 착취, 그에 따른 자연 파괴에서 엿보이는, 자연에 대한 인간의 생태학적 무지와 근시안적 대응에서 환경 문제의 원인을 찾고자 한다. 이에 따라 환경 개량주의는 환경 문제를 가능한 한 국지화 · 미시화하여 환경 공학적 관점에서 접근 · 해결하고자 한다. 그 결과 현재의 생태학적 위기나 자원 부족 현상은 궁극적으로 과학 기술의 발전을 통해 충분히 해결할 수 있다[3]고 낙관한다.

이런 한에서 강한 인간 중심주의가 내세우는 환경 윤리는 인간과 인간의 고유한 특성에만 본래적 가치를 부여할 뿐, 자연 그 자체는 생명력을 결여한 단순한 물질에 불과한 것으로 파악한다. 자연적 대상들은 인간의 삶에 유용성을 주는 한에서 그 가치가 인정되며 인류

---

2) 이런 관점의 대표적인 입장으로는 B. Devall/G. Session, *Deep Ecology*(1985) 참조.
3) 기술 결정론적 입장에 대한 대략적인 이해는 D. MacKenzie/J. Wajcman, *The Social Shaping of Technology*(1985), 4-5쪽 참조.

의 복지 증대를 위한 자연의 정복과 남용은 불가피한 것으로 용인된다. 이로써 환경 개량주의는 인간 중심적 세계관과 도구적 자연관에 내재한 본질적 문제에 대한 진지한 성찰 없이 자연에 대한 지배적 관점을 견지하면서 인간 삶을 저해하는 요소들의 제거만을 추구한다. 요컨대 강한 인간 중심주의는 환경 보호를 위한 법령 제정이나 행정적인 감독과 정책의 강화, 자연 자원의 절약과 효율적인 관리, 환경 파괴를 해결할 보다 강력한 과학 기술의 진흥 등을 통해 환경 문제를 개선 극복할 수 있다고 본다.[4]

물론 강한 인간 중심주의 내에는 상당한 이론적 설득력을 갖춘 환경 철학적 입장이 존재한다. 가령 현세대가 미래 세대의 복지에 관한 도덕적 의무의 관점에서 환경 파괴를 방지하고 생태계를 보전해야 한다는 미래 세대에 의거한 논증,[5] 곧 인간 중심적 공리주의가 그런 입장의 대표적인 예이다. 그러나 이 입장 역시 그것이 지닌 논리적 강점에도 불구하고 강한 인간 중심주의에 토대하고 있다. 자연은 여전히 도구적 대상의 지위만을 지닐 뿐이며, 현세대와 같은 인간 종(種)인 미래 세대의 이익을 배려하는 한에서 자연은 보전될 가치를 지니기 때문이다.

이처럼 그 형태가 환경 개량주의이든 혹은 인간 중심적 공리주의이든, 강한 인간 중심주의적 입장들은 근본적으로 자연에 대한 도구적 관점과 인간/자연 양자간의 지배/예속 관계를 전제로 하고 있다. 그런 한에서 생태계 위기에 대처하는 이 같은 이론적 대응 방식들은 철저한 인간 중심주의를 표방한다. 심층 생태론자인 네스는 이런 방

---

4) 이에 대해서는 A. Naess, "The Deep Ecological Movement: Some Philosophical Aspects," M. E. Zimmerman(ed.), *Environmental Philosophy*(1993), 196-205쪽 참조.
5) 이에 대해서는 김형철, 「환경 위기와 세대간 분배정의」, 『사회계약론 연구』(1993), 361-396쪽 참조.

식에 대해 인간 중심의 지배적 세계관을 강력히 고수한 채 그때그때 임기응변식으로 환경 문제에 대처하는 시도로 해석하면서 그것을 표피적 생태 운동(shallow ecomovement)으로 폄하하고 있다.[6] 그에 따르면 이처럼 피상적이고 천박한 환경 운동은 인류를 전멸시킬 환경 재앙을 시간적으로 다소 지연시킬 뿐, 생태계 위기에 대한 근본적인 접근과 처방책의 제시를 차단함으로써 위기를 보다 확산 증폭시키는 결과를 낳는다.

2.2 비인간 중심적 생태주의

생태학적 위기를 맞이하여 오늘날 근본적 환경 철학의 입장으로 부각되고 있는 것이 비인간 중심적 생태주의이다. 대체로 이런 입장은 생태계 위기의 주범으로 근대의 인간 중심적 세계관과 그에 기초한 도구적 자연관, 물질적 진보주의와 환경 파괴적 과학 기술 등을 지적한다.[7] 같은 맥락에서 생태주의는, 인간 중심주의에 내재한 본질적 난점을 간과하고 생태학적 문제의 심각성을 제대로 인식하지 못한 채 환경 위기를 점진적 개선을 통해 해결하고자 시도하는 인간 중심적 환경 개량주의에 대해 그것의 근본적 한계를 신랄히 비판한다.

기본적으로 비인간 중심적 생태주의는 점진적 개선이 아닌, 혁명적 방식을 통해서만 지구 파멸의 위기로부터 벗어날 수 있다고 본

---

6) A. Naess, "The Shallow and the Deep, Long-Range Ecology Movement: A Summary," *Inquiry* 16(1973), 95-100쪽 참조.

7) 생태주의 내에서도 생태학적 위기의 근본 원인에 관해서는 다양한 입장이 존재한다. 가령 심층 생태론은 환경 위기의 원인을 인간 중심적 세계관에서 찾고자 하지만, 북친(Bookchin)으로 대변되는 사회 생태론의 경우는 인간과 인간 사이의 지배/예속 관계를 일차적인 원인으로 꼽는다.

다.[8] 이와 함께 인간과 자연의 분리에 반대하여 양자를 통합적으로 파악하고자 시도하면서 자연과 인간의 조화와 공생을 추구한다. 그에 따라 생태계를 구성하는 존재들 사이의 민주적인 관계를 도모한다.

물론 생태주의 내에도 어느 정도의 편차를 지닌 다양한 이론적 입장들이 상존한다. 그 중 대표적인 입장이 바로 **심층 생태론**(deep ecology)이다. 심층 생태론은 기존의 인간 중심적 세계관과는 근본적으로 다른 생태론적 전제들에 입각한 새로운 형태의 생태학적 전망을 요구한다. 아울러 그런 인식 아래 생태계 내의 모든 존재들은 상호 연관된 **전체**의 일부로서 **본래적인 가치**(intrinsic value)를 지닌 서로 평등한 존재라고 주장한다.[9] 여기에는 카프라(Capra)와 네스, 드볼/세션 등이 포함된다. 다음으로 생태학적 위기를 사회와 분리된 자연 그 자체의 문제로 환원하는 경향이 있는 심층 생태론의 입장에 반발하여, 사회와 자연을 결합하여 환경 위기를 사회적 위기로 재규정하고자 시도하는 **사회 생태론**(social ecology)[10]이 있다. 이 입장의 대표자로는 북친과 바로(Bahro)를 들 수 있다. 또한 생태주의와 사회주의를 결합하여 새로운 환경 철학을 모색하는 생태적 사회주의 등도 생태주의[11]에 속한다. 이 외에도 인간과 자연의 규범적 관계를 새롭게 모색 규정하고자 시도하는 동물 중심주의(싱어), 생물 중심주의(요나스), 총체적 환경 윤리(아비히) 등[12]도 넓은 의미의 비인간 중심적 생

---

8) M. E. Zimmerman, "General Introduction," M. E. Zimmerman(ed.), *Environmental Philosophy*(1993), vii쪽 참조.

9) B. Devall/G. Session(1985), 67쪽.

10) 사회 생태론의 대체적인 윤곽에 관해서는 M. Bookchin, "Introduction: A Philosophical Naturalism," *The Philosophy of Social Ecology*(1995), 1-36쪽 참조.

11) 여기에는 페퍼(D. Pepper), 오커너(J. O'Conner) 등이 속한다.

12) 각 입장에 관해서는 P. Singer, "Animal Liberation," M. E. Zimmerman(ed,), *Environmental Philosophy*(1993), 22-32쪽; H. Jonas, *Das Prinzip Verantwortung*(1979); K. M.

태주의에 속한다고 볼 수 있다.

이처럼 다양한 스펙트럼에 걸쳐 전개되고 있는 생태주의적 입론들을 하나로 이어주는 공통적인 연결끈은, 기존의 인간 중심주의를 넘어서는 비인간 중심주의에서 찾아볼 수 있다. 비인간 중심적이란 표현에서 드러나듯이 생태주의는 자연/인간의 분리와 인간/자연 사이의 지배/예속이라는 인간 우위의 이분법적 구도를 제거하고자 한다.[13] 이에 따르면 인간 중심주의란 결국 맹목적 인간 우월주의(human chauvinism)[14]에 지나지 않으며 그에 바탕하여 자연에 대한 인간의 지배와 착취가 정당화된다는 것이다.

그런데 이런 정당화의 배후에는 자연적 대상을 생명이 없는 고립된 개별 실체로 규정하는 기계론적 자연관이 자리잡고 있다. 생태주의는 이 점에 반대하면서 생명체는 고립된 상태에서 자신의 생명을 지속하는 것이 아니라, 그것이 속한 체계 내에 위치하는 에너지의 지속적인 흐름의 결과로서 존재한다고 본다. 다시 말해 생태계를 구성하는 개별 존재들은 즉자적으로 존재하는 것이 아니라 우주 에너지의 흐름 속에 존재한다는 것이다.[15] 이로부터 개별 존재들이 모여서 이루어진 세계라는 관점은 관계망의 구조로서의 자연적 세계라는 관점으로 대체된다.[16] 요컨대 생태론적 관점에서 세계란 관계의 총

Meyer-Abich, *Wege zum Frieden mit der Natur. Praktische Naturphilosophie für die Umweltpolitik*(1984) 참조.

13) 가령 레오폴드(A. Leopold)는 그의 유명한 대지의 윤리를 통해 인간 중심적 세계관을 강력히 비판하고 있다. A. Leopold, "The Land Ethic," M. E. Zimmerman(ed.), *Environmental Philosophy*, 95-109쪽 참조.

14) R. Sylban(Routley), "Is There a Need for a New, an Environmental, Ethic?," M. E. Zimmerman(ed.), *Environmental Philosophy*, 12-21쪽 참조.

15) H. Morowitz, "Biology as a Cosmological Science," *Main Currents in Modern Thought* 28(1972), 156쪽.

16) A. Naess(1973), 95쪽.

합체이며 그런 총합체로서의 전체는 단일한 본질이나 기본적 단위 요소로 환원될 수 없는 개별 존재들간의 상호 작용을 통해 특이한 구조와 역동성을 부여받고 있다. 이런 한에서 기존의 인간 중심주의가 고립된 개체론에 기초한 입장이라면 그에 비해 생태주의는 전체론의 입장을 취하고 있다.

이 같은 철학적 입장을 토대로 하여 생태주의, 특히 심층 생태론은 인간 외에 모든 생태계를 구성하는 요소들이 그 자체 내재적인 본질적 가치를 지닌다고 주장한다. 아울러 이런 이유에서 인간은 다양한 형태의 생명체들을 감소시키거나 훼손시킬 그 어떤 특권도 가지고 있지 않음을 강조한다. 요컨대 인간 주체란 본질적으로 생태계를 이루는 한 종에 불과하며 다른 구성 요소들보다 우월하거나 지배자의 위치에 있지 않다는 것이다.

하지만 인간 중심주의에 비해 생태주의가 드러내는 도덕적 우위성에도 불구하고 생태주의는 자연 자체가 지닌 본래적 가치의 실재성을 입증해 보여야 할 심각한 난제를 떠안고 있다. 이는 곧 가치란 인간이 사물에게 부여하는 성질이라고 주장하는 일부 주관주의적 입장[17]에 대해 설득력 있는 답변을 제시해야 하는 과제이기도 하다. 동시에 생태주의는, 비록 하찮은 미물과 인간이 각자 고유한 가치를 갖는다 해도 양자의 가치가 동등한 것인가를 규명해 보여 주어야만 한다. 나아가 이런 물음들은 인간이 배제된 상황에서 환경 보호나 생태계 보전이 어떤 의미를 지니는가에 대한 생태주의적 답변을 궁극적으로 요구하게 된다.

---

17) 이 점에 관해서는 H. Rolston, *Environmental Ethics*(1988), 208-220쪽 참조.

2.3 약한 인간 중심주의[18]

오늘날 새롭게 환경 철학을 구상하고자 시도하는 이론들은 대체로 인간 중심주의와 도구적 이성 아울러 이성의 구현체로서 과학 기술에 대한 근본적 비판에서 출발한다. 그에 따라 인간과 자연 양자 간의 관계를 규제할 새로운 규범과 윤리를 정초하려는 철학적 작업들은 반인간 중심적·반과학 기술적 방향으로 이론을 전개하는 경향을 보이고 있다.

이와 관련하여 앞에서 살펴본 것처럼 강한 인간 중심주의가 표방하는 이론적 내용이나 대안들은 생태주의의 관점에서 볼 때 임기응변적인 색채가 짙게 배어 있다. 하지만 그렇다고 해서 하찮은 미물과 인간이 동등한 내재적 가치를 지닌 평등한 존재라는 생태주의적 주장을 수용하기도 매우 어려워 보인다.[19] 더욱이 이제까지 인류가 이룩해 온 과학 문명을 포기하고 자연 상태로 돌아가자는 발상도 다시금 역사의 퇴보와 야만으로의 복귀를 초래한다는 점에서 수용하기 어렵다. 이처럼 강한 인간 중심주의에 대한 반동으로 등장한 생태주의의 경우도 그것이 내세우는 철학적 주장이 지닌 두 가지 난점, 즉 이론적 정당화(theoretical justifiability)와 실천적 적용 가능성(practical workability)의 어려움으로 인해[20] 그것이 지향하는 생태 중심적

---

18) 약한(weak) 인간 중심주의와 강한(strong) 인간 중심주의 간의 구분에 관해서는 최종욱,「지속가능한 녹색사회를 향하여」,『철학과 일상으로부터의 탈출』(1996), 339-344쪽; A. Dobson, *Green Political Thought*(1995), 61-71쪽 참조.

19) 강한 인간 중심주의와 생태주의 사이의 대결 구도는 환경 문제를 풀어나가는 방식의 차이로 환원될 수 있다. 곧 강한 인간 중심주의는 전문가 관료제(Expertokratie)의 방식으로, 생태주의는 환경 독재(Öko-Diktatur)의 방식으로 환경 문제를 해결해 나가는 경향을 보인다. 이 점은 D. Birnbach, "Mensch und Natur," K. Bayertz(hrg.), *Praktische Philosophie. Grundorientierungen angewandter Ethik*(1991), 299-304쪽 참조.

20) 이 점에 대해서는 황경식,「환경윤리학과 환경정치학」,『개방사회의 사회윤리』(1996), 381-392쪽 참조.

이상은 구현되기 어려워 보인다.

이런 상황에서 제3의 대안으로 적극적으로 고려할 수 있는 것이 약한 인간 중심주의이다. 물론 이 입장은 원칙상 인간 중심주의에 속한다. 하지만 이것은 강한 인간 중심주의가 추구하는 노선과는 근본적으로 그 차원을 달리한다. 우선, 강한 인간 중심주의는 데카르트의 심신이원론에 입각하여 자연을 인간과 구분하고 자연에 대한 인간의 지배와 통제를 당연한 것으로 받아들이는 반면, 약한 인간 중심주의는 자연과 인간을 구분하되 단지 역할 분담의 측면에서 그렇게 한다. 왜냐하면 비록 오늘의 생태계 위기를 초래한 주범이 인간 자신 혹은 인간 중심주의라고 해도, 그런 위기를 위기로 인식하고 반성하면서 새로운 극복책을 제시할 수 있는 역할은 결국 인간이 떠맡을 수밖에 없기 때문이다. 이처럼 생태계 위기를 벗어나기 위해서는 불가피하게 인간이 주도적인 역할을 수행할 수밖에 없다는 의미에서의 인간 중심주의, 곧 약한 인간 중심주의가 요청된다.

약한 인간 중심주의는 기본적으로 자연은 인간을 위해 요청된다는 점을 내세우지만, 그렇다고 자연을 지배적 대상으로 바라보는 것이 아니라 조화와 상호 공존의 관계에 놓인 존재로 파악한다. 여기에는 인간과 자연은 서로 영향을 주고받는 상호 의존적이며 협력적인 동반자라는 생각이 바탕에 놓여 있다. 가령 인간은 다른 생명체처럼 자연에 수동적으로 적응하면서 살아갈 수 있는 존재가 아니다. 그러기에 인간은 생존을 위해 문화와 사회를 필요로 하며, 그것들은 인간과 자연 간의 상호 작용을 통해 형성되며 동시에 유지된다. 이런 한에서 인간은 자연적 존재이며 자연의 파괴는 곧 인간 자신의 파멸로 귀착된다. 따라서 인간은 자신의 생명과 삶의 존속을 위해 자연과 협력해야만 하며 생태계의 보전을 위해 최선을 다해야 한다. 그런데 여기서 자연의 파괴를 방지하고 보전할 방안을 모색할 주체

는 인간 자신밖에 없다. 비록 자연은 인간과 협력적 동반자 관계에
있지만 그럼에도 자연은 환경 위기 해결의 주체가 되지 못한다. 이
지점에서 인간이 다시금 역할상 중심적인 위치에 놓이게 된다.

　요컨대 인간은 자연을 초월할 수 없는 존재, 자연에서 태어난 자
연의 일부이자 자연을 구성하는 존재들과 유기적인 관계를 맺고 있
는 자연적 존재이다. 인간은, 강한 인간 중심주의가 주장하듯이, 자연
을 지배하는 위치에 있지 않으며 공생공존을 위해 노력하는 생태계
의 한 구성원일 뿐이다. 하지만 사정이 이러함에도 인간은 인식론적
차원에서 자연의 경계를 초월하여 생태학적 위기를 조망하고 그로
부터 벗어날 탈출구를 마련하고 동시에 인간/자연 사이의 새로운 생
태학적 윤리를 정초하고자 애쓰는 특수한 존재이다. 이런 맥락에서
인간은 자연에 속하지만 동시에 그것의 경계를 벗어날 수 있는 인식
론적 측면에서의 유사 초월적 존재이다. 인간과 자연을 분리하고 인
간을 자연의 지배자로 바라보는 강한 인간 중심주의는 폐기되어야
만 한다. 하지만 환경 위기를 해결하기 위해 인간과 자연 간의 역할
을 구분하고 인간이 문제 해결의 주도적인 역할을 수행해야 한다는
의미에서의 인간 중심주의, 요컨대 약한 의미의 인간 중심주의는 여
전히 고수되어야 한다.

3. 환경 문제에 대한 선구적 비판 이론의 대응 방식

　생태학적 위기에 대한 세 가지 철학적 입장들을 고려할 때, 이제
까지의 사회 이론들은 대체로 인간 중심주의의 관점에서 환경 문제
를 부차적인 것으로 다루어 왔다고 볼 수 있다. 이 점은 특히 유력한
사회 이론의 지위를 누려온 주요 비판 사회 이론 유형들이 한결같이

인간들간의 관계에 초점을 맞추어 이론을 전개하고 있다는 사실에서 확인된다. 가령 루카치는 자연에 대한 자본주의적 착취를 염두에 두고 있었음에도 불구하고, 인간 주체들 상호간의 관계를 사물(상품)들의 관계로 전환시키는 자본주의 체제의 구조적 문제를 비판적 통찰의 주 대상으로 삼아 자신의 이론을 전개하고 있다.[21]

이처럼 근대 이후에 등장한 유력한 사회 이론들은 그 중심축을 인간들 사이의 관계와 그것에 기초한 사회에 두고 이론을 구성 개진해 왔다. 반면 환경 문제나 자연에 대한 고려, 인간과 자연의 관계 등의 문제에 관해서는 상대적으로 관심을 덜 기울이거나 무시하면서 중심적인 탐구 대상에서 제외시켰다. 물론 지역적 · 국가적 경계를 뛰어넘어 인류 전체의 차원에서 중대한 문제로 부각되고 있는 생태학적 위기는 최근에 이르러서야 비로소 그 본령을 드러내고 있다는 점에서, 기존의 사회 이론들은 인간 중심적 한계를 내장할 수밖에 없다고 보인다. 하지만 현재 진행되고 있는 생태계 파괴는 인류의 사활이 걸린 중대한 실존적 문제이며, 그런 점에서 이 같은 위기의 본질을 제대로 통찰 · 규명하고 그에 대한 해결적 대안을 제시하지 못한다면, 다양한 형태의 비판 이론들이 이제껏 추구해 온 해방 사회의 구현이란 이념은 한갓 물거품에 그치게 될 것이다.

이런 맥락에서 이제까지 전개되어 온 주요 비판 이론 유형들이 환경 문제에 대해 어떤 방식으로 접근하고 대처해 왔는가를 살펴보는 것은, 환경 위기의 시대에 요구되는 비판적 사회 이론의 자격 조건은 어떤 것이며 기존의 사회 이론들은 그런 자격 조건을 제대로 갖추고 있는가를 드러내 보여줄 것이다. 그럼으로써 이런 고찰은 오늘날 하나의 사회 이론이 비판적 사회 이론으로서 본연의 역할을 제대

---

21) 이런 입장에 대한 루카치 자신의 비판적 언급은 G. Lukacs, *Geschichte und Klassenbewußsein*(1971), 15쪽 참조.

로 수행하기 위해서는, 인간 존재의 자연적 조건이나 인간/자연간의 관계를 소홀히 처리해서는 안 되며 나아가 전 지구적 차원에서 새로운 사회 문제로 부각되고 있는 환경 위기의 문제를 만족스럽게 처리하고 해결해야만 한다는 점을 우리에게 시사해 줄 것이다.

3.1 마르크스의 역사 유물론

비판적 사회 이론의 선구적 형태라고 할 수 있는 마르크스의 역사 유물론에는 비인간 중심적 생태주의의 이론적 단초들이 내재해 있으며, 지속적으로 자연과 환경의 중요성을 강조하고 있다. 가령 마르크스 사회 이론에서 자연은 인간과 분리되어 존재하는 외적 대상의 세계로 드러나지 않는다. 오히려 인간이야말로 자연에서 나서 자연의 일부로 성장하고 살아가는 존재로서 파악된다. 곧 "인간의 육체적 · 정신적 삶이 자연과 긴밀히 관련을 맺고 있다는 점은 자연이 인간 자신과 연관 지어져 있다는 것을 의미한다. 왜냐하면 인간은 자연의 일부이기 때문이다."[22] 인간은 또한 노동을 통해 자연을 인간적 자연으로 대상화하지만, 동시에 노동에 의존해 이루어지는 대상화 작용이야말로 자연에 속한 인간의 행위 과정이라는 점에서 자연의 자기 활동으로 드러난다. 이처럼 마르크스의 사회 이론은 환경 친화적 계기들을 드러내고 있으며, 그런 점에서 강한 인간 중심주의가 표방하는 입장과는 일정 정도 거리를 유지하고 있다.

이처럼 마르크스의 유물론적 사회 이론은 인간과 자연의 합일과 통일을 강조하고 자연을 중시하지만, 인간과 분리되어 그 자체 추상적으로 파악되는 자연은 그의 이론에서 의미 없는 것으로 간주된다.

---

22) K. Marx, *Ökomomisch-philosophische Manuskripte aus dem Jahre 1844*, Marx-Engles Werke 40(1981), 516쪽.

곧 마르크스는 자연을 주로 정치 · 경제학적 관점에서 파악함으로써 사회와 밀접히 연관된 것으로 바라보며, 인간과 자연 양자간의 물질 대사 역시 특정한 사회 관계와 생산 관계를 통해 이루어진다고 본다. 이런 한에서 인간 사회와 분리되어 독립된 자연 그 자체는 마르크스 이론 내에서 별다른 의미를 지니지 못한다. "자연도 그것이 추상적으로 파악되고 인간으로부터 분리되어 그 자체로 고정될 경우 인간에게는 아무것도 아니다."[23]

사정이 이렇다면 비록 마르크스가 자연 그 자체의 선차성 그리고 자연의 객관적 실재성을 부정하는 것은 아니지만, 적어도 그에게 있어 자연은 인간의 노동에 의해 매개된 것으로 규정된다. 다시 말해 그의 사회 이론은 자연을, 인간이 노동과 기술을 매개로 하여 변형시키면서 살아온, 인간의 생활 공간으로서 존재해 온 기술적인 문화 환경으로 바라본다. 이런 사실에서 드러나듯이 그의 사회 이론에서 자연이나 환경은 단지 인간 삶을 풍요롭게 하기 위한 수단의 지위에 국한되어 있지 않다. 오히려 자연은 인간과 더불어 공존하는 자연의 자기 관계로서 드러난다. 아울러 이 점에서 마르크스의 역사 유물론은 인간 사회 외부에 존재하는 것으로서의 자연 그 자체에 주목하는 생태주의적 입장과 차이를 드러낸다.

그러나 마르크스 사회 이론은 생태주의의 이론적 단초들을 풍부하게 함유하고 있음에도 불구하고, 자본주의적 생산 양식에 대한 과학적 분석에 진력한 나머지 **생태학적 문제 인식**을 더 이상 유지 발전시키지 못한 채 환경 문제를 부차적인 것으로 남겨 두고 말았다. 마르크스 역시 20세기 후반에 드러난 생태계 위기의 총체적인 진상을 직접 대면한 사상가는 아니었으며 그런 점에서 그 역시 시대의 아들

---

23) K. Marx(1981), 587쪽.

일 수밖에 없었다. 게다가 이런 시대적 한계와 함께 마르크스의 유물론적 사회 이론은 단순히 시대적 제약성으로 환원될 수 없는 한계, 즉 생태계 위기를 근본적으로 해명하고 치유하기 어려운 이론적 한계를 드러낸다. 요컨대 그의 역사 유물론은 생산력의 발전을 역사와 사회 진보의 근본적인 동학(Dynamik)으로 간주하여 그것을 인간의 전면적인 자기 계발과 발전의 토대로 파악하고자 한다. 그런데 이런 통찰은 궁극적으로 생산력주의로 귀착되는바, 그 결과는 역사적 발전 과정에서 불가피하게 초래되는 생태학적 위기로 구체화된다.

이처럼 마르크스 이론 내에서 생산력 발전에 대한 긍정적·낙관적 조망은 생태학적 위기라는 부정적 결과와 상충하고 있다. 이러한 사태를 초래한 중요 원인으로는 그의 역사 유물론이 인간 해방의 전제 조건으로 생산력 발전을 내세우고 있다는 점을 꼽을 수 있다. 따라서 역사 유물론은 이러한 생산력 발전에 제한을 가하도록 요청받고 있다. 그렇지 않을 경우 그것은 해방 사회의 구현 대신, 생태계 파괴를 통해 인류를 절멸 상태로 몰고 갈 수 있기 때문이다.

3.2 고전적 비판 이론

호르크하이머/아도르노의 비판 이론은 환경 파괴의 본질을 합리성의 관점에서 극명하게 드러내고자 최초로 시도한 선구적 사회 이론이다. 비판 이론에 따르면 인간 해방을 실현하고자 문명화 과정을 주도했던 이른바 계몽적 이성은 그 과정 속에서 자연을 내적 자연과 외적 자연, 즉 주체와 객체로 분리하고 객체로서의 자연을 법칙에 따라 구조 지어진 물질적 대상으로 규정한다. 이에 따라 생명력이 결여된 순수 질료로서의 자연은 유용성과 기능성의 관점에서 인간이 설정한 목표나 인간 삶에 기여하는 한도 내에서 의미를 지니며,

지속적으로 조작 가능한 수단으로 고정된다. 동일한 맥락에서 계몽적 이성의 구현체로서 근대 과학 기술은 자연적 대상들이 본래 지닌 다양한 질적 차이를 제거하고 그것들이 단지 수단적 소재라는 공통의 속성을 갖는 대상, 오직 양적 차이만을 지닌 도구로서 간주함으로써 자연을 지배와 착취의 대상으로 전락시킨다.

이로써 계몽적 이성 역시 **도구적 이성**으로 변질되면서 그런 이성이 본질로 삼는 계산 가능성과 기능적 효율성에 부합되는 것만을 자연으로 포착하며, 그렇지 않은 것은 배제의 대상으로 규정한다.[24] 이와 함께 자연을 통제와 조작의 대상으로 바라보는 도구적 자연관은, 인간 또한 자연의 일부라는 사실을 고려해 볼 때, 결국 인간마저 지배와 통제의 대상으로 전락시키는 부정적 결과를 초래한다.[25] 요컨대 인간을 자유롭게 하면서 해방 사회로 인도해 주리라 공언했던 계몽적 이성은 그 자신을 도구화하면서 인간을 구속과 억압의 상태로 이끄는, 이른바 **계몽의 자기 파괴**[26]를 연출하고 있다.

이처럼 고전적 비판 이론은 이성의 왜곡화와 계몽의 역설을 해명함으로써 자연에 대한 인간의 지배와 남용, 그에 따른 환경 파괴, 급기야 인간이 같은 인간 종을 지배·착취하는 부정적인 사태에 이르는 일련의 **비합리적** 과정을 드러내 보여 주고자 한다. 호르크하이머와 아도르노에 따르면 추상적 사유와 실증주의적 과학적 사유, 계산하는 도구적 이성은 우리로 하여금 궁극적으로 자연을 조작적 수단으로 파악하도록 함으로써 자연을 파괴시키지만 그것은 단지 환경 파괴로 끝나는 것이 아니라 인간 자신의 파멸을 초래한다. 요컨대

---

24) M. Horkheimer/Th. W. Adorno, *Dialektik der Aufklärung, Gesammelte Schriften*, Bd.5(1987), 22쪽.
25) M. Horkheimer/Th. W. Adorno(1987), 25쪽.
26) M. Horkheimer/Th. W. Adorno(1987), 13쪽.

"자연을 파괴함으로써 자연의 강제를 타파하려는 그 어떤 시도도 단지 자연의 강제에 보다 더 깊이 빠져드는 결과를 낳을 뿐이다."[27] 이런 의미에서 비판 이론 1세대가 내건 자연과의 화해는 근래 들어 광범위한 반향을 불러일으키는, 심층 생태론을 비롯한 환경주의적 철학에 지대한 영향을 미친 선구적인 입장이라 할 수 있다.[28]

그러나 환경 파괴의 본질에 대한 문명 비판적 해명과 생태계 위기에 대한 근본적 반성을 촉구하는 이론적 성과에도 불구하고, 고전적 비판 이론의 경우도 현재의 초국가적 차원의 전면적인 생태학적 위기를 직접 대면하지 못했으며 그런 이유로 비판 이론 역시 제한적인 진단과 회의적·비관적 전망을 제시할 뿐이다.[29] 비판 이론 1세대 역시 도구적 이성이 초래한 자연 파괴, 따라서 인간 자신의 파멸을 꿰뚫어 보는 철학적 혜안을 지니고 있었지만, 그들 역시 도구적 이성이라는 왜곡되고 협소한 이성 개념에 매어 있었던 까닭에 근본적인 해결책을 제시하는 데까지 나아가지 못했던 것이다. 요컨대 고전적 비판 이론은 자연과 환경에 대한 생태주의적 근본 사상의 선구적 입론을 제시했지만 현실 사회에 적용할 보다 구체적인 환경 위기의 대응책과 대안 제시로 이어지지는 못하고 있다.

---

27) M. Horkheimer/Th. W. Adorno(1987), 29쪽.
28) S. Vogel, "Habermas and the Ethics of Nature," R. S. Gottlieb(ed.), *The Ecological Community: Environmental Challenges for Philosophy, Politics, and Morality*(1997), 175쪽.
29) 호르크하이머/아도르노의 경우 자연과의 조화에 대한 비관적 전망을 제시하고 있는 반면, 마르쿠제는 인간과 비인간적 세계 간의 표현적 관계에 바탕한 새로운 과학을 통해 자연과의 조화가 가능하다고 본다. 이 점은 H. Marcuse, *One Dimensional Man*(1968) 참조.

4. 하버마스의 비판적 사회 이론과 환경 문제

1) 하버마스는 서구 이성에 대한 철저한 반성과 비판적 재구성을 통해, 언어적 상호 작용에서 드러나는 의사소통 합리성을 이론 정립의 토대로 삼아 새롭게 비판적 사회 이론을 제시한다. 의사소통 합리성이란 언어적 전회(linguistic turn)를 통해 의식 철학의 지평에 갇혀 있던 이성을 상호 주관성의 차원에서 재규정한 것이다. 이런 새로운 종류의 합리성, 즉 대화적 합리성을 이론적 발판으로 삼아 개진되는 그의 사회 이론은 인간과 인간의 관계로부터 초래되는 다양한 사회적 문제들을 대화와 논쟁을 통해 해결할 수 있다는 원칙을 제시함으로써, 기존의 사회 이론들이 처해 있던 의식 철학의 한계를 넘어서고자 한다. 요컨대 하버마스의 사회 이론은 무엇보다 인간 상호 간의 관계에 초점을 맞추어 보다 자유롭고 평등한 인간 관계의 확립과 그에 기초한 정의 사회의 구현을 모색하고자 한다.

하지만 그의 이론 체계 역시 환경 문제나 인간과 자연 간의 관계를 부차적인 탐구 대상으로 다루고 있다. 가령 그의 초기 저작에서 자연은 도구적 행위의 객체로서 등장하며 명시적으로 언어적 상호 작용의 영역에서 제외되어 있다. 이후 하버마스는 자신이 전적으로 도구적인 것으로 파악했던 자연과학에 대해 담론적 요소들을 인정하고 있지만, 그럼에도 우리가 자연적 대상들과 관계를 맺는 일상의 경험적 사실을 의사소통의 영역과 분리된 것으로 언급한다. 의식 철학에서 의사소통으로의 범주적 전환이 이루어진 이후의 저작에서도 자연은 거의 발견되지 않는다.[30] 마치 주체와 주체의 관계만이 철학적 탐구의 대상일 뿐, 주체와 객체의 관계에 대한 통찰은 포기된 듯한 인

---

30) S. Vogel(1997), 176쪽.

상을 준다. 이런 태도는 최근의 담론 윤리학(Diskursethik)에 관한 해명에서 극명하게 드러난다. "식물과 모든 종의 유지를 위한 인간의 책임은 상호 작용의 의무, 즉 도덕적으로 근거 지어질 수 없다."[31] 여기서 자연은 우리와 의사소통을 할 수 없다는 이유에서 도덕적 지위를 갖지 못한다.[32] 그 결과 전체로서의 자연은 배제된 가운데, 언어적 능력과 행위 능력을 갖춘 인간들만이 도덕적 권리의 주체가 되고 이들만이 대화에 참여함으로써 환경 문제가 논의될 수 있다[33]는 인간 중심적 입장이 표출된다.

이와 함께 하버마스의 사회 이론에서 자연과 그 대상들은 인류의 생존을 위한 도구적 · 조작적 대상으로 고착화된다. 곧 노동은 더 이상 해방의 관점(Emanzipationsperspektive)을 제시하지 못하고[34] 도구적 행위로 축소되며, 그에 따라 자연을 도구적 대상으로 파악함으로써 자연에 대한 지속적인 착취를 정당화하는 데 일조하고 있다.[35] 이처럼 그의 이론 체계 내에는 데카르트의 심신이분법적 구도를 계승한 인간 중심적 세계관과 도구적 자연관이 자리잡고 있다. 이런 입장은 곧바로 생태주의적 관점에서 제기되는 비판[36]에 직면한다. 이런 비판에 의하면 자연이나 비인간적 세계는 더 이상 단순히 인간의 자아 실현을 위한 수단이나 배경으로 주어진 것이 아니며, 비인간적 사회의 다양한 구성 인자들은 그들 자신의 관점에서 중요한 것으로 인정된다. 아울러 자연은 인간 사회와 분리된 외적 · 객관적 세계로

---

31) J. Habermas, *Erläuterungen zur Diskursethik*(1991), 225쪽.
32) S. Vogel(1997), 180쪽.
33) J. Habermas(1991), 219-226쪽 참조.
34) J. Habermas, *Die philosophische Diskurs der Moderne*(1985), 103쪽.
35) R. Eckersley, "Habermas and green political thought," *Theory and Society*, vol. 19/6(1990), 748쪽.
36) 이에 관해서는 R. Eckersley(1990), 748-757쪽 참조.

서 파악될 수 없으며, 인간과 자연 양자는 동일한 영역 내에 동시적으로 공존하는, 하나의 연관된 생태계를 구성하는 요소로서 양자는 서로 의존적인 순환 관계를 맺고 있다.[37)

이상에서 드러나듯이 하버마스의 이론 내에서, 인간 상호간의 관계와 그에 토대한 사회 문제들은 의식 철학의 주객 모델을 넘어 상호 주관성의 차원에서 논의되고 있다. 반면 자연과 그 대상들의 문제는 그가 치열한 비판적 논파(論破)의 대상으로 삼았던 의식 철학의 틀 내에서 논구되고 있는 실정이다. 이에 따라 자연은 인간에 의해 통제되는 지배/예속의 관계를 맺고 있으며, 인간과 자연 양자는 조화로운 상호 공존의 협력자로서 이해되기보다 전통적 의식 철학의 이분법적 구도 속에서 서로 분리된 주체와 객체적 대상으로서 파악된다. 이로써 하버마스의 이른바 범주적 전환은 인간과 인간 간의 관계가 중심이 된 사회적 세계에 국한되어 전개되고 있을 뿐, 자연과 인간 양자간의 관계가 중시되는 영역에서는 기존의 주객 모델에 머물고 있다.

2) 물론 하버마스 이론에서 드러나는 인간 중심적 · 이원적 구도나 도구적 자연관이 그의 이론으로 하여금 생태계 위기나 환경 파괴의 문제에 적절히 대응할 수 없게 만들거나 그런 위기 사태를 극복할 방안을 제시할 수 없는 비관적 상황으로 내모는 것은 아니다. 가령 공론 영역의 활성화를 통해 환경 파괴의 심각성과 위기 상황을 널리 알리고 이에 대한 실천적 대응책을 전체 시민의 차원에서 강구해 볼 수 있는 방식이 그의 사회 이론 내에 마련되어 있다. 즉 사회 성원들의 연대성과 자유로운 의사소통에 기반한 새로운 차원의 극복 전

---

37) S. Moscovici(1982), 35-56쪽 참조.

략, 이른바 생활 세계적 전략이 고려될 수 있는 것이다. 여기서 개인
들은 경제나 행정 체계의 작동 메커니즘에 단순히 수동적으로 반응
하는 타율적 존재가 아니라, 체계의 강제 논리가 초래하는 다양한
사회적 병리에 능동적으로 개입하여 해결하고자 시도하는 자율적
행위 주체이자 실천적 참여자로서 간주된다. 따라서 생활 세계적 전
략이란 사회 성원들이 적극적 · 자발적으로 사회 현안을 논의하는
대화에 참여하여 일련의 의사소통적 · 논증적 절차 과정을 거쳐 상
호 이해와 합의에 도달함으로써, 환경 문제를 비롯한 다양한 현안들
에 대한 대안들을 모색하는 방식을 가리킨다.[38]

이런 의사소통적 담론 과정을 거쳐 도출해 낼 수 있는 보다 진전
된 방안으로는 자연에 대한 관점 자체의 근본적인 변화, 곧 새로운
자연관의 정립을 들 수 있다. 이 경우 생태계 위기의 근본적 원인으
로 끊임없이 지적되어 온 인간 중심주의와 자연에 대한 도구적 관점
이 반성적으로 재규정되어 약한 인간 중심주의와 조화적(화해적) 자
연관이 합의로서 산출됨으로써, 생태계 문제에 대한 보다 능동적인
접근 방식과 낙관적인 대응책이 마련될 수 있다. 이런 이론적 발상
은 실제로 현실화될 수 있을 것으로 보인다. 가령 의사소통 합리성 또
는 대화적 이성이 인간 상호간의 차원을 넘어 자연과 인간 간의 관계
로 확대 · 적용되어, 자연이 중심이 되는 생태 합리성의 정초[39]로 이
어질 수 있다. 이처럼 언어적 상호 주관성 패러다임은 생태계 내의

---

38) 이런 담론의 과정을 거쳐 이끌어낼 수 있는 구체적 방법으로는 개인이나 환경 보호
단체들이 환경 오염 유발 업체들을 고발하거나 불매 운동을 전개하는 방식을 고려할
수 있으며, 언론 등을 통한 환경 파괴의 심각성에 대한 홍보와 시정책 등의 마련을 생
각해 볼 수 있다.

39) 드라이젝(J. Dryzeck)은 의사소통 합리성을 인간과 자연의 관계에 확대 적용함으로
써, 인간이 중심이 아닌 비인간 중심적 생태 합리성을 정초하고자 시도한다. J.
Dryzeck, "Green Reason: Communicative Ethics for the Biosphere," *Environmental
Ethics*, vol. 12(1990), 195-210쪽 참조.

상호 의존적 존재인 자연과 인간 사이의 상호 공존과 조화의 관계를 지향하는 환경 윤리나 생태 윤리의 모색에 응용될 수 있다.

더욱이 생태계 위기를 초래한 주범이 인간 중심주의라는 생태론의 주장을 수용한다고 해도, 환경 문제를 근본적으로 반성 · 해결함에 있어 주도적인 역할은 결국 인간 자신일 수밖에 없다는 점은 자명해 보인다. 이 점을 고려할 때 하버마스의 담론 이론적 사회 이론은 생태계 위기에 관한 약한 인간 중심주의의 유력한 사회 철학적 입론으로 진지하게 고려될 수 있다. 특히 합리적으로 판단하고 자율적으로 행위할 수 있는 능력이 도덕적 권리를 향유함에 있어 본질적인 요건인 한에서, 말하고 행위할 수 있는 인간만이 도덕 권리의 담지자가 된다는 점에서 더욱 그러하다. 왜냐하면 이런 도덕적 능력을 갖춘 인간들 사이의 자유로운 대화와 토론을 통해서 비로소 환경 문제를 전 지구적 차원의 사회 문제로 인식하고 그로부터 벗어날 대안을 진지하게 마련하게 된다고 보기 때문이다.

물론 도덕적 권리가 비인간적 존재들을 제외한 인간에게만 주어졌다고 해서 그것이 인간 외의 존재에 대해 우리가 아무런 도덕적 의무도 지니지 않고 있음을 의미하는 것은 아니다. 우리는 확실히 자연을 배려하고 보호해야 할 의무를 지니고 있다. 그것도 단지 인간 자신의 이익에 기여하는 한에서 자연적 존재들을 고려하는 것이 아니라, 생태계를 이루는 구성 인자들로서 서로간의 공생과 조화를 염두에 두면서 그런 비인간적 존재들에 대한 의무를 고려한다. 그럼에도 인간이 생태계 위기를 극복함에 있어 중심이 되어야 하는 것은 인지적 · 도덕적 판단 능력을 갖춘 인간들만이 생태계를 보존하고 비인간적 자연 존재들과 조화로운 관계를 유지할 실천적 방안을 마련할 수 있기 때문이다. 도대체 인간이 배제된 자연이나 생태계 그 자체가 어떤 의미를 지닐 수 있는가? 이런 한에서 하버마스의 이론

틀에 내재한 약한 인간 중심주의적 계기들은 충분히 발전시킬 여지
가 많으며, 공생적 자연관을 산출할 가능성을 남기고 있다. 사회 성원
들 사이의 자유롭고 평등한 환경 철학적 논쟁을 통해 자연을 인간과
상호 공존하는 존재로 규정할 길이 열려져 있기 때문이다. 물론 그
와는 반대로 여전히 자연을 객관적 · 조작적 대상의 세계로서 바라
보는 자연관을 유지하는 데 합의할 수도 있다. 이 점에서 하버마스
이론틀에서 생태 합리성의 정초나 자연관의 변화는 의사소통 합리
성이 제공할 여러 가능성 중의 하나일 뿐이다.

사정이 이렇다면 하버마스의 사회 이론 내에는 두 가지 상반된 입
장이 서로 혼재되어 상충하고 있는 셈이다. 한편으로 그의 이론은
자연 세계를 오직 객관화하는 태도에 의해서만 접근할 수 있는 조작
적 대상의 세계, 곧 도구적 이성의 관점에서 자연을 외적 대상의 세
계로 간주하는 도구적 자연관을 강력하게 고수하고 있다.[40] 다른 한
편 그의 이론은 사회 성원들이 주도하는 담론 윤리를 통해 새로운
자연관을 정초하고 그에 의거하여 생태계 위기의 극복책을 마련할
수 있는 이론적 통로를 적어도 열어 놓고 있다. 따라서 문제의 본령
은 하버마스 이론 내에서 두 관점의 차이를 어떻게 해소하는가이다.
하버마스의 이론을 보다 긍정적으로 해석할 경우, 자유로운 대화를
통해 의사소통 합리성은 자연 중심이 아닌, 약한 의미의 인간 중심적
생태적 합리성[41]으로 전환될 수 있으며 그에 따라 자연관도 변화될
수 있다.

---

40) 적어도 하버마스의 이론 발전 과정에서 초기에 독립성과 외면성 두 측면을 동시에 지
　니는 것으로 해석되었던 자연(J. Habermas, *Erkenntnis und Interesse*(1973), 39쪽)은
　패러다임의 전환 이후 도구적 대상으로 보다 고착화되고 있다.
41) 앞에서 살펴보았던 드라이젝의 경우는 자연이 중심이 된 생태 합리성을 정초하고자
　한다. 이에 대해 보겔은 드라이젝의 시도는 자연적 대상도 인간과 동등한 의사소통 능
　력을 지니고 있다는 전제하에서만 가능한 것이라는 점을 들어 회의적인 것으로 평가

그러나 자유로운 환경 철학적 논의를 통해 지배적 · 도구적 자연관이 합의에 의해 새로운 공생적 · 조화적 자연관으로 변경된다고 해도, 이런 합의 결과가 하버마스 이론 내에서 수용될 지의 여부는 또 다른 중요한 문젯거리다. 왜냐하면 그의 체계/생활 세계의 이원적 사회 이론은 기본적으로 생활 세계와 체계 양자의 논리가 상호 균형을 이루면서 각자의 관할 구역에 머물러 있어야 하며[42] 체계의 논리를 손상시켜서는 안 되기 때문이다. 따라서 물질적 재생산을 차질 없이 효율적으로 수행해야 하는 체계의 관점에서 자연을 물질적 · 질료적 대상이 아닌 상호 조화적 관계를 이루는 협력자로 바라보는 새로운 자연관을 허용할 지는 미지수다. 적어도 그런 새로운 자연관은 지속적이고 안정적인 물질적 재생산을 심각하게 저해함으로써 체계의 기능적 논리를 훼손할 가능성이 높기 때문이다. 요컨대 체계 논리의 훼손은 궁극적으로 인류의 생존과 사회 존속을 어렵게 만든

한다. S. Vogel(1997), 184-186쪽 참조. 이런 점을 고려할 때 의사소통 합리성을 자연과 인간의 관계로 확대 적용하여 새롭게 합리성을 규정하려는 시도는 자연이 아니라 인간이 중심이 된 생태학적 합리성을 지향해야 한다. 이런 맥락에서 생태 합리성은 인간의 생명 유지를 위한 재화를 지속적 · 효과적으로 제공하는 생태계의 능력으로 정의된다. 이런 정의의 배후에는 자연에 가치를 부여하는 인간이 생태계 보전을 위해 중심 역할을 수행하되 자연적 대상들을 신중하게 다루고 배려하는 태도를 일관되게 견지해야 한다는 환경 윤리적 요구 사항이 자리잡고 있다.

42) 하버마스는 생활 세계와 체계를 영역 개념이 아닌, 동일한 사회를 조망하는 두 가지 상이한 방법론적 관점 혹은 분석적 질서 개념으로 파악하고자 한다. 하지만 하버마스 자신의 거듭된 입장 표명에도 불구하고 체계/생활 세계 개념은 그의 이론 체계 내에서 이념적 혹은 경험적 영역으로 사용되고 있다. 여기서 알 수 있듯이, 비록 체계/생활 세계 개념이 방법론적 조망틀이나 질서 개념이라고 해도, 그것들은 이론적 · 추상적 차원에서 인간이 살아가는 사회로서 드러난다. 가령 우리가 사회를 체계로서 조망할 경우, 사회는 체계로서 개념화되고 하나의 이념상의 영역으로 우리에게 다가온다. 다시 말해 체계라는 분석적 조망틀에 대응하는, 추상적 이론 수준에서의 체계의 영역을 떠올릴 수 있으며 아울러 그것의 내적 구조 등을 생각해 볼 수 있다. 다만 여기서는 체계/생활 세계는 방법론적 개념으로 제시된 것임에도 불구하고, 불가피하게 영역 개념으로 귀착된다는 점을 지적해 두고자 한다.

다는 점에서 하버마스의 이원적 사회 이론은 물질적 재화의 안정적이고 지속적인 확보를 위한 객관화된 자연만을 요구할 가능성이 크다.

5. 비판적 사회 이론의 정립 조건과 생태학적 위기의 문제

하나의 사회 이론이 완결된 형태의 비판적 사회 이론으로서의 역할을 수행하기 위해서는 최소한 세 가지 기본 조건[43]을 충족시켜야만 한다. 우선, 비판적 사회 이론은 이론적 그리고 경험적 수준에서 현실의 상황을 가능한 한 정확하게 분석 · 통찰할 수 있어야 한다. 둘째, 엄밀한 객관적 분석을 통해 드러난 다양한 사회적 병리와 문제들을 비판하고 그에 대한 평가를 제시할 수 있어야 한다. 이를 위해서 비판적 사회 이론은 사회 성원이라면 누구나 받아들일 수 있는, 보편 타당한 비판의 규범적 토대를 확보하고 있어야만 한다. 셋째, 분석과 규범적 비판을 통해 드러난 현실의 난점들을 극복할 수 있는 실천 방안을 강구하여 제시할 수 있어야 한다. 다시 말해 사회적 모순과 문제를 해결하여 보다 나은 상태로 개선할 수 있는 실천 능력을 지니고 있어야 한다. 이런 세 가지 조건을 만족할 경우에 비로소 사회 이론은 이 시대가 요구하는 실천적 이론틀의 자격을 지닌다고 말할 수 있다.

그런데 이 같은 세 가지 비판적 사회 이론의 자격 조건은 근대 이후에 전개된 사회 이론사의 맥락에서 볼 때, 인간 해방의 이념을 실현코자 시도되었던 선구적 비판 사회 이론인 마르크스의 역사 유물

---

43) 비판적 사회 이론의 정립 조건에 관해서는 선우현, 「합리성 이론으로서 하버마스의 비판적 사회 이론」(1998), 8-9쪽 참조.

론에서 시작하여 베버와 짐멜의 사회 이론, 루카치로 대표되는 네오마르크스주의, 고전적 비판 이론을 거쳐 푸코의 탈근대적 비판 사회 이론과 하버마스의 사회 이론에 이르는 일련의 사회 비판적 이론의 전통에서 도출된다.

이와 함께 이 같은 정립 조건은 기존의 다양한 사회 이론들에 내재된 이론적 난점과 한계를 드러내 보이는 준거점이자 드러난 난점들을 넘어, 보다 완벽한 사회 이론을 수립하기 위한 이론 구성의 지침이기도 하다. 따라서 이 같은 특성을 지닌 정립 조건에 비추어 기존의 사회 이론들을 검토해 볼 경우, 그런 이론들의 한계나 약점을 보다 선명히 드러낼 수 있다. 이는 곧 다양한 유형의 비판적 사회 이론들의 이론적 완결성을 따져보는 잣대로서 기능함을 말해 준다.

이런 점들을 고려할 때 비판적 사회 이론의 정립 조건을 충족시키는 사회 이론이라면, 여론 등을 통해 전 인류의 사활이 걸린 중대한 사회 문제로 부각되고 있는 생태학적 위기의 문제에 대해 명쾌한 해명과 탈출구를 제시할 수 있어야 한다. 아무리 기존의 사회 문제들에 관해 탁월한 분석과 실천적 대안을 제시했다고 하더라도, 새롭게 등장한 인간과 자연 간의 문제, 즉 환경 철학적 난제에 관해 적절한 대응책을 제시하지 못한다면 20세기의 종착점을 얼마 남겨놓지 않은 상태에서 그런 이론은 비판적 사회 이론으로서 더 이상 존립하기 어렵게 될 것이다. 결과적으로 생태학적 위기는 비판적 사회 이론의 존립 자체를 좌우할 추가적인 조건으로 자리잡았다고 할 수 있다.

이런 점에서 하버마스의 사회 이론은 일차적으로 주목의 대상이 된다. 그의 이론 체계는 세 가지 정립 조건을 충족시키면서 현시점에서 완결적 형태의 사회 이론에 가장 근접하는 것으로 평가받고 있음에도, 생태계 위기에 관해서는 아직 적절한 설명과 극복적 대안을 마련하지 못하고 있는 것처럼 보이기 때문이다. 한마디로 그의 비판적 사회 이론은 생태계 위기를 근본적으로 치유 해결할 수 없는 강한 인간 중심주의의 입장을 여전히 고수하고 있다. 즉 자연에 대한 인간의 우위를 견지하면서 사회와 그 구성원들의 존속을 위한 수단으로서 자연을 바라보며 그 연장선상에서 자연에 대한 개발과 지배를 당연한 것으로 간주하고 있다. 이 점은 자연과의 화해가 역사의 발전 과정으로서의 **탈주술화**에 역행하는 **재주술화**(Wiederverzauberung)에 빠지는 것으로 바라보는 그의 시각에서 여실히 드러난다.[44] 광범위한 저술들 속에서 단지 이따금씩 생태계 위기가 언급되고 있지만 하버마스적 해결책은 분명해 보인다. 즉 도구적 이성은 자유로운 토론의 산물로서 실천적 이성에 의해 확립된 규범을 따라야 하지만, 그럼에도 불구하고 합리적인 사회는 노동과 기술을 통해 단지 도구적 이성만을 비인간적 세계를 다루는 데 적용할 수 있다는 것이다. 여기서 환경 문제는 도구적 이성의 적용을 통해서만 해결할 수 있다는 입장이 도출된다. 그에 의하면 이런 종류의 이성만이 생존에 대한 인간 종(種)의 인지적 관심의 관점에서, 자연을 취급하는 데 가장 효과적이기 때문이다.[45] 물론 하버마스 역시 자연과의 비도구적인 대면이 가능하다고 본다. 그러나 이런 만남은, 도구적 이성이 자연 현상에 대한 체계적인 관찰과 객관화, 조종과 통제를 통해 효과적인 결과를 낳는 방식처럼 그렇게 효율적인 성과를 산출하지 못한다는 것이 그의 입장이다. 요컨대 지식의 획득을 위해 외적 자연을 비객관적으로 취급하는 방식에 내재한 경험적 잠재력을 이용할 수 있다는 기대는 잘못이며, 그런 시도는 형이상학으로의 복귀를 의미한다.[46] 이런 맥락에서 인간과 자연 사이에는, 자연을 대상으로 파악하

---

44) J. Habermas, *Vorstudien und Ergänzungen zur Theorie des kommunikativen Handelns*(1989), 505-521쪽 참조.

45) R. Eckersley(1990), 753쪽.

는 객관화된 태도 외에 그 어떤 윤리적 관계도 존재하지 않는다. 다시 말해 자연은 인간 삶을 위한 수단으로서의 외적 자연으로 우리에게 다가올 뿐이며, 우리는 목적 그 자체로서의 자연과 대면할 수는 없다는 것이다. 만일 자연을 목적 자체로서 취급할 경우, 그것은 목적론에 의존하는 새로운 윤리를 요구하게 된다.[47]

다른 한편 수차 언급했듯이 하버마스의 이론 내에는 생태계 위기를 넘어설 대안 모색의 길이 열려져 있다. 다시 말해 사회 성원들의 자유로운 논의를 통한 다양한 위기 타개의 방안들이 모색될 수 있다. 나아가 이 같은 담론(대화) 윤리적 대응 전략은 환경 문제 해결의 열쇠가 인간에게 주어져 있다는 약한 인간 중심주의적 입장과 그 궤를 같이한다는 점에서, 지속 가능한 녹색 사회를 위한 이론적 전략으로서 유망한 위치를 점한다. 따라서 자유롭고 평등한 토론을 통해 환경 위기를 타개할 다양한 방안들이 검토될 수 있다. 그 가운데 유력한 방안으로 고려될 수 있는 것이 자연에 대한 관점의 전환이다. 문제는 이런 시도가 하나의 구현 가능성으로 주어져 있을 뿐, 그 실현 여부는 여전히 미지수라는 점이다. 무엇보다 하버마스 자신이 설정한 단서 조항, 곧 어떤 경우에도 체계 논리가 침해 훼손되어서는 안 된다는 단서 조항으로 인해, 약한 인간 중심주의에 기초한 환경 친화적 비판 사회 이론의 정립 가능성은 상당한 제약을 받고 있다.

이상에서 알 수 있듯이 그의 사회 이론은 현존하는 이론 체계 가운데 가장 설득력 있는 것으로 인정받고 있지만, 생태계 위기에 관한 한 그리 만족할 만한 수준의 입론을 제시하지 못하고 있다. 사정이 이렇다면 하버마스의 사회 이론은 매우 심각한 문제, 극단적으로 말해 현재의 위기적 상황이 요청하는 비판적 사회 이론으로서의 역

---

46) J. Habermas(1989), 514쪽.
47) J. Habermas(1989), 509쪽.

할을 제대로 수행할 수 없는 사태에 직면할 수 있다.

이 지점에서 우리는 하버마스의 사회 이론이 비판적 사회 이론의 정립 조건을 제대로 만족시키고 있는가를 다시 한번 살펴볼 필요가 있다. 정립 조건 가운데 특히 관심이 가는 대목은 다양한 사회적 문제를 분석 비판하고 평가한다는 부분에서, 사회 문제가 정확히 어떻게 규정되고 있는가의 문제이다. 이와 관련해 지금까지의 사회 이론들은 사회 문제를 주로 인간과 인간의 관계에 초점을 맞추어 파악해 왔다. 하지만 현재 전 인류가 동시적으로 직면한 환경 파괴의 문제는 인간과 자연 사이의 관계에서 초래되는 문제이다. 사실상 인간이나 인간 사회와 관련을 맺지 않고 일어나는 환경 문제는 없으며, 설령 그런 경우가 있다고 한다면 그것은 우리에게 결코 사회적 문제로서 다가오지 않는다. 생태계 파괴도 공론화의 과정을 통해 그것이 인류의 생존을 위협하고 있다는 경고의 메시지를 확산시킴으로써 전 지구적 차원의 **사회 문제**로 부각된 것이다.[48] 그러므로 비판적 사회 이론의 정립 조건에 명시된 사회 문제란 결국 인간과 인간의 관계뿐만 아니라 인간과 자연의 관계에서 야기되는 문제들을 포괄하는 것이다.

이와 같이 사회 문제가 규정되면 하버마스의 사회 이론은 적어도 인간과 자연 사이에서 초래되는 사회 문제에 대한 분석적 해명과 처방적 대안의 제시에 있어서 이론적 불충분성을 드러내고 있음이 밝

---

48) 환경 오염이나 자연 파괴의 경우 그것이 공론화 과정 등을 통해 사회 성원들에게 인간 삶 자체를 위협하는 중대한 사태로서 전달되지 않을 경우, 환경 파괴 자체는 사회 문제화되지 않는다. 그것은 오직 여론이나 시민 운동 등을 통해 인간 자신들에게 위기적 문제로서 다가옴으로써 비로소 시급하게 해결해야 할 사회 문제로서 규정된다. 이런 맥락에서 생태계 위기는 비판적 사회 이론이 해결해야 할 중요한 사회 문제이다. 이 점에 관해서는 노진철,「사회 문제로서 환경적 위험: 사회학적 인식」,『현상과 인식』63호(1994), 109-132쪽 참조.

혀진다. 이론사적 관점에서 보더라도 근대 이후에 전개된 유력한 사회 이론들은 대체로 인간 상호간의 관계에 기반한 사회적 병리들을 주된 사회 문제로 다루어 왔다. 하버마스의 이론 역시 이 범주에서 벗어나지 못한다. 비록 주체 철학의 지평에서 벗어나 언어적 상호 주관성에 기초한 사회 이론을 개진하고는 있지만, 상호 주관성의 패러다임은 오직 인간들 사이에서만 통용되고 있을 뿐 인간과 자연을 동시에 포괄하는 생태계 차원까지 확장되지는 않고 있다. 따라서 환경 파괴와 같은 새로운 종류의 사회 문제에 대해 보다 설득력 있는 논변을 전개해야 할 과제가 그의 사회 이론에 주어진다. 이런 과제가 성공적으로 완수될 가능성은 상호 주관성의 차원이 생태계 전체로 확장됨으로써 자연과 인간이 서로 조화로운 공생 관계로 진입할 수 있는가의 여부에 달려 있다. 물론 여기서 이런 관계를 확립하고 지속적으로 유지함에 있어 주도적인 역할은 인간이 수행한다. 그런 한에서 하버마스의 담론 이론적 입장은 약한 인간 중심주의로 해석될 여지를 남기고 있다. 이와 더불어 인간과 자연 간의 조화로운 관계가 확립되기 위해서는 체계 논리의 훼손 방지를 위한, 체계/생활세계간의 균형적인 경계 설정에 있어 근본적인 변화가 수반되어야 한다. 이런 요구 사항들은 현시점에서 그의 사회 이론이 비판적 사회 이론으로서의 본연의 임무를 제대로 수행할 수 있는가를 결정짓는 중요한 변수이다. 왜냐하면 이 같은 일련의 요구 사항들이 제대로 관철되지 못할 경우 하버마스의 사회 이론은 현 단계에서 가장 중요한 사회 문제인 생태계 위기에 제대로 대처하지 못하는, 더 이상 이론적 설득력을 갖추지 못한 이론 체계로 전락할 것이기 때문이다.

제 2 부

위기 시대의
대안적 사회 철학의 모색

5 근대 역사 철학의 위기와
새로운 역사 철학의 정립 가능성
근대 역사 철학 비판의 전위로서의 탈근대론과 관련하여

1. 압축적 근대화 과정과 IMF 위기 상황

60년대 초반 이래 전세계적으로 유례가 없을 만큼 가파른 속도로 경제적 자립화와 정치적 민주화를 추진해 온 한국 사회는, 그간 서구식 근대화의 긍정적 성과물들을 우리 지형에 맞게 이식하여 세계가 주목하는 성공적인 결과를 거두었다. 하지만 3년여 동안의 IMF 지배 체제를 겪으면서, 우리는 서구 근대화의 부정적 산물들이 이땅의 도처에 얼마나 널려 있는가를 새삼 깨닫게 되었다. 비록 혹독한 시련과 좌절의 고통을 맛보았고 지금도 그 고통이 완전히 치유된 것은 아니지만,[1] 일찍이 서구 사회가 수세기에 걸쳐 추진해 온 근대화의 경로를 정신없이 뒤쫓아 온 지난 50여 년의 기간을 하나하나 비판적

---

1) 최근 통계청 발표에 의하면 1998년도 연평균 지니 계수가 0.320을 나타냄으로써, 통계청이 지니 계수를 산출하기 시작한 1979년 이래 가장 높은 수치를 기록했다고 한다. 이는 소득 불균형의 정도가 1979년 이후 최고치에 도달했음을 말해 준다. 『한겨레』, 2000년 3월 3일.

으로 검토하고 성찰해 볼 수 있는 기회를 갖게 된 것은 그나마 불행 중 다행이라고 할 수 있을 것이다.

사실 우리가 맞은 IMF 위기 상황은, 서구 사회가 오랜 기간에 걸쳐 전개해 온 계몽의 기획을 불과 수십 년의 시간 속에서 압축적으로 완수하려는 과욕에서 비롯된, 어찌 보면 이미 예정되어 있던 사태라고 할 수 있다. 사정이 이렇다면 서구 사회가 근대화의 역설에 대한 분석을 통해 자신들이 추진했던 근대화와 계몽의 기획을 반성적으로 고찰하여 새롭게 그 경로를 교정했던 것처럼, 우리도 이러한 IMF 위기 상황을 계기로 삼아 지금까지의 근대화 작업을 반성적으로 진단해 보고 그것이 나아가야 할 올바른 행로를 제대로 가늠하여 제시해야만 할 것이다.

알다시피 서구 사회의 경우 합리화의 역리적 사태, 즉 합리화의 비합리적 귀결에 봉착함에 따라, 근대화에 대한 다양한 반성적 시도가 이루어졌다. 그 중 가장 근본적인 방식으로 행해진 것이 탈근대론의 근대(성) 비판이다. 아울러 이러한 비판은 근대화의 중요한 이론적 원천 가운데 하나인 근대 역사 철학에 대한 비판으로 이어진다. 자유 실현과 인간 해방, 역사의 진보를 내세우는 역사 철학에 의거하여 추진된 계몽과 근대(성)의 기획은 인간을 해방 사회로 인도하기보다 억압과 구속으로 이끌었다는 질타의 목소리가 탈근대론의 주된 입장이기 때문이다.

한국 사회 역시 누구나 자유롭고 평등하게 살아가는 정의 사회의 구현을 목표로 삼아 근대화를 추진해 왔으며, 그런 한에서 우리의 근대화 작업도 인간 해방을 이념으로 내건 근대 역사 철학을 이론적 토대로 삼고 있다 하겠다. 이런 한에서 우리 사회 역시 진보적 역사관과 그것에 기초한 근대(성)의 증대 과정으로서의 근대화에 대한 탈근대론의 근본적 비판에 귀기울이지 않을 수 없다. 아울러 이 지점에서, 일차적으로 물질적 토대를 확보하고 이를 바탕으로 해방 사회를 실현하려는 근대성의 기획이 포기되어야만 하는 것인가라는 다소 극단적인 물음을 제기해 볼 수 있을 것이다. 왜냐하면, 탈근대론을 위시한 후기-주의들(Post-isms)의 주장처럼 해방이니 정의 사회니 하는 것들이 한갓 거대 이야기요 이룰 수 없는 **담론적 환상**에 불과한 것이라면, 따라서 서구 사회의 근대화 행로를 고스란히 뒤쫓아 온 우리 사회 역시 결국 억압적 사회를 향해 나아가는 것이라면, 근대화 기획의 포기는 빠르면 빠를수록 그만큼 더 좋은 것일 수 있기 때문이다.

우리 사회는 그간 싫든 좋든 서구 사회의 전개 과정을 답습해 왔고, 그들이 직면했던 병리 현상들이 바로 우리 눈앞에서 재현되고 있다는 점에서, 크게 보아 서구 사회의 범주에 포함될 수밖에 없다고 보여진다. 그 점에서 서구 사회에서 발단된 근대/탈근대 논쟁은 우리에게 유의미한 수다한 지침과 교훈을 제공해 줄 수 있을 것이다. 이와 관련하여, 우리 사회의 현 단계에서 근대성의 기획을 고수하여 지속적으로 추진해 나갈 것인가 아니면 포기할 것인가의 여부는, 결국 그러한 기획의 핵심적 토대로서의 근대 역사 철학의 입론에 대한 수용 여부와 관련된다 하겠다. 즉 근대 역사 철학적 입장은 여전히 유효한가 아니면 이제 그 효용성을 상실한 구시대의 유물로서 폐기 처분되어야 하는가의 문제와 연결되는 것이다. 하지만 "인간 해방이라는 깃발은 이 지구상에서 인간에 대한 억압이 사라지지 않는 한 결코 내릴 수 없는 인간 자존의 상징"[2]이라는 주장에서 드러나듯이, 아직도 실질적 의미의 자유나 사회 정의가 제대로 실현되지 못하고 있는 우리 사회의 형편에 비추어, 인간 해방과 사회 정의

---

2) 최종욱,「현대 프랑스철학의 비판적 이해」,『프랑스철학과 우리1』(1997), 106쪽.

의 이념은 쉽게 포기될 수 없는 것들이다. 이러한 이유에서 자유 실현과 해방 사회의 구현을 궁극적인 이념으로 추구하고 있는 근대 역사 철학은 그 수다한 한계에도 불구하고 쉽사리 해체되어서는 안될 대상이라 판단된다. 그렇다면 이제 문제는, 그것을 오늘의 변화된 시대 상황에 맞게 변형·재구성해야 하는 것이라고 할 수 있을 것이다.

이와 같은 문제 의식에서 출발하는 이 글은 근대 역사 철학이 탈근대론의 집중 공격을 받아 자체의 존립 기반이 결정적으로 흔들리는 상황, 이른바 포스트적 시대 상황의 변화된 시대 조건에 부합하는 새로운 역사 철학의 모델을 어떻게 정립할 수 있는가를 대략적으로 모색해 보는 데 일차적 목표를 두고 있다. 이를 위해 우선, 탈근대론이 근대 역사 철학에 가하고 있는 비판의 내용을 통해 근대 역사 철학의 한계를 짚어보고자 한다. 그리고 그러한 비판의 타당성을 검토해 보는 가운데, 탈근대론의 공헌과 문제점을 살펴볼 것이다. 이어이 같은 논의를 바탕으로, 새로운 역사 철학의 모델을 재정립하는 데 있어 근대 역사 철학의 주요 특성 가운데 어떤 것이 여전히 되살리고 계승해야 될 측면이며, 동시에 어떻게 비판적으로 재구성할 수 있는가에 대해 고찰해 보고자 한다. 그럼으로써 근대 역사 철학의 이론적 취약점을 극복하면서 탈(脫)역사 철학적·반(反)역사 철학적 논의들의 한계를 극복할 수 있는 새로운 역사 철학 모델의 정초 가능성을 검토해 볼 것이다.[3]

---

3) 이러한 성찰 과정에서 탈근대론의 입장에 대해, 한편으로는 문화 철학의 관점에서 그 의의와 한계를 살펴볼 것이며, 다른 한편으로 역사 철학적 관점에서 그 한계를 조망해 봄으로써 왜 그러한 입장을 넘어서야 하는가를 곱씹어 볼 것이다.

2. 근대 역사 철학의 위기와 반역사 철학적 · 탈역사 철학적 흐름

2.1 근대 역사 철학의 위기 징후

오늘날 탈근대론이 시도하고 있는 근대(성)에 관한 근본적 비판은 궁극적으로 근대 역사 철학을 겨냥하고 있으며 그것의 철학적 토대를 붕괴시킬 만큼 위협을 가하고 있다. 하지만 상황이 이렇다고 해서 근대 역사 철학이 더 이상 의미가 없거나 낡은 시대의 유물이라고 단정해 버리기는 어려운 실정이다. 적어도 근대 이후 서구 사회에서 역사 철학이 수행해 온 역할, 특히 사회적 부정의와 억압 구조를 타파하고 보다 나은 인간 사회를 구현하는 데 기여한 바는 결코 가볍게 여길 수 없는 것이기 때문이다.

익히 알려진 것처럼 18세기 계몽주의의 출현 이래 역사 철학은 그 이전의 역사 신학의 성격을 벗어 던지고 이성과 계몽에 기초한 근대적 의미의 역사 철학으로 그 모습을 일신하였다. 동시에 이성에 의거하여 인간적인 해방 사회를 구현코자 의도된 계몽의 기획을 추진하는 도정에서 긍정적인 역할을 수행해 왔다.[4] 이처럼 계몽의 기획과 연계되어 서구 사회의 발전적 전개 과정에 기여해 온 근대 역사 철학은 다음의 몇 가지 주된 특성을 지니고 있다. 첫째, 근대 역사 철학은 역사를 반성과 비판을 특징으로 하는 계몽적 이성의 관점에서 파악하고자 하며, 이로부터 역사는 합리적으로 인식 가능하며 역사의 전개 과정 역시 이성적인 방식으로 이루어진다고 본다. 둘째, 역사는 이성적인 방식으로 분석 · 체계화될 수 있다고 보아, 근대 역사 철학의 체계화 과정에는 보편성과 통일성, 법칙성과 필연성이 내재

---

4) 역사 철학의 신학적 성격과 그로부터의 탈피 및 근대적 의미의 역사 철학의 등장에 관해서는 E. Angehrn, *Geschichtephilosophie*(1991), 14-15쪽 참조.

되어 있다고 주장한다. 셋째, 역사의 흐름은 자의적이며 우연적인 행로를 따라 이루어지는 것이 아니라, 발전과 진보를 향해 나아간다고 본다. 이로부터 진보적 역사관이 도출된다. 넷째, 역사에는 인간 해방이 추구해야 할 이념적 목적이 이미 내장되어 있으며 이것의 구현을 위한 주체, 역사 발전의 주체로서 이성적 인간을 요구한다고 주장한다.[5]

하지만 칸트, 헤겔, 마르크스로 대변되는 근대 역사 철학은 근대화 도정에서 드러난 여러 난점들로 인하여 그 이론적 · 실천적 정당성 기반이 점차 훼손되기에 이른다. 가령, 자유 실현과 인간 해방을 추구한다던 근대(성)의 기획이, 그 과정에서 근대화의 역설에 봉착함으로써, 더 이상 역사의 진보를 운위하기 어렵게 되었다. 이에 따라 역사에 대한 합리적 해석의 타당성에 대해서도 회의의 그림자가 짙게 드리워지는 계기가 되었으며, 계몽주의에 기초한 현재와 미래에 대한 낙관주의적 역사 해석 역시 차츰 그 설득력을 잃어가게 되었다. 이와 함께 인간 해방을 겨냥한 유토피아의 기획에 대한 비판적 목소리가 확산되어 나아갔다. 그리고 이 같은 주된 시대적 흐름은 마침내 역사 전개 과정을 법칙성과 필연성에 의거하여 강하게 해석하는 근대 역사 철학에 대한 회의의 고조로 귀착되어 나갔으며, 그에 따라 근대 역사 철학을 이루는 핵심적 구성 요소들에 대한 근본적 차원에서의 의심과 비판의 증대로 이어졌다.

---

5) 근대 역사 철학의 발생과 전개 과정에 관한 상세한 해명은 E. Angehrn, *Geschichte-philosophie*(1991), 57-119쪽 참조. 근대 역사 철학의 기본 특징에 대한 개괄적인 설명은 P. Edward(ed.), *The Encyclopedia of Philosophy*, vol. 6(1975), 247-254쪽 참조. 더불어 근대 역사 철학에 관한 논의의 대략적인 윤곽은 William H. Dray, *Philosophy of History*(1964), 59-66쪽 참조.

2.2 탈역사 철학적 · 반역사 철학적 흐름의 확산

(1) 헤겔과 마르크스의 역사 철학에서 정점을 이룬 근대 역사 철학에 대한 도전은 여러 방면에서 이루어졌다. 그 중 특히 주목되는 것은, 니체의 비합리주의 철학의 영향을 받은 베버의 사회 이론이다. 주지하다시피 베버의 사회 이론은 고전적 사회학 이론 가운데 유일하게 역사 철학적 사고의 전제와 진화론의 기본 가정을 탈피하여, 구 유럽 사회의 근대화를 보편사적인 합리화 과정의 결과로서 파악하고자 했던 이론이다.[6]

베버는 서구 근대화 과정에 대한 분석에서 일체의 형이상학적 전제나 그 자체 입증 불가능한 논점에서 출발하는 대신, 시종일관 경험적 · 역사적 차원의 접근 방식을 통해 분석 작업을 수행해 나갔다. 그리고 그와 같은 작업으로부터 베버는 인류 사회를 해방 사회로 이끌어줄 것이라고 서구인들이 굳게 믿었던 합리화가 오히려 인간을 억압 · 구속하는 사태로 이끌어 왔다는 사실을 우리에게 여실히 드러내 보여 주었다. 게다가 베버는 그 같은 역설을 벗어날 이성적 방안을 제시하지 않은 채, 근대화 과정에서 초래된 병리적 귀결을 체념적으로 수용할 수밖에 없다는 이른바 비관주의적 염세주의로 귀착함으로써, 그 당시까지 지배적 위치를 점하고 있던 역사 해석, 즉 진보와 발전의 과정으로서 역사 전개라는 해석에 대해 심대한 타격을 가하게 된다.

이처럼 역사의 흐름에 대한 비관적 해석은 의미 상실(Sinnverlust)

---

6) J. Habermas, *Theorie des kommunikativen Handelns*(1981), 179쪽. 하버마스에 따르면 베버는 작품 전체를 조망하는 시각에서 보면 일관성의 결여가 현저한데, 베버는 근대 서구의 사회적 합리화를 분석함에 있어 목적 합리성의 제한된 관념에 의거하고 있다. 이는 한편으로 마르크스와, 다른 한편으로 호르크하이머/아도르노도 공유하고 있다. J. Habermas(1981), 180쪽.

과 자유 상실(Freiheitverlust)의 테제로 응축되어 제시된다.[7] 의미 상실이란 문화의 가치 영역이 과학과 도덕, 예술로 삼분화됨으로써, 세계의 통일적·보편적 기준이 상실되어 가치 상대주의적 상황에 진입하는 것을 가리킨다. 베버는 이를 다양한 가치 기준이 난립하여 공존하는 사태, 이른바 다신주의의 출현으로 파악한다.[8] 한편 자유 상실이란, 자연의 정복과 지배를 통한 물질적 토대의 확보라는 과제 달성을 위해 입안된 효율적인 집행 조직 편제로서의 관료제가 자연의 정복이라는 성과물을 인류에게 제공해 주는 대가로, 자신을 만들어 준 인간을 구속하고 부품화해 버리는 부정적 사태를 가리킨다.[9] 결국 이와 같은 베버의 비관적 시대 진단은 인간 해방과 정의 사회 구현을 지향하는 근대 역사 철학적 시대 전망에 대한 거부로 이어지고 급기야 역사 철학의 부정으로 귀결되고 만다.

(2) 이러한 베버의 입장을 계승한 사회 철학의 흐름이 바로 비판 이론 1세대이다. 호르크하이머와 아도르노가 주축이 된 비판 이론은 역사의 전개 과정을, 이성의 총체적 도구화 과정으로 해석함으로써 베버의 비관적 시대 진단을 계승하고 있다. 비판 이론에 의하면 해방 사회를 구현하기 위한 문명화의 출발은 이성적 주체에 의한 자연적 대상의 정복과 지배에서 비롯된다. 즉 자연에 대한 지배와 가공은 인류에게 물질적 풍요로움을 안겨다 주었지만, 자연을 지배의 대상으로 바라보게 했던 인간의 이성은 다른 인간 주체마저 지배와 정복의 대상으로 보게 만듦으로써, 이성 그 자체도 도구적 이성으로 변질되기에 이르렀다는 것이다.

---

7) J. Habermas, *Theorie des kommunikativen Handelns* 1(1981), 333쪽.
8) M. Weber, *Gesammelte Aufsätze zur Wissenschaftlehre*(1988), 603-606쪽 참조.
9) M. Weber, *Gesammelte Aufsätze zur Religionssoziologie* I(1988), 202-204쪽 참조.

비판 이론에 의하면, 본래 이성은 설정된 목표 자체가 정당한가를 살펴보고 행위 자체에 대한 반성적 통찰을 수행하는 계몽의 기능을 수행한다. 하지만 문명화 과정을 거치면서 이성의 기능이 왜곡됨으로써, 근대화가 진척되면 될수록 인간 사회는 더욱더 도구적 이성이 만연되는 상황, 이른바 **도구적 이성의 총체화**가 실현되어 나갔던 것이다. 이는 자율적·계몽적 이성에 토대를 두고 추진되었던 근대의 기획이 인류에게 해방을 가져다주기보다는 오히려 새로운 차원의 위기적 상황을 야기함으로써, 이성에 대한 불신과 회의를 낳게 되었음을 고발하는 것이다. 이성에 대한 이러한 부정적 시각은 급기야 이성의 위기 징후로 받아들여지고, 결국 이성에 입각한 해방 사회 구현의 기획이 더 이상 추진될 수 없는 것으로 간주되기에 이른다. 이른바 **합리화의 비합리적 결과**로 초래된 위기 상황은 이성 자체에 내재한 이성의 자기 파괴적 속성에 따른 불가피한 결과[10]라는 인식이 그 설득력을 확보해 나가고 있는 것이다. 이는 이성은 더 이상 위기 극복을 위한 전망을 제시할 수 없으며 인류의 미래 사회에 대한 조망을 제공할 수 없다는 논리로 귀결된다.

이와 같이 비판 이론 1세대는 헤겔의 역사 철학을 반성적으로 수용하여 근대 역사 철학을 새롭게 부활시켜 보고자 노력했으나, 결국 비관적·부정적 역사관을 제시하는 데 머물렀으며, 그 결과 근대 역사 철학은 자체의 입지를 더욱더 좁혀 나갈 수밖에 없게 되었다.

(3) 근대 역사 철학적 지반의 와해와 해체를 추구하는 입장들이 그 세를 확산시켜 나가는 과정에서 주도적인 힘을 발휘한 것은 바로 탈근대론이었다. 특히 1960년대 후반에 고조된 탈근대론적 시대 흐

---

10) U. Beck. *Riskogesellschaft*(1986), 38-40쪽.

름은 1970년대에 미국 사회를 풍미한 이후 1980년대에 접어들면서 전 유럽을 강타하여 엄청난 괴력을 발휘하였다.[11] 이 같은 탈근대적 시대 사조는 이후 전세계로 확산되어 나아가면서 이른바 근대/탈근대 논쟁을 불러일으켜 왔다.

주지하다시피 서구의 근대적 세계관은 이성주의(합리주의)로 요약할 수 있다. 이러한 이성주의는 인간이 지닌 **사유의 합리성**에 대한 믿음, 이성적 사유를 행하는 주체로서의 **이성적 존재의 자율성**에 대한 믿음, 궁극적으로 사유와 주체의 토대인 **이성의 동일성**에 대한 절대적인 확신에 그 기초를 두고 있다. 하지만 이러한 믿음에 의거한 이성 중심적 근대관은 오늘날에 이르러 마침내 의문시되기에 이른다. 예컨대, **자기 성찰**을 핵심으로 삼는 이성적 사유는, 비판 이론이 제기한 **도구적 이성의 총체화** 앞에서 자신을 고발해야 하는 사태에 이르렀다. 또한 자율적 존재에 대한 믿음은, 한편으로는 사회 구조의 자율적 기능으로 인해, 다른 한편으로는 무의식(혹은 잠재 의식)의 부상(浮上)으로 인해 흔들리기 시작했다. 이성의 동일성 또한 다양한 언어 놀이의 발견에 따라 그 기반이 서서히 허물어져 가기 시작했다.

이와 같이 이성을 바탕으로 한 근대적 세계관이 그 이론적 설득력을 차츰 잃어가고 동시에 그 실천적 한계를 점차 드러내고 있는 와중에, 탈근대론은 근대성에 대해 최후의 일격을 가하듯 집중적인 공격을 퍼붓고 있다. 이러한 집중 포화는 근대 역사 철학이 내세우는 긍정적·진보적 역사관, 즉 역사의 전개 과정은 인간의 자유를 확대

---

11) 이와 관련해 프랑스의 유력 일간지인 『르 몽드(*Le monde*)』는 1981년 10월 르메르(G. G. Lemaire)의 이름으로 "포스트모더니즘이라는 유령이 지금 유럽에 출몰하고 있다"라는 제목의 칼럼을 게재하기도 했다. 이는 포스트모더니즘이라는 새로운 사상이 1970년대에 미국에서 폭발적인 선풍을 일으키다가 1980년대에 접어들면서부터 마치 홍수처럼 유럽 전역을 휩쓸고 있는 상황을 빗대어 표현한 것으로 보인다.

신장하는 합리적인 과정이라는 논변에 대한 근본적 차원의 거부로 결과되어 나타나고 있다. 요컨대 탈근대론에 따르면, 근대 역사 철학의 전망과 달리 실제 역사의 진행 방향은 이성적이기는커녕 그 반대로 인간들을 억압 구속하는 상황으로 내몰고 있으며, 그에 따라 근대의 이성적 세계관에 기초한 역사 철학의 종언을 공식 선포하기에 이르렀다는 것이다.

3. 반역사 철학적 시대 사조의 전위: 탈근대론

보편성과 절대성, 초월성과 메타성이 근대론이 드러내는 주요 특성이라면, 다원성과 상대성, 비결정성은 탈근대론이 이론적 토대로 삼고 있는 기본 개념들이다. 아울러 이러한 개념들이야말로 탈근대론의 성격을 선명하게 드러내어 특징짓는 것을 매우 어렵게 만드는 요인이기도 하다. 그런 점에서 탈근대론의 입론에 대해 각양각색의 규정들이 난무하는 상황 역시 탈근대적 성격을 띠고 있다고 할 수 있겠다.

그러나 이러한 현실에도 불구하고 탈근대론은, 계몽적 이성에 의거해 인간 해방의 이념과 사회·역사의 진보성을 전제하고 그러한 발전의 최종 목표점에 도달코자 한 근대의 기획이 봉착하게 된 오늘의 비합리적인 총체적 위기 상황에 대해, 그것을 근원적 측면에서 비판하고 성찰해 보려는 시대 사조로 잠정적으로 정의해 볼 수 있다. 이에 대한 구체적인 예가 바로 이성에 대한 근본적 비판이다.

근본적인 비판을 추구한다는 점에서, 탈근대론은 이성에 기초하고 있는 근대론의 핵심적 특징인 비판과 성찰의 이념을 보다 급진적으로 계승한 사상적 흐름이며 이런 한에서 계몽의 정신을 보다 철저히 계승하고 있다고 볼 수 있다. 하지만 탈근대론은 비판과 사회적 실천의 주체로서의 자아(개인)의 소멸을 주창한다거나 역사 발전의 법칙성 및 필연성 대신 우연성과 임의성을 중시한다는 점에서, 아울러 그 동안 무시되거나 주변적인 것으로 치부되었던 것들, 가령 이성이 아닌 감성과 욕망 등에 대해 새로운 의미를 부여할 뿐 아니라 더 나아가 그것들을 이성을 대체할 대안(代案)으로 제시하고 있다는 점에서 근대론과 대립된다. 이렇게 볼 때 근대 역사 철학과 관련하여 탈근대론이 갖는 기본 특징은, 이성적 주체의 탈중심화 및 해체, 총체적 거대 이론의 부정, 이성 중심주의 거부, 진보적 역사관의 부정으로 요약할 수 있을 것이다.

3.1 역사 발전의 주체 비판: 주체의 탈중심화 및 해체

탈근대론은 역사와 사회 발전의 담당자(주체)로 인간 주체를 내세우는 입론에 대해, 이를 근저로부터 비판하여 무력화시키고자 한다. 이에 따르면 인간 자신의 의지와 의도에 따라 자발적으로 행위하고 결정하는 것으로서 이해되고 있는 자율적 주체에 관한 근대적 주체상(像)은 한갓 허구에 지나지 않으며, 사실상 근대 사회의 구조적 질서에 의해 외부로부터 만들어진 것이다. 이로써 실천적 행위의 담지자로서의 주체(개인)의 상실이 운위되며 이른바 실천의 주체는 사회적 구조에 의해 규정된 위치, 다시 말해 사회 내 개별 행위자(개인)들에 의해 채워질 수 있는 빈 공간(le vide)으로 대체된다.[12]

이 같은 입장을 바탕으로 탈근대론은 근대 역사 철학에서 제시한 역사 발전의 주인공으로서의 이성적 인간 주체를 엑스트라로 격하시

---

12) M. Foucault, *L'archéologie du sqvoir*(1969), 126쪽.

키고자 한다. 그리하여 탈근대론은 이를 위한 경험적 · 역사적 논거로서 2차 대전 당시의 유태인 대학살을 들고 이를 통해 "도대체 옳고 그름을 판단할 수 있는 이성적 존재가 어떻게 그러한 비인간적인 만행을 저지를 수 있는가"라는 물음을 제기함으로써,[13] 이성에 대한 근본적 회의와 이성을 소유한 이른바 이성적 존재로서의 인간에 대한 극단적인 불신을 여과 없이 보여 준다.

마르크스 역사 철학에서 혁명의 주체로 이해된 노동 계급의 시대적 역할의 방기 또한 주체의 탈중심화에 대한 주요한 사례로서 제시된다. 주지하다시피, 자본주의는 필연적으로 몰락할 것이라는 경제 결정론의 예측이 빗나가면서 이에 대한 반성적 대안으로 부상한 것이 이른바 서구 마르크스주의이다. 특히 그러한 입장의 선구자인 루카치는, 역사 발전의 전 과정을 인식하고 자본주의의 근본 모순을 통찰할 수 있는 노동자 계급이 주도하는 혁명을 통해 사회주의로의 이행이 가능하다는 새로운 역사 철학적 전망을 제시하였다.[14] 그러나 이 같은 예견 역시 비판 이론에 의해 여지없이 무너지고 만다. 즉 혁명의 주체로서 노동 계급은 자본주의 체제에 가장 순응적인 집단이자 물화된 계급이며(가령, 노동 귀족), 히틀러의 집권을 가장 열렬히 지지하는 행태를 보임으로써 더 이상 사회 변혁의 주체가 아니라는 사실을 드러내 보여 주었던 것이다. 비록 탈근대론의 사조에 속하지는 않지만 근대적 세계관의 입장에 비판적이었던 비판 이론의 이와 같은 진단은 결과적으로 탈근대론의 입장과 그 궤를 같이하는 것이었다. 당연히 푸코나 리요타르 등의 탈근대론자들도 이와 동일

---

13) 탈근대론의 입장과 상당 정도 궤를 같이하는 비판 이론 1세대의 일원인 아도르노는 이 점을 다음과 같이 표현하고 있다. "아우슈비츠 이후에 시를 쓴다는 것은 야만적인 일이다." Th. Adorno, *Kulturkritik und Gesellschaft* I(1998), 30쪽.

14) G. Lukacs, *Geschichte und Klassenbewußtsein*(1971), 169쪽.

한 입장을 표명하였다.

학생과 지식인, 노동자 등이 주축이 되어 일으킨 대표적 사회 변혁 운동이었던 이른바 68운동의 현실적인 좌절도 주체(인간) 중심주의를 비판하는 데 한몫 거들었다. 이성적으로 판단하고 평가할 수 있는 능력과 실천 의지를 지닌 개별 주체들이 연대하여 사회 혁명을 시도한다고 해서 사회의 구조나 체계가 쉽게 변화되거나 혁신되는 것은 아니라는 점을, 당시의 68운동은 우리에게 일깨워 주었던 것이다. 이를 통해 탈근대론은 주체와 구조의 투쟁에서 사회 구조가 결국 승리를 거두었으며, 이는 인간이 사회의 주체가 아니라 구조에 의해 주조된 존재임을 말해 주는 것이라 강변한다.

이 점에 대해 푸코는 자신의 권력/지식론을 통해 해명하고 있다. 이에 따르면, 흔히 인간이 권력 — 특히 정치 권력 — 을 산출하는 것처럼 알기 쉬우나 실제로는 권력 관계가 주인공(주체)이며 인간은 권력 관계의 산물(대상)이라는 점이 강조된다. 사회 규범이나 규칙·규율을 모범적으로 준수하는 시민들의 경우에도, 그들은 자신들이 자율적인 방식으로 상호 계약을 통해 이러한 규칙을 만들었으며 그런 한에서 자신들의 법규 준수 행위는 그 누가 강제로 시킨 것이 아닌, 자발적으로 이루어지는 것이라고 확신한다. 그러나 푸코에 의하면 이러한 규칙 및 규율들은 권력 관계가 자신을 존속시키고 끝없이 확대·재생산하기 위해 산출해 낸 것이며,[15] 이성의 정당화 방식과 그것에 기초한 지식을 통해 자발적으로 자신을 따르도록 함으로써 결국 권력 관계 자체에 개인(주체)들이 복속되도록 한다는 것이다.[16]

---

15) R. Boyne, *Foucault and Derrida: the other side of reason*(1990), 59쪽.

16) 가령, "인식하는 주체, 인식되어야 할 대상, 인식의 양태는 모두 권력/지식의 기본적인 관계와 그것의 역사적 변화의 결과물이라는 점이다"라는 언급에서 확인된다. M.

데리다 역시 이와 유사한 논변을 제기한다. 그에 따르면, 우리는 흔히 인간 주체들이 언어와 그것의 의미를 창조한다고 생각하기 쉽지만, 사실 언어 체계가 인간 주체에 앞서 이미 선재(先在)하며 나아가 언어가 지니는 의미 또한 기표(signifiant)들의 자유로운 운동의 산물로서 나타나는 것이다. 이는 인간 주체가 언어 체계를 만들어 냈다기보다 오히려 언어 체계에 종속되어 있으며, 따라서 인간은 사회 발전의 주인공이 아니라 조연에 불과한 존재라는 사실을 말해 주는 것이라고 데리다는 강변한다.[17]

3.2 역사 철학적 해방 이론 비판: 거대 이론의 붕괴 주창

일반적으로 거대 이론(grande théorie)이란 하나의 본질이나 근본 개념에 입각하여 사회와 문화, 역사 등을 설명하는 이론 체계를 가리킨다. 아울러 총체성(totalité)이란 모든 현상을 공통적으로 꿰는 하나의 본질이나 본질적 요소, 혹은 이 세계를 궁극적으로 구성하고 있는 근본 성분이나 특질을 의미한다. 이렇게 볼 때, 근대 역사 철학은 총체성에 근거한 대표적인 거대 이론이라 할 수 있다. 이와 관련하여 리요타르는 근대(성)(moderne)를 "자체의 정당성 확보를 위해 거대 이야기(grand récit)에 호소하는 사유 양식"으로 규정짓고, 이러한 사유 양식의 근본 원리로서 기능하는 거대 이야기는 오직 하나의 이성(la Raison)만을 앞세워 이를 정당화한다고 지적하고 있다.[18]

리요타르의 기본 시각은, 근본 개념이나 본질이 사회의 모든 현상

Foucault, *Surveiller et Punir*(1975), 32쪽.

17) 데리다에 의하면 존재하는 것은 다양한 입장과 해석들뿐이다. 즉 텍스트 외에는 아무 것도 존재하지 않는다. J. Derrida, *De la grammatologie*(1967), 227쪽.

18) J-F. Lyotard, *Le postmoderne expliqué aux enfants*(1988), 108쪽.

을 설명할 수 있는 것은 아니며 잉여 지대가 존재한다는 것이다. 그리고 이런 맥락에서 탈근대(성)란 근대(성)가 근거하는 거대 이야기를 불신하는 시대 사조라는 것이다.[19] 리요타르에 따르면, 근대 역사 철학의 대표 주자인 헤겔은 절대 정신이 자신을 현현(顯現)해 나가는 과정으로서 역사의 진보를 해명하는 가운데 모든 대상을 절대 정신이 구체화된 것으로서 파악코자 한다. 따라서 그의 철학 체계에서는 자연 역시 정신이 외화된 대상으로 드러난다. 마르크스의 경우도, 생산력 혹은 토대/상부 구조라는 경제적 틀에 입각하여 사회의 성립 및 역사의 전개 과정 — 가령, 사회와 문화, 도덕과 정치 등 — 모두를 통찰해 낼 수 있다고 본다. 요컨대 마르크스는 경제 환원론의 관점에서 모든 것을 설명해 내고자 하는바, 이 또한 거대 이론의 한 유형이라는 것이다.

그러나 탈근대론에 의하면, 마르크스의 역사 유물론은 생산력이나 토대/상부 구조를 통해 모든 현상들을 제대로 드러내지 못하는 한계를 보인다. 예컨대, 여성 해방이나 동성애자들의 권리 확보 운동 등은 경제나 생산력으로 환원하여 설명할 수 있는 것이 아니라는 것이다. 다시 말해 자유와 해방을 향한 다양한 형태의 저항이나 투쟁이 모두 경제적 차원에 토대를 둔 항거는 아니며, 그런 한에서 동성애자들의 권리 투쟁 등은 더 이상 근대의 총체성 이론에 의해 해명될 수 없다. 작금의 현실은 다양한 영역에 상응하는 다양한 작은 이야기들(les petit recits)만이 각각 자신의 고유 영역에서 초래되는 현상들을 설명해 낼 수 있다는 것이다. 요컨대 인간 해방을 지향하는 정치적 거대 이야기나 완전한 진리에 대한 인식이 이루어질 수 있다는 거대 철학적 이야기는 더 이상 그 자체 정당성을 지니지 못하며, 오늘

---

19) J-F. Lyotard, *La condition postmoderne*(1979), 7쪽.

의 시대적 흐름은 다양한 작은 이야기들과 그것들이 기초로 하고 있는 복수의 작은 이성에 의해 유지된다는 것이다. 그러므로 인간 해방이라는 거대 이야기에 기초한 채 획일성과 인위적인 통일성을 강요하는 테러주의(terrorisme)로서의 근대 역사 철학도 이제는 그 종언을 고할 수밖에 없으며, 보편적 이성이라는 유일한 잣대를 갖고 모든 것을 재단·평가하려는 총체론적 작업 역시 폐기 처분되어야 한다는 것이다.

3.3 이성 중심적 역사 해석 비판 및 진보적 역사관 거부

"진리가 너희를 자유케 하리라"는 성경 구절처럼, 계몽주의의 등장 이래 이성은 인류를 해방 사회로 인도하는 매체로서 인식되어 왔다. 하지만 관료제 내에서의 인간의 부품화 및 소외화, 일상적 삶의 영역으로의 관료제의 침투에 따른 사회 병리의 증대, 극단적 이기주의의 만연, 생태계 파괴 및 핵 발전의 위험성, 생화학전의 공포 등에서 보여지듯이, 이성은 인류를 자유와 해방 대신 구속과 억압의 상태로 인도해 왔다는 것이 탈근대론의 지적이다. 이러한 비판적 지적은 이성 자체가 해방의 성격을 갖고 있다기보다, 그 반대로 억압적·구속적 속성을 지니고 있다는 데리다의 이성 비판에서 극단화된다. 그에 따르면 이제껏 서구 사회를 이끌어 온 로고스 중심주의의 원천인 보편 이성은, 자신에 부합하지 않는 것은 대립항으로 설정하여 그것을 철저히 배제하거나 지배해 왔다는 것이다. 그처럼 이성 중심적 대립 구도는 하나가 다른 하나를 지배하는 폭력적 위계 질서를 산출한다는 점에서 타파되어야 하며, 동일한 맥락에서 이성 중심적 역사 해석 또한 그와 같은 예속과 폭력을 정당화한다는 점에서 폐기 처분되어야 한다는 주장이다.

게다가 이성이 판단의 척도가 되어 자신과 합치되면 이성적임(정상적임)으로, 그렇지 않으면 비이성적임(비정상적임)으로 나누는 구분 방식에 대해서도, 그것은 역사의 전개 과정에서 이루어진 자의적이며 독단적인 구분 방식임을 주장한다. 요컨대 선악의 구분이나 옳고 그름의 구분 역시 역사 전개 과정에서 우연적·자의적으로 이루어진 것으로서 그 자체 보편 타당성과 필연성을 갖지 못한다는 것이다. 이로써 역사의 전개에 대한 이성적인 해석에 관해서도, 그것은 단지 다양한 관점의 해석 방식 가운데 우연히 하나를 선택함으로써 등장한 것일 뿐, 그 자체 논리적 필연성을 갖는 것이 아님을 분명히 함으로써 역사에 대한 합리적 해석의 한계를 분명히 지적하고자 한다.

근대 역사 철학의 이성 중심적 역사 해석의 한계는, 권력과 이성의 상호 관계에 대한 푸코의 해명을 통해서도 제기된다. 즉 푸코에 의하면 권력은 폭력적 방식이 아닌, 지식(이성)의 이름 하에 합리적인 방식으로 개인들로 하여금 자신에게 순응하도록 만들고 있으며, 이런 한에서 이성은 결국 권력의 유지·확대를 위한 수단, 즉 권력 이성이다. 이러한 이유에서, 이성에 대한 근원적 차원의 비판이 요구되며, 이는 이성의 부정과 해체로 이어질 수밖에 없다는 것이다.[20]

계속해서 탈근대론은 이성적 주체의 **실천적 활동**을 통해 역사가 진보해 나간다는 근대 역사 철학적 사고 방식에도 근본적인 비판을

---

20) 이성 중심주의에 대한 비판은 근대론의 입장에서도 제기된다. 비판 이론 1세대의 비판이 대표적인 사례이다. 비판 이론에 따르면, 이성에 기초한 계몽의 과정은 인간을 해방 사회로 인도한 것이 아니라 총체적 예속을 초래하였는바, 이는 스탈린주의/파시즘/획일적 대중 문화 등에서 확인할 수 있다. 비판 이론은 이어 "왜 인류가 진정으로 인간적인 상태에 들어서는 대신 새로운 종류의 야만에 처하게 되었는가"라는 물음을 제기하고, 이에 대해 계몽 그 자체, 계몽적 이성 그 자체에 원인이 있다고 진단한다. 요컨대 이에 따르면 계몽의 변증법은 계몽의 자기 파괴로서, 이는 자연에 대한 지배가 결국 인간에 의한 인간의 지배를 초래하는 것으로 해석한다.

가한다. 즉 탈근대론은 이성적 능력을 지닌 주체들의 행위를 통해, 역사의 전개 과정은 궁극적으로 인간 해방을 지향하고 있다는 근대론의 주장에 대해, 이는 역사에 일정한 목표가 내재되어 있다는 목적론의 입장으로서, 인간을 특정 목적에 예속시키는 전체주의의 다른 표현에 지나지 않을 뿐만 아니라, 나아가 인간 해방을 역사 발전의 궁극적 종착점으로 설정하는 논의 자체는 정당성이 결여된 허구적 환상에 지나지 않는 것이라고 비판한다.

또한 이성을 동력원으로 삼아 역사가 발전적인 방향으로 나아간다는 근대 역사 철학의 논리도 잘못된 것이라고 공격한다. 곧 이성 자체가 폭력적이며 억압적인 것이라면, 이성에 기초한 역사의 전개 역시 해방보다 억압의 상태로 우리를 내몬다는 지적이다. 더욱이 역사의 전개 과정은 근대론자들이 주장하듯이 이성적 방식에 따라 누적적 · 연속적인 발전의 과정으로 드러나지 않으며, 오히려 그것은 단절과 불연속이라는 우연적인 전개 과정으로 드러난다고 반박한다. 가령, 근대성의 최고 산물인 과학(따라서 과학적 지식)마저도 누적적이며 체계적인 방식으로 이루어져 결과한 것이기보다, 불연속적이며 단절적 계기에 기초해 있다는 것이 탈근대론의 기본 시각이다.

4. 인간 해방 이념의 상실과 가치론적 무정부주의

4.1 탈근대론의 현재적 의미와 의의 — 근대 역사 철학과 관련하여

탈근대론은 그것이 드러내는 한계와 난점에도 불구하고 현시점에서 의미 있는 역할을 수행하고 있다. 근대 역사 철학의 위기 상황과 관련지어 탈근대론의 의의를 추적해 보면, 우선 탈근대론은 근대 역사 철학의 문제점에 관해 근원적 차원의 비판을 가함으로써, 근대 역사 철학으로 하여금 철저한 자기 반성과 그것이 추구하는 이론적·실천적 궤도상의 지향점의 수정을 촉구하고 있다. 특히 근대 역사 철학이 이론적 토대로 삼고 있는 이성과 그것에 의거한 역사 해석의 한계를 집요하게 물고 늘어짐으로써, 근대 역사 철학이 내거는 이성 중심주의를 근본적으로 성찰해 보도록 자극하고 있다.

둘째, 근대 역사 철학이 지향하는 이성적 사회가 드러내는 총체적이며 획일화된 문화 양상의 횡포와 문제점을 비판 지적해 냄으로써, 다양성과 개성이 존중되는 다원주의적 문화를 일구어 가는 데 기여하고 있다. 이러한 탈근대론의 입장은 이성 중심의 사회 현실 속에서 문화 다원주의적 양태로 표출되면서 다양하고 상이한 삶의 방식에 대한 존중과 관용의 형태로 확산되어 가고 있다.

셋째, 탈근대론은 근대 역사 철학이 내건 인간 해방 기획의 거창한 구호 아래서 여전히 억압받고 착취당하는 사회 내 소외 계층 — 가령, 소수의 동성애자 집단이나 죄수들 — 의 입장을 대변하면서, 이성에 기초한 단 하나의 문화적 관점에서가 아니라 보다 다양화된 관점에서 이들 소외 계층의 권리와 이익을 옹호함으로써, 다원주의적 민주주의의 삶을 넓혀 나가는 데 커다란 역할을 하고 있다.

이 같은 탈근대론의 현재적 의미를 우리 사회의 현실과 연관 지어 고찰해 보면, 우선 탈근대론적 입장은 다원화된 문화 현상이 공존할 수 있는 기반을 우리 사회에 만들어 놓음으로써, 삶의 질을 고양시키고 삶의 방식에 대한 선택의 폭을 넓혀 주었다. 다음으로 그간 억압되어 온 하위 문화나 일부 특수 문화가 주류 문화로부터의 독립을 공개적으로 선언할 수 있는 분위기를 조성해 줌으로써, 다양한 문화들이 공존할 수 있는 풍토를 만들어 주었다. 이런 현상은 최근 들어 다양한 형태의 성적 담론이나 실험 문학, 새로운 예술적 시도 등이 자유롭게 이루어지고 있는 추세에서 확인해 볼 수 있다. 이에 따라 우리 사회도 위로부터 주어진 획일적 통제 문화의 횡포와 억압에서 벗어나, 주류 문화와 비주류 문화가 함께 공존하는 문화적 다원주의 시대를 맞이하고 있다.

4.2 탈근대론의 한계

근대 역사 철학에 대해 신랄한 비판을 퍼부음으로써 오늘의 시대 상황에 맞는 새로운 역사 철학 모델을 모색토록 자극하고 있는 탈근대론의 논변은, 그것이 거둔 이론적 · 실천적 성과에도 불구하고 여러 측면에서 자체의 다양한 문제점을 드러내고 있는 것이 현실이다.

우선적으로 문제가 되는 점은, 근대 역사 철학에 대한 탈근대론의 비판적 관점을 수용할 경우 더 이상 역사의 진보나 발전, 나아가 인간 해방이나 유토피아의 구현에 관해 언급하기 어렵게 된다는 사실이다. 알다시피 모든 억압과 구속에서 자유로운 상태에서 누구나 자아 실현을 이룰 수 있는 그러한 이상 사회에 대한 꿈을 접는다는 것은, 사실상 미래에 대해 아무런 희망 없이 살아갈 것을 강권하는 것과 다를 바 없다. 이처럼 유토피아라는 오아시스가 고갈되어 메말라 버린다면, 진부함과 무력감만이 지배하는 황폐한 현실의 사막만이 끝없이 펼쳐지는 세상이 우리에게 주어질 것이다.[21] 삶의 진정한 의미는 현재의 상태에 만족하기보다, 작금의 상황에서 부딪치는 문제들을 해결 극복하면서 보다 나은 상태로 나아가는 데 있기 때문이다. 다시 말해 아직 현실적으로 구현되지 않은 상태, 그것이 우리로 하여금 앞으로 실현될 상황에 대해 희망을 갖게 하며 궁극적으로 이상 사회를 희구하게 만들기 때문이다. 이러한 이유에 비추어, 우리는

---

21) J. Habermas, *Die Neue Unübersichtlichkeit*(1985), 161쪽.

역사의 진보와 해방 사회에 관한 전망을 단념하도록 강요하는 탈근
대론의 입장을 수용하기 어려운 것이다. 더욱이 역사 발전의 목적지
로서 유토피아를 포기할 경우 역사를 형성해 나가는 인간의 의지 그
리고 역사를 총체적으로 인식하는 안목마저 상실케 된다는 점에
서,[22] 그에 따라 더 이상 우리가 추구하고 실현해야 할 사회상에 대
해 언급할 수 없게 된다는 점에서, 우리는 더욱더 탈근대론에 대해
비판적인 태도를 견지하게 된다.

　둘째, 탈근대론이 견지하고 있는 태도처럼, 진리의 기준이나 윤리
적 정당성의 척도를 이성에서 확보하려는 노력을 포기한다면, 나아
가 이성이 아닌 것, 즉 비이성에서 그러한 기준을 확보하고자 시도한
다면, 그러한 윤리적 기준은 보편 타당성을 확보하기 어려울 것이다.
즉 그러한 탈근대론적 입장은, 상대적 타당성을 갖는 다수의 기준들
의 공존으로 귀착됨으로써, 궁극적으로 윤리적 혼란과 가치관의 전
도를 초래하게 될 것이다. 물론 이제껏 인간이 지닌 다양한 특성 가
운데 이성의 측면만이 집중적으로 부각되어 온 까닭에 인간이 지닌
또 다른 중요한 측면들, 즉 감성, 욕구, 욕망, 본성 등이 지나치게 억
압 통제되어 왔다는 사실을 고려할 때, 이성주의의 한계를 지적하고
왜곡된 인간의 본성을 본래의 상태로 되돌리고자 시도하는 탈근대
론적 입론은 분명 평가해 주어야 할 대목이다. 하지만 윤리적 척도
의 확립과 관련해서, 이성이 아닌 다른 것에서 그 대안을 찾고자 할
경우, 그 결과는 이성주의가 끼친 해독을 능가하게 될 가능성이 크
다 하겠다. 가령, 이성 대신 인간의 욕망이 윤리적 정당성의 기준이
되었다고 가정해 보자. 그 경우 개인들이 자신의 욕망을 충족시키는
것 — 가령, 갑자기 길을 가다 남을 흠씬 패주고 싶은 욕망을 만족시
키는 것 — 은 선한 행위이자 정상적인 행위로 간주될 것이다. 그러

---

22) K. Mannheim, *Ideologie und Utopie*(1969), 225쪽.

나 욕망을 채운 당사자는 쾌감을 느끼며 만족해할지 모르나, 그 특정인의 욕망을 풀기 위해 선택된 대상으로서의 타인이 당한 피해 — 죽도록 맞음으로써 반신불수가 될 지경에 처한 사람 — 는 어떻게 해석되어야 하는가. 결국 욕망이 도덕과 윤리의 척도가 되어 버린다면, 당연히 모든 사람은 자신의 욕망을 충족시키는 방향에서 행위하고자 할 것이며 그에 따라 어떤 행위가 옳고 그른 것인가에 대한 윤리적 판단은 불가능해질 것이다. 그리고 마침내 도덕적 혼란 상태에 봉착하면서 사회 질서가 무너지고 급기야 사회에 터하고 살아가는 개인의 삶 그 자체도 무너지고 말 것이다.

셋째, 문화 상대주의와 관련하여 탈근대론의 입장은 제한된 범위에서 실천적으로 유의미한 역할을 수행할 수 있겠지만 그 선을 넘어갈 경우 사회 붕괴를 초래할 수 있다는 점에서 근본적인 한계가 있다. 이 점은 무엇보다 탈근대론 자체의 이론과 실천 사이의 부정합성에 기인한다. 하지만 이론적 차원에서 탈근대론의 문화 상대주의적 입장이 견지될 수 있다고 해도, 실천적 차원에서 그러한 상대주의가 극단화될 경우 문화 상대주의의 문제점뿐만 아니라 윤리적 상대주의의 문제점마저 드러내면서 마침내 윤리적 무정부 상태로 귀결되어 버릴 공산이 크다. 그러므로 탈근대론적 문화론은 현대 사회에 대한 비판의 한 축으로는 유의미하지만, 그것이 총체화·전면화될 경우 사회 자체의 몰락을 일으킬 수 있다는 점에서, 거기에는 적절한 한계가 그어져야만 할 것이다. 곧 한 가지 잣대로 행위를 재는 데서 오는 문제점을 지적하는 경우에는 그 의미가 크겠지만, 그것이 절대화·전면화될 때는 극단적 상황을 유발시킨다는 점에서 엄격한 제한이 가해져야 하는 것이다.

5. 근대 역사 철학의 이론적 · 실천적 유효성

탈근대론의 관점에서 볼 때, 본질적 개념이나 범주에 입각해 논의를 전개하는 역사 철학적 입론은 개인들에게 단 하나의 문화적 삶의 방식을 강요하는 전체론적 이론 체계이다. 이는 역사 발전 과정의 최종 종착점으로 제시된 해방 사회의 구현을 위해, 개인들의 헌신과 각자에게 고유한 의미를 지닌 삶의 희생을 일방적으로 요구하는 내용으로 구체화된다.

이에 비해 탈근대론은 문화적 다원주의를 수용하여 이를 확산시킴으로써, 개인들에게 다양한 삶의 방식을 영위할 수 있는 계기를 제공해 주었다고 강변한다. 사실 오늘의 시대적 추세에 비추어 문화적 다양성과 가치 다원주의는 피할 수 없는 불가피한 선택이라 할 수 있다. 더욱이 문화적 다원주의는 현대 민주주의 이념과 그 궤를 같이하고 있다는 점에서, 바람직할 뿐만 아니라 적극적으로 권장해야 할 것으로 받아들여지고 있다. 하지만 여기에도 결정적인 문제점이 자리잡고 있다. 즉 문화적 혹은 윤리적 다원주의가 극단화할 경우, 그것은 다원주의와 다양성 그 자체가 파괴되는 무정부주의적 · 허무주의적 상태로 진입하게 된다는 점이다.

바로 이런 이유 때문에 다양한 가치 영역들의 존립을 허용하면서도 동시에 각각의 가치 영역을 관할하는 가치 기준들 사이의 객관적인 우열을 판정할 수 있는 보편적 척도가 요구된다. 알다시피 베버 이래 가치 영역은 크게 과학, 도덕, 예술의 세 영역으로 분화되었고 각각의 기준으로서, 진리성, 도덕적 정당성, 예술적 심미성이 그 역할을 수행해 왔다. 상식의 차원에서 보아도 참과 거짓의 기준(진리의 기준)과 옳고 그름의 척도(윤리적 척도)는 당연히 다를 수밖에 없다. 게다가 오늘의 다원주의적 시대 상황은 진리의 보편 기준이나 윤리적 잣대의 객관성마저 부정하고자 한다. 그러나 진리 기준의 거부와 윤리적 잣대의 부정은 결국 개인들의 다양한 삶의 양식이 터하고 있는 사회 공동체 그 자체의 질서를 붕괴시키는 결과를 낳게 된다. 그런 까닭에 진리나 도덕, 예술의 보편적 판단 기준, 특히 보편적 윤리 기준이 불가피하게 요청되는 것이다.

그런데 이 경우 이제까지 통용되어 온 기독교적 가치관이나 유교적 가치관처럼, 그 자체 독단적이고 형이상학적 내용을 내장하고 있는 가치 기준들은 더 이상 보편적인 윤리적 척도로서 그 역할을 수행하기 어렵다. 왜냐하면 오늘의 상황이 요청하는 보편적 척도는 변화된 환경, 즉 탈형이상적 시대 조건에 부합하는 것이어야 하며 그 어떤 선험적 전제나 독단적 성격도 제거된 것이어야 하기 때문이다. 그런 점에서 새로운 보편적 가치 기준은 오직 자유롭고 열린 담론(대화)의 절차적 과정에서만 확보될 수 있을 것으로 보인다. 자유롭고 평등한 의사소통의 절차(대화 절차)야말로, 한편으로 문화적 다원성을 인정하면서도 다른 한편으로 다양한 문화와 가치들 사이의 우열을 판단할 수 있는 보편적 잣대로 기능할 수 있을 것이기 때문이다.

이와 같이 탈근대론의 입장은 궁극적으로 도덕적 무정부 상태로 귀결될 가능성이 크다는 점에서 결정적인 한계를 드러낸다. 동시에 이 같은 사태가 초래되는 것을 막고 사회의 존립을 보장하는 가운데 보다 나은 인간 사회를 만들어 나가기 위해서는, 무엇보다 보편적 가치 기준과 척도가 필요하다. 사정이 이렇다면 근대 역사 철학적 논변은, 그것이 지닌 수다한 한계에도 불구하고 우리에게 보편적 가치 척도를 제공해 주는 이론 체계라는 점에서 그 역사적 의의는 여전하다고 하겠다. 뿐만 아니라 근대 역사 철학은, 우리의 삶을 보다 나은 상태로 끊임없이 가꾸어 나가도록 촉구하는 동력원의 기능을 수행하는 유토피아를 비롯하여,[23] 역사의 진보나 자유로운 정의 사회의 구현, 역사의 합리적 전개 등 우리의 삶에 지속적으로 필요하고 반성적으로 계승하여 비판적으로 재구성할 가치가 있는 긍정적이고 합리적인 요소들을 자체 내에 풍부하게 지니고 있다. 이 점에서 근대 역사 철학은 여전히 우리가 껴안고 재구성을 통해 활용해야 할 철학적 입론이다. 요컨대 근대 역사 철학과 그것의 핵심적 요소들은 아직 그 이론적 유효성을 소진하지 않았으며 실천적 차원에서도 여전히 유의미한 것으로 요청된다. 적어도 인류 역사의 현 단계에서 진보와 발전에 대한 전망과 희망을 상실해 버린 탈근대론의 허무주의적 세계상에 빠지지 않기 위해서라도 근대 역사 철학적 논의 구도에 대한 재정립은 시급하다 하겠다. 자유의 실현과 인간 해방은 인간이 존재하는 한 반드시 추구해야 할 당위론적 목표이며, 그것이 현실에서 구현되지 않는 한 우리는 그것이 실현되도록 지속적인 노력을 기울여야만 하기 때문이다.

6. 약한 역사 철학의 정립 가능성

지금까지 살펴본 것처럼, 현재의 상황은 근대 역사 철학의 논의 구도를 여전히 필요로 하고 있다. 물론 근대 역사 철학의 구체적인 내용과 체제는 전면적으로 비판되고 쇄신되어야 한다. 그렇다면 구체적으로 오늘의 시대 상황에 부합하는 새로운 역사 철학 유형은 어

---

23) 블로흐에 따르면 아직-아님(Noch-Nicht)의 상태는 존재론적으로 희망의 구조를 나타내며, 이것이 아직 완성되지 못한 상태에 놓여 있는 모든 대상들로 하여금 각자가 지닌 유토피아적 본질을 역사적 전개 과정에서 구현하도록 하면서 동시에 유토피아를 추구토록 한다. E. Bloch, *Das Prizip Hoffnung*(1968), 356-360쪽 참조.

떠해야 하는가. 그것은 적어도 다음의 두 가지 요구 사항을 충족시
킬 수 있어야만 할 것이다. 우선, 역사의 진보에 대한 긍정적 · 낙관
적 전망을 이성주의적 오류라고 공격하는 반이성주의적 탈근대론의
견해를 물리칠 수 있어야 한다. 다음으로, 필연적 법칙의 수준에서
역사 발전을 전제하는 강한 역사 철학적 입론의 선험적 한계를 넘어
설 수 있어야 한다. 사정이 이러하다면 오늘의 시대 조건에 부합하
는 새로운 역사 철학 모델로는, 두 가지 조건을 동시에 만족시키는
것으로서의 약한 역사 철학 유형이 제시될 수 있다. 왜냐하면 이러한
역사 철학 유형만이 근대 역사 철학 자체를 거부하는 탈근대론의 반
역사 철학적 · 무정부주의적 입장이 지닌 한계를 넘어서면서, 동시
에 강한 이성 중심적 역사 철학의 독단과 형이상학적 오류에서 벗어
날 수 있을 것이기 때문이다.

  그렇다면 이처럼 근대 역사 철학을 비판적으로 재구성한 약한 역
사 철학적 입론으로 수용할 만한 철학적 입장에는 어떠한 것이 있는
가. 여기서 우리는 비록 현시점에서 아직 완결된 형태를 갖춘 것은
아니지만, 적어도 이러한 자격 조건에 근접하는 논변으로 탈역사 철
학적 이 단계 사회 진화론[24]을 고려해 볼 수 있을 것이다. 이러한 입론
에 따르면, 우선 개인의 학습 과정 수준에서 이루어지는 반성적 문
제 해결 능력의 배양이야말로 보다 나은 상태를 향한 발전으로 이해

---

24) 하버마스는 진보나 발전에 대한 근대 역사 철학적 해석을 배격하고 대신 사회 진화론
   의 차원에서 이를 새롭게 파악하고자 한다. 그리하여 진보 대신 진화라는 용어를 사용
   하여 역사의 발전적 전개 과정을 설명하고자 한다. 그리하여 하버마스는 발전의 의미
   를 사회 구조 차원의 혁신적 변화로 새로이 규정하면서 이를 사회의 진화라고 부르고
   자 한다. 물론 이러한 새로운 탈역사 철학적 성격의 사회 진화론은 스펜서 등의 사회
   진화론과는 질적으로 전혀 다른 입론이며, 그런 한에서 진화라는 개념 역시 사회 유기
   체설이나 생물학적 의미에서 쓰이는 진화와는 전혀 다른 내용을 지닌다. 이와 관련하
   여 진보 개념의 사회 진화론적 해석과 탈역사 철학적 사회 진화론에 관한 개략적인
   설명은 선우현, 「진보와 보수의 공존」(1996), 38-42쪽; 선우현, 『사회비판과 정치적 실
   천』(1999), 158-161쪽 참조.

될 수 있다. 나아가 개인이 모여 이루어진 사회 전체의 차원에서도 다양한 사회적 문제를 해결할 수 있는 능력의 증진은 사회의 점진적인 발전 과정으로 인식될 수 있다. 바로 여기서 우리는 탈근대론적 상황에서 부정 · 거부되고 있는 역사와 사회의 진보와 발전에 관한 새로운 해석의 실마리를 얻을 수 있다.

이 같은 탈역사 철학적 이 단계 사회 진화론에 의하면, 학습 과정의 단계적 발전은 근대 역사 철학에서처럼 과학 기술적 · 인지적 차원에 고정되는 것이 아니라, 인지적 차원과 도덕적 · 규범적 차원, 양자에서 동시에 이루어진다. 게다가 이러한 학습 과정의 발전적 진행은 한편으로는 생산력의 발전으로, 다른 한편으로는 고도화된 규범 구조의 산출로 나타나는데, 여기서 우리는 역사의 진보를 가능케 하는 원천이 다름 아닌 두 차원의 학습 과정임을 확인해 볼 수 있다. 이때 규범 구조의 근본 토대를 이루는 것이 바로 언어적 의사소통이며, 이러한 언어적 의사소통에 의존하여 개인들은 바람직한 인간 관계와 정의 사회를 건립해 나갈 수 있다는 것이다. 물론 그러한 이상 사회의 구현을 위해서는 현 사회 구조의 실태에 대한 정확한 평가가 선행되어야 하는데, 그러한 진단의 준거틀이 바로 언어적 의사소통에 내재되어 있다는 것이 이 단계 사회 진화론의 기본 입장이다. 나아가 이러한 논거에 의거하여, 사회 관계(인간 관계)나 사회적 역할 체계는 근대 역사 철학, 특히 마르크스의 역사 철학이 주장하듯이, 생산 관계나 혹은 경제적 토대에 의해 규정되는 것이 아니라 규범화된 태도 기대에 대한 상호 주관적 인정에 근거하고 있는 언어적 의사소통을 통해서만 성립 가능하다고 본다.

이로써 학습 과정의 동학은 결국 상호 이해의 합리화로 귀결된다. 아울러 의사소통적 합리화(상호 이해의 합리화)로부터 그것과는 범주적으로 구분되는 또 다른 학습 과정의 동력원인 도구적 합리화가 파생되어 나온다. 동시에 두 합리화 과정은, 사회 구조 차원에서 체계 합리화와 생활 세계의 합리화로 표출된다. 그에 따라 이제 사회의 발전과 역사의 진보는 합리화로서 해석되는 것이 가능해진다. 요컨대 역사의 발전과 진보는 개인의 인지적/도덕적 학습 과정에서 출발하여 사회 구조의 혁신적 변화 과정(생활 세계 합리화/체계 합리화)을 통해 해명 가능한 것임이 실증적으로 입증됨으로써, 새로운 역사 철학적 입론은 탈역사 철학적 이 단계 사회 진화론의 논변으로 재구성될 수 있음을 우리에게 인지시켜 주었다. 이로써 우리는 반이성주의적·탈근대론적 상황에서, 수다한 한계를 지닌 근대 역사 철학이 그러한 난점을 지양하는 가운데 새롭게 재정립될 수 있는 가능성을 확인할 수 있게 된다. 이는 언어적 의사소통에서 발현되는 의사소통 합리성 그리고 그것과 범주적으로 구별되는 체계 합리성, 두 합리성의 전개 과정에 기초를 둔 탈역사 철학적 이 단계 사회 진화론의 형태로 구체화된다.

그러므로 새로운 역사 철학 유형으로서 이 같은 성격의 사회 진화론이 보다 완결적인 형태로 정립될 경우, 그것은 한편으로 이성주의에 기초한 강한 역사 철학 논변, 다른 한편으로 반이성주의에 근거한 탈근대론, 두 입장의 한계를 넘어 변증법적으로 통일된 보다 높은 차원의 새로운 역사 철학으로 자리잡을 수 있을 것이다. 이때 새로운 역사 철학 유형인 약한 역사 철학으로서의 탈역사 철학적 사회 진화론은 기존의 강한 역사 철학에 비해 이론적·실천적으로 보다 유리한 입장에 서게 될 것이다.

우선, 약한 역사 철학은 보편적 법칙으로서의 진보 개념을 포기하는 대신, 두 차원에서 동시에 전개되는 합리화 과정을 퇴보와 발전을 동시에 함축하는 사회적 진보로 새롭게 해석해 낼 수 있다. 둘째, 역사 발전의 주체를 그 존재성이 불투명한 거대 주체에서 찾기보다,

개별 사회와 그것에 통합된 개별 행위자를 역사 발전의 담지자로 봄으로써, 여전히 이성적 주체의 역할을 확보해 낼 수 있다. 셋째, 발전 논리(역사 발전 과정에 대한 논리적 가능 단계)와 발전 동학(실제의 경험적 전개 과정)을 구분함으로써, 역사 전개의 전망과 실제 현실에서 이루어지는 역사 전개의 실상을 명확히 포착하여 제시할 수 있다. 넷째, 발전 논리를 과학적 · 인지적 차원(노동/생산력)과 도덕적 · 규범적 차원(상호 작용/도덕 규범)으로 이원화함으로써, 노동 패러다임에 입각한 일원론적 역사 해석의 한계를 넘어설 수 있다.

다른 한편, 약한 역사 철학으로서의 이 단계 사회 진화론은 그것이 완결적 형태로 정립될 경우, 반이성주의적 탈근대론과 비교하여 그것의 이론적 한계를 넘어서는 보다 우월한 이론 체계로 자리잡을 것이라 예견된다. 무엇보다 탈근대론이 제기하는 이성 비판의 성과를 수용하여 새로운 탈형이상학적 이성을 정초 · 제시함으로써, 역사의 전개 과정에 대한 합리주의적 해석과 예측이 여전히 가능할 수 있음을 입증해 보일 수 있다. 이를 위해 약한 역사 철학은 형이상학적 · 선험적 속성을 여전히 지니고 있는 **독백적 이성** 대신, 2인 이상이 참여하는 자유로운 대화의 절차 과정에서 발현하는 탈형이상학적이며 상호 주관적인 의사소통 이성을 정초하여 제시하고 있다.[25] 둘째, 새로운 역사 철학은 의사소통 합리성에서 보편적 척도를 확보함으로써, 다양한 가치 영역의 존립을 허용하고 문화적 삶의 다양성을 인정하면서 동시에 가치 판단 사이의 우열을 판정할 수 있게 됨

---

25) 이와 함께 새로운 이성은, 누구나 참여할 수 있는 자유로운 열린 대화(논쟁)를 통해, 이성적 논증 과정을 거쳐 상호 이해에 도달하고 그로부터 합의를 이끌어내는 의사소통적 절차 과정이 모든 문화 영역의 보편적 척도(진리/도덕/예술 영역의 보편적 기준)가 되는 담론 이론의 체계에 기초해야 한다. 또한 내용상 문화적 다원성을 허용하면서도 동시에 형식상 그 우열을 가릴 수 있는 보편적인 문화 기준을 확보하고 있어야 한다.

에 따라 문화적 다원주의의 한계와 윤리적 무정부 상태를 일거에 넘어설 수 있다. 셋째, 의사소통 합리성에 기초한 거대 이론 체계를 유지할 수 있게 되어 인간 사회의 해방이나 자유로운 정의 구조 등을 여전히 운위할 수 있게 된다. 넷째, 의사소통 합리성과 목적 합리성의 범주적 구분과 그것에 기초한 두 차원의 합리화 과정에 대한 해명을 통해 역사의 발전과 진보를 해명하고 설명해 낼 수 있으며, 아울러 사회 발전과 유토피아 사회의 구현 가능성을 언급할 수 있다.

물론 이러한 내용을 지닌 이 단계 사회 진화론은 아직 완결된 체제를 갖춘 역사 철학의 최종적 형태는 아니며 정립 과정에서 여전히 다수의 문제점을 노정하고 있다. 이런 의미에서 근대 역사 철학을 비판적으로 재구성함으로써 그 형태를 완성시켜 나가는 탈역사 철학적 사회 진화론은 끊임없는 보완과 자기 성찰적인 수정이 지속적으로 요구된다. 아울러 이 점에 대한 고찰과 해명은 또 한 편의 글쓰기를 요구하는바, 이러한 작업은 다른 글을 통해 이루어질 것이다. 다만 이 글은 이 같은 이 단계 사회 진화론이야말로, 변화된 시대 상황에 맞추어 새롭게 제기된 역사 철학의 자격 조건에 부합하는 새로운 유형의 약한 역사 철학으로서 충분히 검토해 볼 만한 이론 체계라는 사실만을 강조하고자 한다. 그 이유는 새로운 역사 철학 유형으로서 이 단계 사회 진화론이 궁극적으로 수용될 수 있는가의 여부는, 그것이 지닌 다양한 문제점과 한계가 해소되면서 완결적 형태로 정립될 때까지 그 판단이 잠정적으로 유보될 수밖에 없기 때문이다.

대안적 사회 이론의 모델로서 합리성 이론
수용 가능성 검토

1. 들어가는 말

21세기를 목전에 두고 있는 현재의 상황은 한마디로 이성의 총체적 위기라고 할 수 있다.[1] 자기 성찰과 비판을 주된 특징으로 하는 근대의 자율적 이성[2]은, 한편으로 개인적 삶의 차원에서 윤리적 삶의

---

1) 이에 관해서는 V. Hösle, *Die Krise der Gegenwart und die Verantwortung der Philosophie*(1990), 13-58쪽; E. Angehrn, "Krise der Vernunft? Neuere Beiträge zur Diagnose und Kirtik der Moderne," *Philosophische Rundschau*, J. 33, H. 3/4(1986), 161-209쪽 참조.

2) 철학사나 사회 이론사에서 이성은 항상 다양한 의미와 내용을 지녀왔다. 가령 이성의 주체에 초점을 맞출 경우 이성은 반성적 통찰과 논증적 추론이라는 이성적 주체의 능력을 의미하기도 했으며, 다른 한편 그것은 이성의 담지자를 포함한 전체 세계에 내재한 질서의 법칙이나 이법 혹은 절대적 주관자를 의미하기도 했다. 하지만 근대 계몽 사상의 출현과 함께 이성은 이성적 주체가 지닌 반성적 성찰력과 비판력으로 절대화되었으며, 그 결과 인간의 이성은 자체의 내적 원리에 근거하여 세계를 있는 그대로 인식하여 드러낼 수 있는 일종의 신적 능력에 필적하는 것으로 간주되기에 이르렀다. 그리하여 주체에 대응하는 객체들로 형성된 세계 내에서 전개되는 모든 현상은 이성의 능력에 의해 완벽하게 설명될 수 있을 뿐 아니라, 미래에 대한 예측도 가능한 것으로 이해된다. 현재도 이성이 함축하는 의미는, 그것이 지닌 명칭의 동일성에도 불구하고 여전

좌표 설정을 위한 보편적 준거점을 더 이상 제공할 수 없는 상황에 이르렀으며, 다른 한편으로 사회적 삶의 수준에서 인간 해방과 정의 사회의 구현을 위한 이론적 · 실천적 지침을 제시하기 어렵게 되었다.[3] 이 같은 상황은 또한 사회 비판의 관점에서, 이성이나 합리성[4] 에 의거하여 사회 현실을 분석 · 비판하고 드러난 문제점을 해결할 적절한 방안을 강구하는 실천적 사회 이론의 수립이 어려움에 처하게 되었음을 의미한다.[5]

히 다양하게 해석되고 있다. 이와 관련하여 이성이나 합리성 개념이 지닌 다양한 의미를 의견, 행위, 인격, 표현, 평가 등의 차원에서 분류하려는 시도로는 Stefan Gosepath, *Aufgeklärtes Eigeninteresse. Eine Theorie theoretischer und praktischer Rationaltität* (1992), 21-51쪽 참조.

3) 가령 계몽적 이성의 최고 산물로 꼽히는 과학 기술은 자신에 토대를 두고 전개된 자본주의적 근대화를 통해 이성에 대한 개념 규정마저 변화시켜 버렸다. 곧 비판과 반성을 특징으로 한 계몽적 이성은 근대화 도정에서 자연을 측정하고 경험을 수학화하고 생산을 조직화하는 계산하는 능력으로서의 이성, 즉 기술적 이성으로 자신의 성격을 변화 변질시켰던 것이다. 이런 도구적 · 기술적 이성은 자본주의 사회 내의 지배적인 사유 양식을 특징 지을 뿐만 아니라 자본주의적 생산의 극대화를 위한 효율적인 조직 기구의 명령을 수용하는 데 적합한, 판단 기준과 태도를 정립하고 강화시킨다. H. Marcuse, "Some Social Implications of Modern Technology," A. Arato/E. Gebhadt(eds.), *The Essential Frankfurt School Reader*(1988), 141쪽.

4) 이성과 합리성 개념은 엄밀한 의미에서 구분 가능하지만, 이 글에서는 동일한 개념으로 사용하고자 한다. 이성은 베버에 이르러 합리성이란 표현으로 대체 사용되었으며, 이런 명칭의 변경은 이성을 시대에 뒤진 고리타분한 개념으로 바라보도록 작용했다. 가령 이성은 의식이나 영혼, 정신 같은 심리적인 것을 연상시키는 개념으로 이해되었으며, 심지어 이성을 논하는 행위 자체가 형이상학적 혐의를 감수해야 할 정도였다. 이에 비해 합리성이나 합리성에 관한 주제는 근거가 주어진 과학적인 것으로 인식되기도 했다. 이에 관해서는 H. Schnädelbach, "Einleitung," H. Schnädelbach(hg.), *Rationalität*(1984), 7-9쪽 참조.

5) 이론사적 관점에서 보더라도 현재의 상황은 이성주의나 반이성주의 가릴 것 없이 모두, 이성에 기초한 사회 이론의 정립과 그 전개 과정을 회의적으로 바라보는 추세다. 가령 이성주의적 사회 이론의 하나인 비판 이론은 사회 비판의 규범적 척도가 붕괴됨으로써, 비판 자체의 타당성을 결여하고 있을 뿐 아니라 비관적인 시대 전망을 제시하고 있다. 다른 한편 보편적 이성에 대한 전면적인 불신과 부정을 표방하는 반이성주의적 사회 이론인 권력/지식론은 비판의 근거나 척도, 실천적 대안을 내놓지 못함으로써, 결국 무정부주의적 자기 파괴의 상태를 불러들이고 있다. 그 결과 더 이상 사회 비판이나

사정이 이렇다면 자유롭고 정의로운 사회를 구현하기 위한 이론적·실천적 토대로서, 현재의 사회 상태를 객관적으로 인식·분석하고 그 결과를 규범적 차원에서 비판할 보편적 척도를 이성에서 정초하려는 시도는 이루어질 수 없는 하나의 환상에 불과한 것인가. 사회의 구조적 모순과 병폐를 치유·극복하면서 보다 바람직한 인간 사회를 달성하기 위한 정치적 실천 프로그램을 이성에 기초해 제시하는 것은 불가능한 것인가. 이성은 어떤 형태의 사회 이론에 대해서도 그것의 이론적 타당성을 보증해 줄 보편적 근거를 제공해 줄 수 없으며, 그런 한에서 이성에 기초한 해방 사회의 기획은 결국 포기되어야 할 하나의 이념에 불과한 것인가.

이 지점에서 우리는 이성의 자기 비판 및 이성의 내적 분화[6]라는 이론적 전략을 반성적으로 교정하여 탈형이상학적 시대 상황에 부합하는 새로운 합리성, 곧 의사소통 합리성의 정초를 통해, 이성의 위기 상황에서 이성을 옹호하면서 해방 사회의 기획이 이성에 바탕하여 여전히 추구 가능한 것임을 보여 주고자 시도하는 하버마스의 이론 기획을 접하게 된다. 다양성과 다원성의 추구가 유행 사조처럼 퍼져 나가고 이성의 해체를 주창하는 목소리가 더욱 기세를 올리는 시점에서, 의사소통 합리성을 이론 구성의 토대로 삼아 전개된 합리성 이론으로서의 비판적 사회 이론은 관심과 검토의 대상으로 충분하다 하겠다. 적어도 사회 질서의 유지를 위해서는 윤리적 측면에서 옳고/그름의 정당성 기준이 절대적으로 요청된다는 사실에 비추어 보더라도 이성에 대한 신뢰를 바탕으로 정립된 그의 합리성 이론은 확실

변혁, 해방 사회 등의 어구를 함부로 입에 올릴 수 없게 되었으며, 자유롭고 평등한 정의 사회의 구현은 이룰 수 없는 헛된 꿈으로 치부되는 실정이다.
6) K-O. Apel, "Types of Rationality Today: the Continuum of Reason between Science and Ethics," *Karl-Otto Apel: Selected Essays*, vol. 2(1996), 137-142쪽 참조.

히 주목받을 만하다.

　이런 점들을 고려하면서 이 글은 합리성 이론이 새로운 사회 이론의 대안적 모델로서 적극적으로 수용될 만한 것인가를 반성적으로 검토해 보는 데 일차적 목표를 두고 있다. 이를 위해 이 글은 먼저 새로운 유형의 사회 이론에 대한 모색이 필요하게 된 이론적 맥락과 시대적 배경을 살펴보고(2절), 다음으로 새로운 사회 이론의 대안적 모델로서 합리성 이론이 요청되는 이유를 다양한 측면에서 고찰해 볼 것이다(3절). 이어 합리성 이론이 갖는 이론 구조상의 핵심적 특성을 통찰해 볼 것이다(4절). 끝으로 합리성 이론이 이 시대가 요구하는 새로운 사회 이론의 역할을 충분히 수행할 수 있는가, 다시 말해 새로운 대안적 사회 이론 모델로서 수용할 만한 것인가에 대해 비판적으로 검토해 보고자 한다(5절).

2. 새로운 사회 이론의 모색 배경

2.1 총체적 이성 비판 기획의 좌초

　마르크스 사회 비판의 인본주의 정신을 계승한 고전적 비판 이론(비판 이론 1세대)은 달라진 시대적 상황하에서 현대 산업 사회의 억압적 지배 상태를 폭로·고발하고 그로부터 벗어날 새로운 대안적 사회상을 모색하고자 출현했다. 비판 이론의 성립을 초래한 시대적 상황으로는 다음의 세 가지를 들 수 있다: 첫째, 이성적 존재로서의 노동자 계급은 더 이상 역사 발전에 관한 총체적 인식을 수행할 수 없을 뿐만 아니라 혁명의 주체로서의 역할 또한 실행할 수 없게 되었다는 현실 인식이 시대적 흐름으로 자리잡고 있다는 점이다.[7] 둘째, 현실 사회주의의 변질과 왜곡된 전개로 인해 자본주의의 대안으로서의 사회주의가 지녔던 도덕적 우위성과 이상주의적 전망이 여지없이 무너져 버렸다는 점이다. 셋째, 쉽사리 붕괴될 것이라고 예견되었던 자본주의 체제가 그와는 반대로 강인한 존속력을 지니고 있음이 경험적으로 확인되었다는 점이다. 이에 따라 자본주의 비판은 새로운 차원에서 개진되어야 할 필요성이 제기되었다.[8]

이 같은 시대적 흐름 속에서 호르크하이머를 비롯한 비판 이론 1세대는 역사 철학적 이성[9]과 그것에 기초한 마르크스의 역사 유물론을 회의적·부정적인 시각에서 바라보았다. 더불어 비판 이론은, 헤겔 역사 철학에 토대를 둔 계급 의식론을 내세워 프롤레타리아 계급의 총체적 역사 인식과 그에 따른 계급 혁명이 여전히 가능한 것임을 논증해 보이려는 루카치나 코르쉬의 사회 이론에 대해서도, 그것들을 경험적으로 타당성을 입증하지 못한 하나의 환상으로 평가해 버렸다. 이제 강고한 혁명 의식으로 무장된 노동자 계급을 통한 사

---

7) 네오 마르크스주의의 선구자인 루카치가 사물화 이론과 계급 의식론을 통해 입증해 보이고자 시도했던 귀속 의식의 소유자이자 혁명의 주체로서의 노동자상(이 점은 G. Lukacs, *Geschichte und Klassenbewußtsein*(1971), 267-355쪽 참조)이 30년대 비판 이론이 성립하던 시기에 여지없이 무너지고 말았던 것이다. 즉 나치 정권의 출현과 집권 과정에서 드러나는, 전체주의에 대한 노동자 계급의 절대적 지지나 좌파 정당의 수정주의로의 변신 그리고 대중적 지지 기반의 상실 등은 혁명의 주체로서 노동자 계급에 대한 믿음을 포기하도록 만들었다.

8) J. Habermas, *Theorie des kommunikativen Handelns* 1(1981a), 490-491쪽.

9) 역사 철학적 이성 개념은 역사를 세계 정신 또는 절대 정신이 변증법적으로 자신을 전개해 나아가는 과정으로 파악하는 헤겔의 역사 철학에서 극명하게 드러난다. 헤겔에 의하면 이러한 절대 정신의 본질은 자유이며 그런 한에서 세계 역사가 토대로 삼고 있는 원리는 다름 아닌 자유의 원리이다. 이로써 세계 역사는 자유가 점진적으로 확대 실현되는 과정으로 해석된다. 이 같은 역사 철학적 진보관과 이성관에 대한 보다 상세한 내용은 G. W. F. Hegel, *Die Vernunft in der Geschichte*(1955), 28-63쪽 참조. 아울러 보편적 법칙으로서 역사 발전을 세계 이성의 본질인 자유의 이념이 발전해 나아가는 도정으로 파악하는 해석에 대해서는 J. Ritter, *Hegel und die französische Revolution*(1972), 18-39쪽 참조.

회 변혁의 가능성은 사라져 버렸다는 것이다.

이처럼 비판 이론 1세대는 마르크스의 입장뿐만 아니라 소외를 물화(Verdinglichung)로 재해석하여 이를 자본주의적 합리화에 따른 보편적이며 총체적인 현상으로 파악하려는 루카치의 입장을 비판적으로 넘어서고자 한다. 이런 시도는 특히 『계몽의 변증법』과 『도구적 이성 비판』에서 명시적으로 나타난다. 여기서 비판 이론가들은, 역사 발전의 특정 단계로서의 자본주의에 대한 비판 전략으로 루카치가 제시한 물화 개념을 서양의 전 역사 발전 과정에 확대 · 적용하여 서구 이성 비판으로 새롭게 구성한다. 요컨대 칸트적 방식의 이성 비판, 즉 초역사적인 이성 비판을 수행함으로써, 합리성 이론의 형태로서 사회 이론을 전개한다. 물론 합리성 이론의 형태로서 사회 이론을 정립하려는 시도는 이미 베버에서 그 구체적인 윤곽을 찾아볼 수 있다. 서구의 합리화 과정을 추적하여 사회의 구조적 모순을 해명하고 그 타개책을 모색하려는 베버의 사회 이론 전략은, 이성 개념의 합리성 개념으로의 대체, 아울러 합리성에 대한 개념적 재규정과 세분화를 통한 합리성(이성) 비판으로 구체화된다.

이 같은 베버적 전략을 수용한 비판 이론 역시 이성 비판, 즉 도구적 이성의 비판을 통해 그들의 이론을 개진한다. 이때 소외(마르크스)와 물화(루카치)는 이른바 계몽의 변증법의 필연적인 과정으로 설명된다. 계몽의 변증법이란 신화와 전통의 속박으로부터 인간을 해방코자 추진된 계몽의 기획이 계몽이라는 새로운 신화에 인간을 감금하는 사태, 곧 계몽의 자기 파괴[10]를 지칭한다. 비록 인간 해방을 향해 전개되었던 합리화 과정은 자연의 지배로부터 인간을 해방시켰지만 그 과정의 기저를 이루었던 계산적 · 기술적 이성이 인간 이성

---

10) M. Horkheimer/T. W. Adorno, *Gesammelte Schriften* Bd.5(1987), 13쪽.

의 본래적 특성인 비판과 반성을 마비 · 탈각시키면서 인간을 지배하는 기제로 변질되고 말았던 것이다. 이성에 힘입어 인류는 무지와 신화의 굴레로부터 벗어났지만, 그런 탈출의 통로였던 이성 자체가 계산과 목적 달성에 혈안이 된 도구적 이성으로 변질되면서 인류는 진정으로 인간적인 상태에 들어서는 대신 새로운 종류의 야만에 처하게 되었다는 것이다.[11]

이와 함께 특정 이론의 배후에 감추어진 억압에 대한 요구를 폭로하고자 시도되었던 마르크스의 이데올로기 비판은 고전적 비판 이론에 와서 마침내 전체화되어 버린다. 이에 따라 자본주의 체제의 수립과 발전을 가능케 한 토대로서의 서구 이성 자체가 이데올로기의 혐의를 받기에 이른다.[12] 곧 자본주의 체제의 억압적 · 지배적 속성을 이성에 입각하여 비판하는 지점에서 그 지배의 원천이 다름 아닌 서구 이성이라는 사실이 드러남으로써, 비판의 토대로서 이성은 자신을 고발해야 하는 사태를 맞게 된 것이다. 요컨대 계몽의 역설을 초래한 것이 이성 자신이라는 사실이 밝혀지면서 이성 비판은 총체화되고 마침내 사회 비판의 준거점이 상실되는 사태, 이른바 수행적 모순에 직면하게 되었던 것이다.

마르크스 사회 이론의 이론적 · 실천적 한계에 대한 반성에서 비롯되었던, 루카치와 코르쉬로부터 비판 이론에 걸쳐 이루어진 사회 비판의 이론적 구성 작업[13]은 이처럼 이성의 전면적 도구화와 함께 비판의 규범적 척도의 상실이라는 자기 모순에 빠지면서 제동이 걸리고 말았다. 물론 이런 문제 상황을 비판 이론가들은 정확히 인식하고 있었다. 그런 까닭에 아도르노는 이런 문제점을 『부정의 변증

---

11) M. Horkheimer/T. W. Adorno(1987), 11쪽.
12) W. Resse-Schäfer, *Jürgen Habermas*(1991), 78쪽.
13) 이 점에 관해서는 P. Anderson, *Consideration on Western Marxism*(1976) 참조.

법』에서 보다 진전된 형태로 개진하면서 끈질기게 이를 해결하고자
시도했다. 하지만 이런 모순성에서 벗어날 수 없었는데, 왜냐하면 근
본적인 이성 비판은 본질상 자기 모순을 범하기 때문이다.

 이성에 대한 근본적 비판은 원래 근대성을 의문시하거나 근대성
을 뛰어넘어 탈근대성으로 나가야 한다는 탈근대적 사상의 주된 특
성 중 하나이다. 이런 태도를 견지한 사상가로는 니체와 하이데거를
위시하여 푸코와 데리다, 가다머와 로티 등을 들 수 있다. 비판 이론
1세대인 호르크하이머와 아도르노 역시 이성에 대해 총체적인 비판
의 자세를 견지하고 있었다.[14] 하지만 이 같은 이성 비판의 자기 모
순이 드러나고 그에 따라 고전적 비판 이론이 좌초하는 상황에서 등
장한 하버마스는 좌절된 사회 비판의 기획을 새롭게 재건코자 시도
한다. 그에 따르면 이성 비판의 형식을 통해 사회 이론을 수립하려
는 이론 전략은 그것이 근대적이든 탈근대적이든, 그 추진 방향을
제대로 설정한 것이지만 그렇다고 그런 이성 비판이 총체적인 방식
으로 이루어질 필요는 없다는 것이다.[15] 이성에 대한 총체적 비판이
거둔 성과는 기껏해야 비관적으로 파산한, 문명 비판[16]에 지나지 않는
다는 것이다. 비판 이론에 대한 이 같은 진단과 함께 하버마스는 행
위 이론의 성과를 원용하여 비판의 척도로서 기능할 새로운 합리성
을 정초하고 이에 기초한 이성 비판의 전략을 수립 제시코자 한다.[17]

---

14) K.-O. Apel, "Die Herausforderung der totalen Vernunftkritik und das Programm einer
   philosophishcen Theorie der Rationalitätstypen," *Concordia* 11(1987), 3쪽.
15) 이와 관련해 하버마스는, 근대의 합리성 계기들에 관한 근본적인 사회과학적 탐구는
   아도르노의 인내하는 연습(J. Habermas, *Die Neue Unübersichtlichkeit* (1985), 219쪽)
   보다 그 성과가 훨씬 크다는 점을 강조한다.
16) J. Habermas, *Kleine politische Schriften* I-IV(1981), 483쪽.

2.2 시대 상황에 부합하는 사회 이론의 조건

하나의 이론이 사회 비판의 이념을 구현할 사회 이론으로서 기능을 제대로 수행하기 위해서는 최소한 다음과 같은 기본 조건들을 충족시켜야만 한다.[18] 먼저, 사회 현실을 이론적 · 경험적 차원에서 정확히 통찰 분석할 수 있어야 한다. 다음으로, 면밀한 분석을 통해 드러난 현상과 문제들을 비판 평가할 수 있는 규범적 척도를 확보하고 있어야 한다. 동시에 제기된 사회 비판은 보편적으로 받아들일 수 있는 정당성을 지니고 있어야 한다. 끝으로, 현실 분석과 규범적 차원의 시대 진단을 통해 드러난 사회의 모순과 병리들을 처리 해결할 수 있는 문제 해결 능력을 갖추고 있어야 한다. 이 같은 조건들을 충족시킬 경우에 비로소 하나의 사회 이론은 이 시대가 요구하는 실천적 이론틀의 자격을 갖추고 있다고 말할 수 있다.

이런 기본 조건들은 다음과 같은 성격을 지닌다. 우선, 그것들은 근대 이후에 전개된 사회 이론사의 맥락에서 인간 해방의 이념을 구

---

17) 이런 하버마스의 의도는 한 인터뷰에서 그 윤곽을 엿볼 수 있다. "아도르노는 이론적 사상을 잠언(箴言)의 형태로 극단화했으며 단편적 생각들을 곧바로 프로그램으로 고양시켰다. 내가 보기에 그는 또한 학문적 진취성과 상당한 거리를 두고 있었다. 이로부터 세 가지 결점이 초래된다. 우선, 비판 이론은 사회과학과 분석 철학에서 발전된 이론적 접근 방식을 진지하게 수용하지 않았으며 그런 접근 방식과 체계적으로 결합되지도 못했다 ― 그런 방식은 비판 이론의 의도와 본질적으로 일치될 수 있는 것이었다. 둘째, 그 때문에 비판 이론은 추상적 차원에서 이루어지는 도구적 이성에 대한 비판의 형태로 도피했으며, 고도로 복잡한 사회적 실재에 대한 경험적으로 내용이 풍부한 분석 작업에 충분히 기여하지 못했다. 끝으로, 비판 이론은 자신의 규범적 토대와 자신의 고유한 지위에 대해 모호한 해명만을 제시했다. 아도르노는 자신이 항상 암묵적으로 주장했던 이성 개념에 대한 체계적인 근거 제시의 가능성을 부인했다. 이런 난점이 바로 나로 하여금 의사소통 행위 이론, 다시 말해 타당성 요구를 지향하는 행위 이론을 완성하도록 만든 이유이다." J. Habermas(1981), 483-484쪽.

18) 이에 관해서는 J. Habermas(1981b), 548-593쪽; R. Roderick, "Preface," *Habermas and the Foundations of Critical Theory*(1986), x-xi쪽 참조

현코자 등장했던 마르크스의 역사 유물론에서 시작하여 베버와 짐멜의 합리화 이론, 루카치로 대표되는 네오 마르크스주의, 고전적 비판 이론을 거쳐 탈근대적 사회 이론과 하버마스의 사회 이론에 이르는 사회 비판의 전통에서 도출된다. 둘째, 이런 조건들은 하버마스가 고전적 비판 이론의 약점으로 지적한 내용들, 즉 비판의 규범적 토대의 미확보나 진리와 학문에 대한 모호한 태도, 민주-법치 국가적 전통에 대한 과소 평가[19] 등을 이론적·실천적 차원에서 넘어서기 위한 궤도 수정의 장치들이라 할 수 있다. 셋째, 그런 조건들은 이성 비판의 형태로 개진된 비판 이론의 기획이 좌초하면서, 상대적으로 영향력을 급속히 확산시키고 있는 반이성주의적 사회 이론들에 맞선 대항 이론의 수립을 위한 이론적 전제들이기도 하다. 끝으로, 이런 정립 조건들은 기존의 다양한 비판적 사회 이론 유형들이 지닌 이론적 난점과 한계를 비추어보는 준거틀이자, 문제점들을 해결하여 보다 완벽한 사회 이론을 확립하기 위한 이론 구성의 지침이기도 하다. 따라서 사회 이론의 정립 조건에 의거하여 기존의 사회 이론들에 대한 검토 작업을 통해 그것들의 한계나 약점을 보다 선명히 드러낼 수 있다. 이렇게 볼 때 완결적 형태의 사회 이론의 수립을 위한 근본 조건들은 좌초된 비판 이론 기획을 새롭게 재건하기 위한 전제 조건일 뿐만 아니라, 동시에 과거로부터 현재에 이르기까지 다양한 사회 이론 유형들의 장단점을 드러내어 평가하는 비판적 준거점으로 기능한다.

그런데 앞에서도 언급한 대로 이성에 대한 회의와 불신이 팽배해 있는 현시점에서 특히 사회 이론의 정립 조건 중 관심을 모으는 것은 비판의 규범적 척도의 확보이다. 이 점은 특히 윤리적 차원에서

---

19) J. Habermas(1985), 171쪽.

제기되는 옳고 그름의 보편적 기준의 확보와 관련하여 주목을 받고 있다. 주지하다시피 현재의 상황은 이성에 대한 불신과 함께 진리나 도덕에 관한 유일무이한 보편적 잣대의 존재가 부정되면서, 다양성과 다원성에 대한 추구가 새로운 시대적 미덕으로 각광받는 분위기가 주도하고 있다. 하지만 사회 질서가 유지되고 그 속에서 개인들이 자유롭게 각자의 삶을 영위하기 위해서는 실천적 차원에서 옳고 그름의 윤리적 정당성을 판별하는 보편적 기준이 요구된다. 아울러 이런 보편적 기준은 이성 외의 그 어느 것에서도 정초되기 어렵다. 물론 이때 보편적 기준의 확보를 위한 지반으로서의 이성은 전통적으로 통용되어 온 형이상학적 실체로서의 이성이 아닌 새로운 시대 상황에 부합하는 성격의 이성을 필요로 한다. 바로 이런 현실을 고려할 때, 비판의 규범적 척도를 확보하는 과제야말로 그 어느 시대보다 중요하게 사회 이론에 부여된 과제이며, 이런 점에서 사회 이론은 변화된 시대 상황에 부합하는 조건들을 제대로 충족시킬 수 있는 형태를 갖추어야 한다.

3. 사회 이론의 정립 형태로서 합리성 이론의 요청

3.1 이성의 총체적 위기 상황

오늘날 인류 사회는 총체적인 위기 시대를 맞이하고 있다. 가령 국가적 · 지역적 경계를 허물면서 전 지구적 차원에서 중대한 문제로 떠오르고 있는 생태계 파괴의 심각성, 일순간 인류에게 대재앙을 안겨줄 수 있는 핵발전소의 방사능 누출 사고의 위험성 증대, 인간 복제 단계에 접근하고 있는 생명 공학이 초래할 가공할 사태의 가능성, 전세계적 경제 공황의 위험성을 예견해 주고 있는 지구촌 곳곳의 경제적 불안 징후 등 실로 위기에 처하지 않은 분야가 없을 만큼 인류 사회는 총체적인 난국에 처해 있다.[20]

이런 위기는 이성 또는 합리성과 불가분의 관계를 맺고 있다. 가령 자율적이며 이성적인 사회의 구현을 목표로 한 계몽의 기획을 추진함에 있어 중추적인 역할을 수행한 과학 기술이 인류에게 미친 긍정적 기여 못지 않게, 환경 파괴를 비롯한 숱한 재앙과 병리적 사태를 동시에 제공했다는 점은, 현재의 위기 상황과 이성 양자간의 상호 연관성에 관해 많은 것을 시사해 준다. 과학 기술은 이성의 산물 가운데 가장 뛰어난 성과물로 평가받고 있기 때문이다. 결국 이런 부정적인 사태에서 보여지듯이, 이성에 기초한 계몽의 기획은 인류에게 자유와 해방을 가져다주기보다 결과적으로 새로운 차원의 위기 상황을 야기하고 있는 것이다.

이처럼 계몽과 그것의 추진 과정으로서 근대적 합리화가 결과한 위기 상황은 이성 자체에 대한 커다란 불신과 회의를 낳고 있다. 합리화의 비합리적 결과에 따른 현재의 위기는 이성 자체에 내재한 자기 파괴적 속성 — 가령 과학적 합리성과 사회적 합리성 사이의 균열과 격차 — 에 따른 불가피한 귀결[21]이라는 인식이 팽배해 있다. 이에 따라 현재 인류가 직면한 총체적 위기를 벗어남에 있어서, 이성은 더 이상 문제 극복의 해결안을 제시해 줄 수 없다는 비관주의적

---

20) 현재 인류가 맞고 있는 전면적인 위기 상황은 이전에 존재했던 일회적이며 우연적인 위기 상황과 달리 특정 지역이나 집단에 국한되는 대신, 국가적 · 지역적 · 문화적 경계를 넘어 모든 영역으로 확산되는 경향을 띤다. 이와 관련해 벡은 현대 인류 사회를 전지구적 차원의 위험 사회로 규정한다. 그에 따르면 이런 위기는 산업 사회 내부에서 전개되는 근대성과 반근대성 간의 내재적 모순에서 초래된다. U. Beck, *Risko-gesellschaft. Auf dem Weg in eine andere Moderne*(1986), 17-18쪽 참조.
21) U. Beck(1986), 38-40쪽 참조.

이성관이 확산되고 있다.

이성(또는 합리성)에 대한 부정과 의혹의 눈길은 이성에 관한 비판적 논쟁을 거쳐 다양한 이론의 형태로 구체화된다. 그 중에는 근본적 비판을 넘어 ─ 의도했든 아니든 ─ 이성 자체의 폐기나 해체를 내세우는 이론적 입장도 있다. 가령 데리다로 대변되는 이른바 해체론이 대표적 경우이다.[22] 그런데 이처럼 이성을 둘러싸고 전개되는 찬/반 논쟁에서 쟁점은, 첫째, 이성(합리성)은 더 이상 보편적 진리와 행위 정당성의 준거점으로 작용할 수 없는가, 둘째, 궁극적으로 이성(합리성)이 야기한 현대의 위기가 다시금 이성을 통해 극복될 수 있는 방안은 없는가, 끝으로, 이성에 기초한 계몽의 기획은 여전히 추구 가능하며 나아가 성공적으로 완수될 수 있는가 등이다.

이런 논쟁 과정에서 반이성주의 입장은 이른바 로고스 중심주의를 비판하면서 보편적 척도로서 기능하는 이성을 전면적으로 거부한다. 이성을 옹호하는 입장 역시 의식 철학에 기초한 실체로서의 이성이나 도구적으로 축소된 일면적 합리성의 전횡이란 맥락에서 로고스 중심주의를 비판한다. 그럼에도 반이성주의가 현 위기의 원인을 이성 자체로 보아 이성을 철저히 배격하고자 하는 반면, 이성주의는 작금의 위기 상황을 벗어날 방안을 여전히 이성에서 강구하고자 한다. 곧 이성의 전면적 거부나 해체가 아닌 이성에 대한 새로운 개념 규정과 정초, 이성의 다원적 분화를 통해 위기 탈출의 방안을 모색하고자 한다.[23] 비록 위기의 원천이 이성에 있다고 해도, 이런 상황을 야기한 이성의 내적인 문제점과 한계 등을 비판적으로 반성하

---

22) 데리다의 해체나 해체의 일반 전략에 관해서는 V. Descombes, *Le meme et l'autre* (1979), 162-166쪽; R. Boyne, *Foucault and Derrida: The other side of reason* (1990), 90-108쪽 참조.

23) 이 점에 관해서는 K.-O. Apel, "Das Problem eniner philosophischen Theorie der Rationalitätstypen," H. Schnädelbach(hg.), *Rationalität*(1984), 15-31쪽 참조.

고 위기에서 벗어날 극복안을 모색하는 것도 결국은 이성을 통해서, 아울러 이성에 의거해서만 가능하다는 것이 이성주의의 관점이다.

이처럼 오늘날 이성이 처한 위기적 상황이 우리로 하여금 다시 이성과 그것이 야기한 다양한 사회·문화적 현상들에 대해 깊이 있는 숙고와 반성 그리고 비판적 논의를 전개하도록 촉구하고 있다. 동시에 이런 문제들을 체계적으로 분석 설명하고 그에 대한 해결책을 제시할 수 있는 새로운 유형의 사회 철학을 요구하고 있다. 아울러 이같은 맥락에서 현대 철학의 가장 중요한 주제는 합리성(이성)과 그것의 한계에 관한 문제[24]라고 할 수 있을 것이다.

3.2 이론 구성의 토대로서의 새로운 합리성 개념의 필요성

새로운 사회 이론을 수립함에 있어 충족시켜야 할 조건들 가운데 특히 중요한 것은 사회 비판의 규범적 토대의 확보와 관련된 조건이다. 즉 특정 개인이나 집단의 이해 관계에 입각한 자의적이며 독단적인 비판의 관점이 아닌, 누구나 수용할 수 있는 비판의 보편적 척도를 확보하는 것이 요구된다. 왜냐하면 이성 비판의 방식으로 사회 이론을 전개했던 고전적 비판 이론이 실패하게 된 궁극적인 원인은 다름 아닌 비판의 척도의 상실에 있기 때문이다.[25] 그런데 사회 현상을 단지 가치 중립적 입장에서 객관적으로 기술(記述)하는 데 그치

---

24) W. C. Zimmerli, "Die Grenzen der Rationalität als Problem der europäischen Gegewartsphilosophie," H. Lenk(hg.), *Zur Kritik der wissenschaftlichen Rationalität* (1986), 327쪽.

25) 이런 이유에서 비판적 사회 이론을 새롭게 건립하고자 시도하는 하버마스에게 있어, 상실된 비판의 기준을 마련하고 그것을 규범적 차원에서 정당화하는 과제는 그의 사상 전후기를 관통하는 일차적인 철학적 목표로 설정된다. H. Gripp, *Jürgen Habermas. Und es gibt sie doch — Zur kommunikationstheoritischen Begründung von Vernunft bei Jürgen Habermas*(1984), 7쪽.

지 않고 그것을 규범적 차원에서 비판하고 진단할 수 있는 보편적 준거점은 합리성에서만 정초될 수 있을 것으로 예견된다. 왜냐하면 계급적 · 계층적 이익이나 주관적 이해 관계를 넘어설 뿐만 아니라 충동적 · 일시적이지 않으면서 상황에 따라 변하지 않고 누구나 보편 타당한 것으로 받아들일 수 있는 비판의 관점은 적어도 현재로서는 합리성의 보편적이며 규범적인 측면에서 확보될 수밖에 없기 때문이다.[26] 바로 이런 맥락에서 합리성 개념은 보다 완벽한 비판적 사회 이론의 수립을 위해 필수적으로 요청된다.

물론 새로운 사회 이론이 성공적으로 정립되기 위해서 요구되는 합리성 개념은 그 자격 조건에 엄격한 제한이 가해져야 한다. 우선 관념론에 뿌리를 두고 있는 형이상학적 실체로서의 합리성 개념은 일차적으로 제외된다. 그런 합리성 개념은 그 자체 입증될 수 없는, 자의적으로 근거 지어진 독단적인 개념으로서 보편적 타당성과 정당성을 결코 확증하지 못한다. 이런 점에서 사회 이론의 토대로서의 자격 조건에 부합하는 합리성 개념은 탈형이상학적인 것이어야 한다. 더불어 그것은 포괄성과 절차성, 규범성을 함의한 탈주체 중심적이며 상호 주관적 차원의 합리성 형태[27]이어야 한다. 여기서 포괄성이란 로고스 중심주의로 인해 야기된 근대의 다양한 병리적 현상들

---

26) 물론 이 경우에도 목적 달성에 적합한 수단 선택에 주된 관심을 갖는 도구적 합리성이나 경험적 분석이 중심이 된 형식적 합리성 등은 자격 조건에 미달된다. 아울러 감성이나 본성을 비롯한 이성의 타자로서의 비(非)이성에서도 비판의 보편적 척도를 확보하는 길은, 적어도 현재로서는 불가능해 보인다. 결국 대안은 그 이전과는 다른 새롭게 정초되는 합리성 개념뿐이다.

27) 이렇게 볼 때 하버마스가 핵심 개념으로 내건 새로운 합리성 형태는 자연의 이법이나 선험적 실체 혹은 의식 철학적 주체의 능력처럼, 기존에 통용되던 합리성 개념과는 그 위상을 달리한다. 그가 내세우는 합리성은 넓은 의미에서 이성적 존재의 반성적 통찰과 비판의 능력을 포함하기는 하지만 본질적으로 두 사람 이상의 언어 행위 능력 소유자들간의 의사소통 과정에서 발현되는 상호 주관적 차원의 언어적 이성, 즉 대화적 합리성이나 절차적 합리성으로서의 의사소통 합리성을 의미한다.

에 대한 비판적 접근과 진단 그리고 해결책의 제시를 위해 요구되는 조건을 가리킨다. 이런 포괄성에 의거할 때 이른바 합리화의 역설은 합리성의 도구적 일면화에 의해 초래된 사태임이 밝혀진다. 절차성은 비판이 자의적이거나 그 근거가 외부에서 주어진 선험적인 경우를 배제키 위해 요구되는 조건이다. 즉 비판의 보편적 타당성을 보장하기 위해서는 비판의 근거가 일상의 대화로부터 제도화된 정치적 토론의 장에 이르는, 일련의 절차적 담론(대화)의 과정을 통해서만 확보되어야 한다는 것이다. 이처럼 탈형이상학적 조건에 부합하는 합리성 개념의 중심적 특성이 바로 절차성이다. 끝으로, 규범성은 합리성이 단지 사회 현상을 가치 중립적 관점에서 객관적으로 분석, 기술하는 데 머무는 것을 방지하는 조건이다. 즉 규범성이란 현실에 대한 객관적 분석을 넘어 그 결과를 평가 진단하고 적절한 처방책을 제시함에 있어 그 토대로서 작용하는 조건이다.

3.3 사회 이론사적 전통으로서 이성 비판의 승계

흔히 오해받고 있듯이 계몽의 기획이 단지 이성의 절대화만을 추구한 것은 아니었다. 거기에는 이미 계몽의 기획이 기초하고 있는 이성 자체에 대한 자기 반성적 비판의 과제가 이성 자신에 주어져 있었다.[28] 백과전서파를 비롯한 일군의 계몽주의자들은 인간의 이성적 능력이 궁극적으로 반이성적 사회의 건립으로 귀착될 위험성을 감지하고 있었으며, 루소와 같은 낭만주의 사회 이론가들은 이성이

---

28) 계몽의 기획은 단순히 효율성의 확보에 진력하는 도구적 합리화만을 전개한 것은 아니다. 거기에는 계몽의 기획이 기초하고 있는 이성 그 자체에 대한 자기 반성적 비판의 의도가 이미 놓여져 있었다. 다시 말해 계몽의 이념은 비판의 이념과 분리될 수 없는 불가분의 관계를 맺고 있었다. A. Casana, *Geschichte als Entwicklung?*(1988), 376 쪽.

인도한 문명 사회의 반이성적 야만성을 끊임없이 경고하기도 했다.[29] 이런 이성의 주관화·절대화에 대한 우려의 목소리는 마침내 칸트에 이르러 인간 이성 자체에 대한 비판과 계몽의 이념에 대한 반성을 철학의 일차적 과제로 상정하는 결과로 이어진다. 칸트의 이성 비판론은 데카르트가 대표하는 대륙 이성론과 흄의 회의주의 사이의 대립 구도를 이성 비판과 이성의 자기 분화를 통해 극복하면서 이성을 옹호하고자 시도된 이론 기획이다.

헤겔과 마르크스에 의해 부활된 강력한 이성주의와 그에 맞선 니체의 반이성주의, 양자의 대립을 합리성 개념의 분화와 형식 합리성에 대한 비판을 통해 해소하면서, 이성의 위기를 극복하고 이성을 보전하고자 등장했던 이론 기획이 베버의 합리화 이론이다. 그는 합리성과 그것의 전개 과정인 합리화에 기초해 사회 이론을 전개한 선구적 사상가였다. 그는 다양한 합리성 개념들에 의거하여 자본주의 사회의 성립과 그 발전 과정을 분석함으로써 자본주의적 근대화가 끼친 긍정적 기여와 한계를 지적해 낼 수 있었다.

루카치는 베버와 짐멜의 합리화 이론[30]을 마르크스의 상품 물신론과 결합하여 자본주의의 소외에 대한 비판 이론으로서 물화 이론을 제시했다. 루카치의 이론적 핵심을 계승한 고전적 비판 이론의 경우도 합리성에 의거해 자본주의 사회를 비롯한 서구 사회 일반을 비판적으로 분석하고자 한다. 이른바 합리성에 기초한 합리성 비판의 전략을 사용하여 비판 이론가들은 자본주의의 물화를 도구적 합리성의 전횡으로 파악하면서 서구의 근대화 과정에서 빚어진 부정적 결과

---

29) 이에 관해서는 T. W. Luke, *Social Theory and Modernity*(1990), 93-127쪽 참조.

30) 짐멜의 합리성 개념과 합리화 이론에 관한 간략한 설명은 D. Levine, "Rationality and Freedom: Weber and Beyond," P. Hammilton(ed.), *Max Weber: Critical Assessments 2*, vol. 4(1991), 217-219쪽 참조.

를 계몽의 자기 파괴,[31] 곧 합리화의 비합리성으로 규정하여 고발한
다.

최근 관심을 모으고 있는 탈근대적 사회 이론들 역시 기본적으로
이성 비판을 이론 전개의 방식으로 삼고 있다. 물론 탈근대적 입장
은 이성에 대해 근본적인 차원에서 비판을 제기하며 여기서 한 발
더 나아가 보편적 이성의 존재를 부정하면서 이성의 해체를 주창한
다.

이처럼 근대 이후 출현한 다양한 유형의 사회 이론들이 이성이나
합리성을 토대로 삼아 이론을 구성 개진하고 있는 점은 비판적 사회
이론의 정립 조건에 비추어 적합한 이론 구성적 전략을 채택한 것이
다. 하지만 기존의 사회 이론들은 여러 가지 이론적 난점을 드러내
면서 비판 이론 1세대에 이르러 자기 모순에 처하고 말았으며, 이어
등장한 탈근대적 사회 이론은 이성에 대한 철저한 비판을 넘어 그것
의 존재를 부인하는 상황에 이르고 있다.

하버마스적 관점에 따르면, 고전적 비판 이론이 부정적 결말에 이
르거나 탈근대적 입장이 이성의 부정에 도달하게 된 것은, 비록 이
성 비판에 초점을 맞춘 합리성 이론의 형태로서 이론을 전개한다는
점에서는 사회 이론의 정립 방향을 제대로 잡은 것이지만 그 토대가
된 합리성을 의식 철학적 주객 모델에서 확보하고 있다는 점에서 실
패는 이미 예견되어 있다. 요컨대 역사 철학적 사유 방식과 의식 철
학의 주관성 모델에 기초한 다양한 형태의 사회 이론 기획은 파산할
수밖에 없다는 것이다. 이에 따라 하버마스는 상호 이해 지향적 언
어 사용에 놓여 있는 이성, 곧 의사소통 합리성에 기초한 합리성 이론
의 형태로서 새로운 사회 이론을 정립하는 체계적인 과제를 사회 철

---

31) M. Horkheimer/T. W. Adorno(1987), 18쪽.

학의 임무로 설정한다. 그런데 합리성 이론을 완성하기 위해서 철학은 사회과학들과 협력해야만 한다. 합리성 이론은 선험적 근거 정립이라는 의미에서 토대를 마련하거나 정당화하는 지위에 있어서는 안 된다.[32] 이런 점에서 하버마스는 근거 제시에 있어서 일체의 토대주의를 거부한다. 이런 맥락과 관련해, 지금까지 사회 이론의 전개과정에서 드러난 이론적 딜레마를 타개하면서 보다 완결적 형태의 비판적 사회 이론을 확립하기 위해서는 무엇보다 이론 구성의 기본틀로서 합리성 이론을 새롭게 정식화할 필요성이 제기된다.

이런 재정식화의 과제는 의사소통 합리성에 중심을 둔 합리성 이론의 형태로 구체화된다. 하버마스는 이런 과제의 성격을 다음과 같이 밝히고 있다: "이 연구를 통해, 나는 비판적 사회 이론의 규범적 토대를 해명하는 의사소통 행위 이론을 도입하고자 한다. 의사소통 행위 이론은 기존의 낡은 비판 이론이 아직도 매여 있는, 그렇지만 더 이상 근거 없게 된 역사 철학에 대한 하나의 대안적 입론이다… 상호 이해를 지향하는 언어 사용에 들어 있는 의사소통적 이성 개념과 함께 사회 이론은 다시금 체계적인 과제를 철학에게 기대하게 된다. 아울러 사회과학은 합리성 이론을 정립하는 과제를 떠맡은 철학과 협력적인 관계를 맺게 된다."[33]

요컨대 의사소통 합리성을 핵심으로 삼아 합리성 이론의 형태로 새롭게 정립되는 사회 이론 기획은 이제까지의 여러 사회 이론들이 제시한 합리성 개념에 대한 이론적 해명의 한계와 난점을 보완·극복하려는 의도에서 출발한다. 여기에서 사회 이론사에 등장한 노동이나 권력, 물화 등의 범주나 그것에 기초해 이론을 정립한 주요 사회 이론들의 내용은 합리성의 범주로 환원되어 재해석될 수 있으며,

---

32) W. Resse-Schäfer(1991), 46쪽.
33) J. Habermas(1981b), 583-584쪽.

합리성 이론의 관점에서 재구성될 수 있다는 이론적 전략이 담겨져 있다. 동시에 재구성을 통해 선구적 사회 이론이나 동시대의 경합적 사회 이론들이 내건 범주의 한계와 그에 기초한 이론 구성의 문제점을 극복할 수 있다는 계산 또한 전략 속에 내재되어 있다.

3.4 변화된 사회 현실의 해명을 위한 이론틀의 필요성

오늘날 후기 자본주의 사회의 주된 특징으로는 우선 자본주의 체제의 안정적 유지를 담보하기 위해 국가의 개입이 현저히 증대하고 있다는 섬, 아울러 노동력을 대신하여 과학·기술이 중심적 생산력으로 등장했다는 점을 들 수 있다. 자유 경쟁에 바탕한 자본주의 체제의 기능적 자율성이 더 이상 보증되지 못하는 상황에서, 경제에 대한 국가의 간섭이 증대함에 따라 국가와 시민 사회(경제) 사이의 구분이 모호해지면서 급기야 국가는 더 이상 마르크스적 의미의 단순한 상부 구조가 아니라는 결론이 도출된다. 오히려 그와는 반대로 후기 자본주의하의 (시민) 사회야말로 이미 행정 국가로 변질된 국가의 산물이라는 견해가 공감대를 형성하고 있다.

이 같은 현실 속에서 정치는 시급한 사회의 현안을 해결하거나 보다 정의로운 사회를 구현하기 위한 방법을 강구하는 등의 실천적 문제를 다루는 것으로서 더 이상 간주되지 않는다. 후기 자본주의에서 정치란 경제 체계의 안정과 지속적인 성장을 유지하기 위해, 경제적 효율성을 저해하는 요인들을 제거하는 작용, 곧 기술적인 문제들을 해결하는 과정으로서 이해된다. 정치를 이같이 의미 규정할 경우, 개인들 사이의 자유로운 의사소통을 거쳐 국가적 당면 과제와 안건들이 협의되고 결정되는 일련의 과정은 당연히 비효율적인 것으로 간주된다. 그에 따라 국가의 행정적 사항은 시민들의 의견 수렴 과정

을 생략한 채, 행정 관료와 기술 관료들에 의해 일방적으로 결정된
다. 물론 기술 관료들에 의해 처리되는 일방적인 정책 결정 과정은
표면상 최첨단 과학 기술력에 의거해 모든 개인들의 이해 관계를 원
만히 처리하고 그들의 다양한 욕구를 충족시켜 줄 수 있다는 왜곡된
환상을 개인들에게 끊임없이 주입한다. 그 결과 사회 성원들은 과학
기술이 지닌 탈가치 관련적 기술적 합리성에 종속되면서 사회 현실
에 대한 비판적 의식과 반성적 통찰력을 상실하게 되고 급기야 대중
들의 탈정치화가 초래된다. 더불어 기술 관료제의 지배 구조가 더욱
공고해지고 그것이 개인의 고립·소외와 연결되면서 후기 자본주의
의 가장 중요한 문제로 떠오른다. 여기서 과학 기술은 해방 사회의
구현을 위한 추동력이 아니라, 기술 관료제의 억압적 지배 질서를
정당화하는 도구로서 그 정체를 드러낸다. 게다가 **자본주의적 성장
의 원동력**을 어느 정도 유지하고 아울러 자본주의적 소유 구조를 그
대로 나둔 채, 성장분에서 얻어지는 체계 순응적 보상을 통해 전통
적 의미의 계급 갈등을 무마할 수 있는 체계를 만들어낸 이른바 사
회 국가적 대중 민주주의와 국가 개입주의는, 현재 그런 체계가 제
대로 작동되지 않는 위기 상황을 맞이하고 있다.[34]

　그런데 이처럼 질적으로 현저히 달라진 후기 자본주의 사회에서
새롭게 출현한 문제들을 해명함에 있어 기존의 사회 이론들은 부적
합하며, 한계점을 노정한다. 하버마스에 의하면 후기 자본주의를 분
석하는 데 역사 유물론적 분석틀이나 정치 경제학적 탐구 방식은 방
법론적으로 적합치 않다. 아울러 고전적 비판 이론의 사회 비판 방
식, 즉 도구적 이성 비판 역시 불충분하며 거기에는 새로이 기능적
이성 비판이 요구된다. 그에 따르면 근대 이후 전개된 다양한 사회

34) J. Habermas(1985), 181-182쪽.

현상들(특히 합리화의 역설), 사회 구조의 변화, 복잡 다원화된 후기 자본주의 사회 등의 본질을 제대로 포착 파악하기 위해서는 다양한 합리성 개념들을 중심에 둔 사회 이론이 요청된다는 것이다. 그럴 경우 비로소 근대 사회의 핵심적 고리가 합리성이며, 동시에 사회 발전과 진화의 근본적 계기 역시 합리성임을 밝힐 수 있다는 것이다. 이와 관련하여 이론사적 맥락에서 베버의 합리화 이론은 현재의 후기 자본주의 사회의 난점과 한계를 규명하고 그것을 넘어설 대안을 제시할 수 있는 이론틀을 확보함에 있어서 가장 적합한 이론 모델을 제공한다.

하버마스는 이런 베버적 모델을 원용하여 후기 자본주의 사회에 대한 분석과 비판을 위해 적합한 이론틀로서 합리성 이론을 내세운다. 여기에는 베버가 탈주술화(Entzauberung)[35]를 통해 밝혔던 것처럼, 근대 세계는 합리성과 합리화의 계기들로 규정된 세계라는 경험적 사실에 대한 하버마스 자신의 확인이 주요 동기로 작용하고 있다. 최소한 사회 이론이 비판적 사회 이론의 자격을 갖추기 위해서는 무엇보다 근대 사회로의 이행을 가능케 한 비자발적으로 선택된 합리성의 분화와 그 과정으로서 근대적 합리화를 제대로 해명할 수 있어야 한다. 더불어 지금도 진행 중에 있는 이중적 의미의 합리화, 곧 사회적 합리화의 변증법의 본성을 제대로 드러내 보여줄 수 있어야 한다. 이런 점에서 하버마스는 이미 『역사와 계급의식』, 『계몽의 변증법』의 중심 주제였던, 사물화로 해석된 사회 병리적 현상들을 적확히 해명·진단할 수 있는 근대성의 이론을 발전시키려는 의도[36]에서 합리성 이론을 제시한다.

---

35) M. Weber, *Gesammelte Aufsätze zur Wissenschaftslehre*(1988), 594쪽.
36) J. Habermas(1985), 180쪽.

4. 합리성 이론 모델의 이론 구조상의 특성

다른 관점의 사회 이론을 고려할 수 있음에도 불구하고[37] 합리성 이론으로서 사회 이론을 개진하고자 시도하는 하버마스의 이론 기획에서, 합리성 이론은 단지 다양한 합리성 개념의 의미를 분석하거나 합리성 개념들의 논리적 사용 방식을 탐구하는 메타 이론적 작업에 국한된 협의의 합리성 이론을 가리키지 않는다. 아울러 사회 이론에 비판의 규범적 토대를 제공하는 철학적 이론으로 제한되지도 않는다.[38] 오히려 합리성 이론은 의사소통 합리성을 위시한 합리성 개념들을 이론 정립의 토대로 삼아 그것들에 의거해 현실을 분석하고 그 결과를 규범적 차원에서 비판 평가할 뿐만 아니라, 현실의 모순적 사태를 실제로 극복할 실천적 대안을 제시하는 비판적 사회 이론의 유형으로 해석된다. 다시 말해 합리성 이론은 이론의 차원을 넘어 실천적 지평에서, 보다 나은 인간 사회의 구현을 위한 현실 변혁적 힘을 갖춘 실천적 이론틀로 기능하고자 기획된 것이다. 이런 한에서 합리성 이론은 이론과 실천이 변증법적으로 통일된 비판적 사회 이론의 근본틀로서 드러난다.

이와 같이 철학적 합리성 이론의 차원을 벗어나 보다 확장된 내용

---

37) J. Habermas(1985), 180쪽.
38) 이와 관련하여 슈네델바하는 비판적 사회 이론을 철학으로서의 합리성 이론과 사회 이론으로서의 비판적 근대 이론의 상호 결합체로 파악하고자 한다. 곧 그는 합리성 이론을 사회 이론에 대해 비판의 규범적 토대를 제공하는 메타 이론 또는 철학적 이론으로 파악하고자 한다. 이 점에 관해서는 H. Schnädelbach, "Transformation der Kritische Theorie," A. Honneth/H. Joas(hg.), *Kommunikatives Handeln*(1986), 17쪽 참조. 하지만 슈네델바하가 구분 짓고 있는 비판적 근대 이론도 합리성 개념에 의거하여 전개·해명되고 있다는 점에서, 이 글은 오히려 합리성 이론을 메타 이론과 사회 이론이 결합된 이론 체계로서 이해하고자 한다. 한편 아펠의 경우, 그는 합리성 이론을 다양한 합리성 유형에 관한 메타 이론적 고찰로서 한정함으로써 합리성 이론에 대해 철학적 합리성 이론이란 명칭을 부여하고 있다. K.-O. Apel(1984), 20쪽 참조.

을 지닌 광의의 합리성 이론은, 그것이 비판적 사회 이론으로 정립되
는 과정에서 두 가지 핵심적인 구조적 특성을 지니게 된다. 그 첫번
째 특성은, 합리성 이론 모델은 사회 비판의 규범적 척도를 확보 ·
제시하고 있다는 점이다. 익히 알려진 바와 같이 비판 이론 1세대에
이르러 붕괴되었던 사회 비판의 토대를 새롭게 확보하려는 시도는
의사소통 행위 이론의 단계에서 본격적으로 전개된다. 이 단계에서
하버마스는 언어적 전회(linguistic turn)를 통해 이룩한 탐구 성과를
바탕으로, 포괄성과 절차성을 중심적 특징으로 한 의사소통 합리성
을 정초하여 제시함으로써 마침내 비판의 척도를 확보하게 된다. 곧
세 차원의 합리성 복합체로 구성된 포괄적 합리성으로서의 의사소통
합리성은 그간 서구 사회를 지배해 온 과학 기술적 합리성을 합리성
이 도구적으로 축소 왜곡된 것으로 비판할 수 있게 되었다. 동시에
비판 자체의 정당성은 상호 이해를 지향하는 대화적 절차(절차적 합
리성)에서 확보된다.

　합리성 이론 모델이 드러내는 두 번째 중요한 특성은, 그것이 보
다 자유롭고 정의로운 인간 사회를 실현하기 위한 현실 변혁적 정치
적 실천력을 확보하고 있다는 점이다. 『인식과 관심』을 중심으로 한
주체 철학의 단계에서 시도된, 인식론의 차원에서 사회 비판의 토대
를 확보코자 했던 이론 기획은 실패로 끝이 났으며, 그에 따라 사회
비판의 확보 가능성은 의사소통 행위 이론의 단계에서 이루어진 언
어적 상호 주관성 범주의 도입을 통해 비로소 열리게 되었다. 하지
만 비판의 척도를 확보했다는 사실이 곧바로 합리성 이론의 형태로
서 정립된 비판적 사회 이론이 구체적인 현실의 장에서 벌어지는 다
양한 사회 문제들을 실제로 해결 극복할 수 있다는 사실로 귀결되는
것은 아니다. 다시 말해 이 단계의 합리성 이론이 문제 해결과 사회
혁신을 추진할 실천적 역량을 담보하고 있는가의 문제는 여전히 해

명되지 않은 채 남아 있다. 바로 이런 점에서 합리성 이론은 보다 나은 사회를 구현할 정치적 실천력을 담보한 실천적 이론틀임을 또한 입증해 보여 주어야만 한다. 그리하여 마침내 이 점은 의사소통 행위 이론을 정치 이론의 차원에서 재편한 심의 정치 이론의 단계에서 드러난다. 곧 하버마스는 행정적 권력을 비롯한 담론적 민주주의의 다양한 제도적 차원들이 절차적 합리성으로서의 의사소통 합리성의 구현체임을 논증해 보임으로써, 합리성 이론이 현실과 구체적으로 밀접히 연결되어 있음을 보여 준다. 이어 사회적 현안을 타개할 문제 해결력과 해방 사회의 구현을 위한 정치적 실천력이, 일련의 의사/의지 형성의 절차적 과정에서, 따라서 그런 과정의 토대를 이루는 절차적 합리성에서 확보되고 있음을 드러냄으로써, 합리성 이론이 이론과 실천이 결합된 실천적 이론틀임을 확인시켜 준다.

이처럼 합리성 이론의 형태로 정립·개진된 비판적 사회 이론의 구조적 특성은 사회 비판을 위한 규범적 척도의 마련과 현실 문제를 해결하고 보다 나은 사회를 구현할 정치적 실천력의 확보로 요약된다. 결국 합리성 이론은 이런 두 과제를 수행 달성하기 위한 새로운 사회 이론의 대안 모델로서 기획 제시된 것이다. 물론 여기에서의 핵심적 역할은 포괄적 합리성이자 절차적 합리성인 의사소통 합리성이 담당하는바, 그것은 이론과 실천을 매개하는 접합점이자 현실 분석과 규범적 비판의 토대이며 나아가 실천적 추진력의 원천으로 작용한다.

5. 맺는말: 비판적 사회 이론의 대안적 모델로서
합리성 이론의 수용 가능성

이성(합리성) 개념을 이론 정립의 핵으로 삼아 사회 이론을 전개하려는 시도는 실상 그리 새로운 이론 기획은 아니다. 철학사나 사회 이론사를 더듬어 볼 때 이성의 문제, 특히 이성의 개념적 구분과 그것에 기초한 이성 비판에 초점을 맞추어 사회 이론을 수립하려는 이론적 시도는 줄곧 행해져 왔다. 가령 칸트의 비판 철학이나 헤겔의 역사 철학을 그런 시도의 대표적인 사례로 들 수 있다.[39] 물론 합리성 혹은 합리화를 중심에 놓고 본격적으로 사회 이론을 수립하려는 구상은 베버에서 시작되었다.

하지만 지금까지의 선구적 사회 이론가들이 합리성(이성) 개념을 내세워 이론을 정립하려는 이론 구성적 전략은 외견상 그 방식의 유사성에도 불구하고, 하버마스의 이론 전략과는 질적으로 차이가 난다. 가령 이성 비판을 수행하는 과정에서 기존의 이론들은 비판의 준거점으로서 그 역할을 제대로 수행하기 어려운 협소한 이성 개념에 입각하여 일면적으로 축소·왜곡된 이성 — 가령 기술적 이성 — 을 비판하거나 아니면 이성 자체를 본래 좁게 파악함으로써 보편적 이성을 거부하거나 이성의 해체를 주창하는 방향으로 나아가기도 한다. 이에 비해 하버마스는 이성 개념에 의거해 이성 비판을 시도하는 전략 그 자체를 비판적으로 성찰함으로써, 비판의 규범적 척도로서 새로운 이성을 정초하고 그에 의거해 로고스 중심주의에 대한 비판을 전개한다.

---

39) 이에 관해서는 Andreas Arndt, *Dialektik und Reflexion. Zur Rekonstruktion des Vernunftbegriffs*(1994), 42-53쪽, 167-170쪽 참조.

이와 관련해 하버마스는 합리성 이론의 형태로서 비판적 사회 이론을 새롭게 정립하려는 이론 기획의 중요한 한 동기를 다음과 같이 밝히고 있다: "근대의 기획을 포기하거나 탈근대 혹은 반근대로 되돌아가지 않으면서, 아울러 신보수주의적 관점에서 고집스럽거나 어설픈 보수주의적 관점으로 거칠게 변하지 않으면서, 사회 국가적 타협의 약화와 신사회 운동의 성장 비판적 잠재력에 대한 이론적 근거를 제시할 수 있기 위해서는 물화에 대한 비판과 합리화에 대한 비판을 재정식화할 수 있는가를 스스로 확인해 보아야 한다."[40]

이런 맥락에서 하버마스는 합리성 비판을 시도하는 기존의 다양한 철학적 입장들의 한계를 지적한다. 먼저 그는 계몽적 이성에 대한 절대적 신뢰를 바탕으로 추진된 근대의 기획에 대해 반이성주의적 입장에서 제기된 근본적 비판, 이른바 탈근대적 이성 비판[41]에 대해, 그것의 성과를 일정 부분 인정하면서도 그것이 결과한 — 의도했든 아니든 — 보편적 이성의 부정과 해체라는 무정부주의적 귀결은 비판적으로 거부한다.[42] 다음으로 그는 근대화의 성과 중 특히 근대 과학의 발전을 적극적으로 수용하면서도 문화적 근대성이 지닌 폭발적 내용의 뇌관을 제거하고 정치를 도덕적 · 실천적 정당화로부터 분리하고자 시도하는 신보수주의[43]에 대해서도 그것의 한계를 비

---

40) J. Habermas(1985), 184쪽.

41) 탈근대론과 탈근대적 이성 비판에 대한 하버마스의 비판의 핵심은 아펠과 마찬가지로 수행적 모순에 맞추어져 있다. 이에 관해서는 M. Jay, "The Debate over Performative Contradiction: Habermas vs. the Post-structuralists," A. Honneth/T. McCarthy/C. Offe/A. Wellmer(hg.), *Zwischenbetrachtungen. Im Prozeß der Aufklärung* (1988), 171-189쪽 참조.

42) 이렇게 볼 때 하버마스의 이론적 입장은 이성에 대한 절대적 신뢰와 이성에 대한 총체적 이성 비판 양자간의 긴장 관계에 자리잡고 있다. 이에 관해서는 C. Bogner, *Die Versöhnung der mit sich selber zerfallenen Moderne: zum Verhältnis von Ethik und Gesellschaftstheorie bei Jürgen Habermas*(1992), 14-15쪽 참조.

판적으로 지적한다.[44] 셋째, 이성주의 진영에 대해서도 하버마스는,
비록 이성주의가 서구의 근대적 합리성이나 합리화 과정에 관해 비
판적 해명을 개진하고는 있지만 그럼에도 그것이 합리성에 대한 편
협한 이해 방식과 개념 규정에 기초해 전개되고 있는 까닭에, 이성
에 기초한 계몽의 기획을 회의적 혹은 부정적으로 파악하고 있다는
점을 비판적으로 지적한다. 이런 연유에서 하버마스는 기존의 의식
철학적 주객 모델이 내건 유아론적 이성 개념 대신, 언어적 의사소통
의 과정에서 발현하는 상호 주관적 이성 개념, 즉 의사소통 합리성에
토대한 새로운 사회 이론의 모델을 구상하고자 했던 것이다.

그런데 이 같은 합리성 이론이 새로운 사회 이론의 새로운 정립
모델로서 보다 적극적으로 고려·수용될 수 있었던 까닭은, 무엇보
다 하나의 사회 이론이 사회 이론으로서 역할을 제대로 수행하기 위
해서는 규범적 특성을 함의한 합리성 개념을 사용해야 할 필요성을
세 차원에서 접하기 때문이다: 우선, 사회 이론은 주요 행위 개념들
이 함의하고 있는 합리성에 관한 메타 이론적 문제를 피할 수 없다.
둘째, 의미 이해를 통해 대상 영역에 접근하는 데 포함되어 있는 합
리성과 관련한 방법론적 문제를 피할 수 없다. 끝으로, 어떤 의미에서
사회의 근대화가 합리화로 기술될 수 있는가라는 경험적-이론적 문
제를 피할 수 없다.[45] 적어도 이런 세 차원에 걸친 다양한 문제 영역

---

43) J. Habermas(1981), 464쪽.

44) 미국과 독일을 중심으로 전개된 이른바 신보수주의가 내거는 논점과 입장에 관해서
는 D. Bell, *The Cultural Contradictions in Capitalism*(1967) 참조. 이와 관련해 1970
년대에 등장한 신보수주의에 대한 개괄적인 설명으로는 P. Steinfel, *Neocon-
servatives*(1979); 차인석, 「미국의 평등주의 전통」, 『사회의 철학』, 민음사(1992) 참조.
아울러 신보수주의에 대한 비판적 해명으로는 J. Habermas, "Die Kulturkritik der
Neokonservativen in den USA und in der Bundesrepublik," *Die Neue Unüber-
sichtlichkeit*(1985) 참조.

45) J. Habermas(1981a), 8-9쪽.

들을 관할하고 동시에 각 차원에서 제기되는 다양한 조건들과 문제들을 제대로 충족시키고 해결할 수 있을 경우에 비로소 하나의 사회 이론은 사회 이론으로 행세할 수 있는바, 그것은 합리성 이론의 형태로서만 가능하다는 것이다. 아울러 이런 한에서 합리성 이론은 사회 비판을 위한 규범적 토대로서 기능할 의사소통 합리성을 정초하는 데 몰두하는 메타 이론의 차원 외에 방법론적 차원과 경험적·이론적 차원을 포괄하는 광의의 합리성 이론[46]으로 드러난다.

이처럼 포괄적 내용을 담보한 합리성 이론은 우선적으로 오늘의 시대 상황에 맞게 이성을 재구성하고자 한다. 왜냐하면 현대 사회의 다양한 병리 현상들이, 합리성이 그 한계를 드러냈기 때문이 아니라 합리성의 해방적 잠재력이 충분히 발현되지 못한 까닭에 초래되었다고 보기 때문이다. 덧붙여 이런 상황에 접하여 합리성 이론은 사회적 합리성, 연대, 그리고 합의와 같은 이성에 기초한 근대적 가치를 보존시킴으로써 사회 비판과 재구성적 실천에 기초를 제공하고자 한다.

이 같은 테두리 내에서 볼 때 합리성 이론의 형태로서 새롭게 비

---

46) 합리성 이론은 새로운 사회 이론의 구성 토대로서 기능하는 의사소통 합리성을 정초하기 위해 다양한 합리성 개념들에 대한 언어 철학적 분석과 고찰을 실행하는데, 이런 일련의 작업은 메타 이론에 해당하며 **철학적 차원**의 성격을 지닌다. 합리성 이론은 또한 **방법론**의 측면을 지닌다. 즉 행위 이론의 차원에서 구분된 목적/의사소통 합리성의 범주적 구분은, 사회 진화를 조장 촉진하는 체계/생활 세계의 이원적 사회 구조들로 재편되며, 이것에 의거해 사회적 근대화가 분석·해명된다. 여기서 합리성 개념은 방법론적 분석틀에 구현되어 있으며, 사회적·문화적 근대화는 합리성 범주에 의해 포착된다. 바로 이런 점에서 합리성 이론은 방법론 차원을 함의하고 있다. 또한 합리성 이론은 경험적·이론적 차원을 포함한다. 이에 따르면 사회 발전은 합리화 과정으로 경험되고 인식된다. 즉 근대화는 기능적 합리성의 증대 과정인 체계 합리화와 의사소통 합리성의 증대 과정인 생활 세계의 합리화로 우리에게 다가오며 이론의 차원에서 표상된다. 마찬가지로 근대화의 역설도 의사소통 합리성의 도구적 축소화나 기능적 합리성에 의한 의사소통 합리성의 침해·대체로 규정된다. 바로 이 같은 점이 경험적·이론적 측면에 해당된다.

판적 사회 이론을 정립하고자 시도하는 하버마스의 이론 기획은, 비록 잠정적인 것이긴 하지만 현시점에서 우리가 불가피하게 선택할 수밖에 없는 사회 이론의 대안적 방안이 아닌가 싶다. 왜냐하면 이 같은 이론 구성적 시도를 통해 제시된 대안적 사회 이론의 유형으로서 합리성 이론은 변화된 시대 상황에 부합하는 사회 이론의 자격 조건을 상당 정도로 충족시키고 있기 때문이다. 보다 구체적으로 말해서 합리성 이론은 무엇보다 특정한 계급(층)적 관점이나 당파적 이해 관계가 배제된 가운데 누구나 보편 타당한 것으로 수용할 수 있는 비판의 준거점을 확보 제시하고 있다. 둘째, 정치 경제학 비판과 같은 기존의 분석 방식으로는 더 이상 해명할 수 없는, 후기 자본주의 사회의 위기적 상황과 다양한 사회적 병리 현상의 진상을 있는 그대로 드러내 보일 수 있다. 셋째, 계몽의 역설의 배태(胚胎) 과정을 해명하고 그로부터 벗어날 치유적 대안을 제시할 수 있으며, 동시에 계몽의 기획이 여전히 추구될 수 있는 것임을 입증해 보일 수 있다. 넷째, 이성 자체의 해체를 주창하기에 이른 반이성주의에 맞서, 이성은 그것의 한계에도 불구하고 여전히 옹호될 수 있는 것임을 합리성에 입각한 합리성 비판의 형식으로 보여줄 수 있다. 끝으로, 합리성 이론은 현실과 유리된 채 전개되는 이론적 유희에 머무는 대신, 이론을 현실의 지평에 적용하여 구체화함으로써 사회 현실을 개조 변혁하려는 의도를 지닌 이론틀, 요컨대 이론과 실천이 통일된 **실천적 이론틀**로서 그 역할을 수행할 수 있다.

이 같은 사항들을 고려할 때 합리성 이론의 형태로서 기안된 새로운 사회 이론 모델은 이 시대가 요구하는 사회 이론의 역할을 충분히 수행할 수 있을 것으로 보인다. 물론 이런 긍정적인 예측과 전망이 실제로 경험적 사실로서 확증될 지의 여부는 보다 세밀한 탐구와 철저한 판단과 평가가 요구되지만, 적어도 현시점에서 합리성 이론

은 새로운 사회 이론의 대안적 모델로서 충분히 고려될 수 있다고
여겨진다.

7 담론 윤리학의 정립 토대 확보를 위한 예비적 · 보완적 이론 기획

아펠의 철학적 합리성 유형 이론

1. 들어가는 말

철학의 고전적 주제로서 이성은 오늘날 철학의 분과 학문들뿐만 아니라 다양한 철학 외적 분과 학문들의 탐구 영역으로 자리잡기에 이르렀다.[1] 철학사나 이론사에서 이성은 항상 다양한 의미와 내용을 지녀 왔다. 한편으로 이성은 논증적 추론이나 반성적 통찰을 실행할 수 있는 이성적 존재의 주관적 능력을 의미하기도 했으며, 다른 한편으로 그것은 이성의 담지자를 포함한 전체 세계에 내재하는 절대자의 섭리나 자연의 이법을 지칭하기도 했다. 근대의 계몽주의의 출현과 함께 이성은 내적 원리에 의거하여 실재의 세계를 있는 그대로 인식하고 해명할 수 있는 주체의 능력으로 절대화되었다. 이로써 객관적 대상의 세계에서 벌어지는 현상은 인간 이성의 인식 능력과 내적 성찰을 통해 완전히 예측 가능할 뿐만 아니라 계산 가능한 것으

---

1) H. Schnädelbach, "Einleitung," H. Schnädelbach(hg.), *Rationalität. Philosphische Beiträge*(1984), 7쪽.

로 파악되기에 이르렀다. 이른바 이성의 주관화가 성취된 것이다. 하
지만 계몽주의가 단지 주관적 이성의 절대화만을, 아울러 효율성의
증대에 진력하는 도구적 합리화만을 추구한 것은 아니었다. 거기에
는 항상 계몽의 기획이 토대로 삼고 있는 이성 자체에 대한 자기 반
성적 비판이 필수적으로 수반되었다. 이런 점에서 계몽의 이념은 비
판의 이념과 불가피하게 밀접한 관련성을 지니고 있었다.[2]

　이성에 대한 반성적·비판적 통찰의 과정은 베버에 이르러 이성
을 합리성이란 명칭으로 대체 사용하기에 이른다. 이런 명칭의 변경
은 사람들로 하여금 이성을 시대에 뒤떨어진 고리타분한 것으로 간
주토록 만들었다. 그 결과 이성은 의식이나 영혼, 정신과 같이 심리
적인 것을 연상시키는 개념으로 이해되었으며, 심지어 이성을 논하
는 행위 자체는 형이상학의 혐의를 감수해야 할 지경에 이르렀다.
이에 비해 합리성 개념이나 합리성에 관한 주제들은 근거 지어진,
타당하며 과학적인 것으로 인식되고 있다.[3]

　그런데 오늘날 합리성 개념은 그 표면상의 이름이 드러내는 동일
성에도 불구하고, 그것이 지닌 의미는 상이하게 이해되고 있다.[4] 가
령 행위론이나 심리학, 자연과학이나 윤리학 등의 다양한 분과 학문
들에서 논구되고 있는 합리성 개념은 그것이 지반으로 삼고 있는 탐
구 영역의 특성에 따라 다양하고 상이한 의미를 함축한다. 더욱이
합리성 개념이 갖는 의미의 다양성으로 인해 합리성 개념이 이데올
로기적으로 사용됨으로써, 일면적으로 축소·왜곡된 특정 형태의

---

2) A. Casana, *Geschichte als Entwicklung?*(1988), 376쪽.
3) H. Schnädelbach(1984), 7-9쪽.
4) 합리성 개념에 대한 다양한 의미 규정이나 모델에 관한 체계적인 분류와 해명에 관해
　서는 H. I. Brown, *Rationality*(1990), 3-37쪽; S. Gosepath, *Aufgeklärtes Eigeninteresse.*
　Eine Theorie theoretischer und praktischer Rationaltität(1992), 21-51쪽; H.
　Schnädelbach(hg.), *Rationalität*(1984); H. Geraets(ed.), *Rationality Today*(1977) 참조.

합리성 유형이 이성 일반을 지배하고 자신을 기만적으로 정당화하는 사태를 초래하기도 한다. 이와 관련하여 합리성/비합리성을 구분하는 문제의 경우도 부분적으로 합리성 개념의 의미가 지닌 다의성으로 인해 초래되고 있다는 지적이 제기되고 있다.[5]

실상이 이러함에도 불구하고 그간 합리성의 의미는 대체로 인지적 · 과학적 차원에 국한되어 해석되는 경향이 지배적이었다. 전통적으로 서구 사회에서는 일찍부터 서구 학문이야말로 합리성의 전형이며 합리성은 과학성과 동일한 것이라는 해석이 널리 유포되어 있었다.[6] 이 같은 해석은 오늘날에 이르러 이성의 구현체로서의 과학 자체가 이성보다 우리의 삶과 더욱더 밀접한 관련을 맺고 있다는 점, 요컨대 과학이 곧 이성으로 행세하는 상황을 연출하기에 이르렀다.[7] 그러나 이처럼 합리성을 과학적 합리성으로 등치시켜 이해하는 방식은 다층적인 합리성의 의미를 일면적으로 축소시키는 것이다.[8] 이런 까닭에 합리성의 의미를 보다 명확히 파악하기 위해서는 합리성의 유형을 보다 세분화하여 구분하는 것이 필요하다는 주장이 제기되고 있으며,[9] 합리성 유형에 관한 이론적 모색이 시도되고 있다.[10]

---

5) H. Lenk, "Über Rationalitätstypen und Rationalitätskritik," *Zwischen Wissenschafts-theorie und Sozialwissenschaft*(1986), 105쪽.

6) H. Lenk(1986), 104쪽.

7) J. Mittelstraß, "Technik und Vernunft," *Wissenschaft als Lebensform*(1982), 37-45쪽.

8) 이와 관련하여 과학 기술이 중심적 지위를 차지하는 현대 사회에서 인간의 이성(합리성)에 의해 과학과 기술이 적절히 통어되는 사회를 위한 새로운 윤리를 확립하려는 시도에 관해서는 Kurt Bayertz, "Wissenschaft, Technik und Verantwortung. Grundlagen der Wissenschafts- und Technikethik," K. Bayertz(hg.) *Praktische Philosophie*(1991), 173-209쪽 참조.

9) H. Lenk(1986), 105-117쪽 참조.

10) K-O. Apel, "Das Problem einer philosophischen Theorie der Rationalitätstypen," H. Schnädelbach(hg.), *Rationalität*(1984), 15-31쪽.

물론 이런 시도들은 최근 상대주의와 비합리주의가 커다란 반향
을 불러일으키고 있는 탈근대적 · 반이성주의적 시대 상황과 밀접히
관련되어 있다.[11] 반이성주의적 시대 사조는, 한편으로 파이어아벤
트의 인식론적 무정부주의나 쿤의 과학 이론적 패러다임주의가 등장
한 이래 과학적 합리성의 법칙이 상대주의적 비판의 포화에 난타 당
하는, 과학 철학 논쟁의 양태로 표출되고 있다.[12] 다른 한편 그 같은
시대 흐름은 보편적 척도로서의 이성에 대한 근원적 비판을 넘어 이
성 자체의 폐기와 해체를 주장하는 탈근대적 이론들의 출현과 함께
근대/탈근대 논쟁의 형태로 전개되기도 한다.

이처럼 이성 또는 합리성에 대한 회의와 의심, 부정적 시각이 확
장되는 가운데, 역설적으로 이성에 대한 관심과 이목은 그 어느 때
보다 고조되고 있다. 무엇보다 윤리적 차원에서 제기되는, 옳고 그름
의 보편적 척도의 확보와 관련하여 이성은 주목을 받고 있다. 현재
의 상황은 이성에 대한 불신과 함께 진리나 도덕에 관한 유일무이한
보편적 잣대의 존재가 부정되면서, 다양성과 다원성에 대한 추구가
새로운 시대적 미덕으로 각광받는 분위기가 지배하고 있다. 그러나
사회 질서가 유지되고 그 속에서 개인들이 자유롭게 각자의 삶을 영
위하기 위해서는 실천적 차원에서 옳고 그름의 윤리적 정당성을 판
별하는 보편 타당한 기준이 필수적으로 요청된다. 아울러 이런 기준
은 이성(합리성) 외에 그 어느 것에서도 정초되기 어려워 보인다. 물
론 이 경우 윤리적 정당성을 판별하는 기준의 확보를 위한 지반으로
서의 이성은 전통적인 이성과는 달리 오늘날의 시대 상황에 부합하

---

11) K.-O. Apel, "Die Herausforderung der totalen Vernunftkritik und das Programm einer
philosophischen Theorie der Rationalitätstypen," *Concordia* 11(1987), 2-24쪽.
12) 이에 관한 개괄적 설명으로는 A. F. Chamers, *What is this thing called Science?: An
assessment of the nature and status of science and its method*(1982), 8, 9, 12절 참조.

는 것이어야 한다. 이렇게 볼 때 현대 철학의 중심 주제이자 핵심적인 문제는 합리성(이성)과 합리성(이성)의 한계에 관한 문제라는 진단[13]은 더욱 그 설득력을 더해 가고 있다.

이런 상황을 염두에 두면서 이 글은 현시점에서, 합리성의 자기 분화를 통해 다양한 합리성 유형들을 분석적으로 고찰하는 아펠의 철학적 합리성 유형 이론이 지니는 철학적 의미와 의의를 반성적으로 검토해 보는 데 일차적 목표를 두고 있다. 이를 위해 먼저 이 글은 이론사적으로 지금까지 전개되어 온 이성의 내적 분화 및 자기 비판의 전통을 개괄적으로 조망해 보고자 한다. 이어 이런 이론사적 고찰을 바탕으로, 담론 윤리학의 정립 토대를 확보하기 위한 방안으로 아펠이 채택한 합리성의 자기 분화 전략을 검토해 볼 것이다. 다음으로 그런 전략을 비판적으로 교정하여 구체화시킨 철학적 합리성 유형 이론의 내용과 이론적 의의를 고찰해 볼 것이다. 이와 함께 아펠의 합리성 이론에서 가장 핵심적인 합리성 유형인 담론적 합리성의 역할과 기능 그리고 철학적 의미를, 특히 하버마스의 의사소통 합리성과 비교하면서 검토해 볼 것이다. 끝으로 남은 과제를 간략히 언급해 볼 것이다.

2. 이론사적 전통: 이성의 내적 분화 및 자기 비판

최근에 일고 있는 합리성 비판은 실상 작금에 새롭게 시도된 것은 아니다. 서구 철학사에서 이성에 대한 본격적인 비판은 이미 그리스

---

13) W. C. Zimmerli, "Die Grenzen der Rationalität als Problem der europäischen Gegewartsphilosophie," H. Lenk(hg.), *Zur Kritik der wissenschaftlichen Rationalität*(1986), 327쪽.

시대의 소피스트에 의해 시작되었다. 그들은 강력한 이성주의가 장악하고 있던 시대 상황 속에서 하나의 공통된 회의, 즉 절대적 지식의 가능성에 대한 불신을 공유하고 있었으며,[14] 이것은 도덕 · 윤리적 차원에 그대로 적용되었다.[15] 아울러 이런 태도는 진리와 윤리의 보편적 척도로서 절대시되고 있던 이성에 대해 근본적 비판을 가하는 것으로 표출되었다. 이런 소피스트적 이성 비판은 학문과 사회의 혼란을 노린 정치적 전략의 차원이 아닌, 진지한 비판적 성찰에 따른 비판이란 점에서, 그리스적 계몽 사상[16]의 중심 줄기를 이루는 것이었다. 신의 말씀이 모든 문제 해결의 절대적 지침이던 중세가 마감되고 새롭게 시작된 근대는 이성에 대한 절대적 확신과 믿음에 기반한 시대였다. 이성에 대한 전폭적 신뢰는 데카르트의 *cogito ergo sum*을 통해 극명하게 표출되었다. 하지만 대륙 이성론에 이르러 성취된 이성의 절대화는 이성의 독단과 전횡으로 귀착되었으며, 이에 따라 이성은 점차 회의적 · 부정적 대상으로 전락하게 되었다. 흄으로 대변되는 회의주의적 이성 비판은 이런 맥락에서 제기된 것이었다.

이런 상황에서 등장한 칸트는 비판의 주체로서의 이성 자체를 비판의 대상으로 삼아 본격적으로 이성의 능력과 한계를 분석 · 통찰한 선구적 비판 이론가였다. 그의 이성 비판은, 한편으로 데카르트 이래 절대화 · 독단화되어 가는 이성의 전횡에 대한 철저한 자기 비판을 수행하는 것이자, 다른 한편으로 이성에 대한 회의주의적 태도

---

14) W. K. C. Guthrie, *The Greek Philosophers: From Thales to Aristotle*(1960), 66쪽.

15) 가령 아르켈라오스는, 뜨거움과 차거움이 자연에 실제로 존재하는 것이 아니라 단지 그때그때 우리가 어떻게 느끼는가의 문제인 것처럼, 정의와 부정, 옳고 그름도 그 자체 실재하지 않으며 단지 주관적 차원의 문제로 이해되어야 한다고 주장한다. W. K. C. Guthrie(1960), 68쪽.

16) W. K. C. Guthrie, *History of Greek Philosophy* III(1975), 48쪽.

에 대한 자기 반성적 · 비판적 통찰을 촉구하는 것이었다.

이성을 둘러싸고 이루어진 이성/반이성의 상반되는 두 입장에 대한 칸트의 비판적 종합은, 정당한 요구를 제기하는 이성은 보호하되 이성의 부당한 요구는 이성의 불변적인 법칙에 의거해 제거할 수 있는 최종 심급을 설립하려는 작업[17]으로 귀착된다. 요컨대 칸트적 이성 비판은 자체의 자유롭고 공명정대한 검토를 통과한 내용만을 이성은 허용해야 한다는 원칙으로 요약된다. 이에 따라 계몽의 시대란 모든 것을 비판할 수 있는 비판의 시대라는 의미를 함의하게 되었으며,[18] 이성 비판은 이성이 인식할 수 있는 것과 없는 것, 당연히 수행해야 할 것과 해서는 안될 것을 구분하는 것으로 이해되었다. 그 결과 비판이 독단이나 회의주의에 빠지지 않으면서 그 자체 정당성을 갖추기 위해서는, 비판의 주체나 대상 모두에 대해 타당한 근거를 제시해야 한다는 입장이 확산되기 시작했다.

헤겔은 칸트적 이성 비판을 추상적 보편성에 기초한 이성이 특수성을 억압 · 배제하는 것으로 간주한다. 그런 이유에서 헤겔은 비판 대상의 외부에 존재하는 비판의 원리를 대상에 투여하는 칸트적 이성 비판의 전략을 포기하고, 대신 구체적인 대상에 내재해 있는 이성적 원리에 의거하여 대상을 비판하는 방식을 채택한다. 즉 비판의 대상에 내재한 이성적 원리가 자신의 구현을 저해하는 대상의 왜곡된 형태를 고발 비판하는 형식으로 이루어진다. 하지만 헤겔은 자기 의식의 원초적 동일성을 전제함으로써, 역사의 전개 과정에서 나타나는 대립과 화해의 순환적 · 반복적 운동을 절대자로 확장된 이성, 즉 절대 정신의 자기 구현으로 바라보고자 한다. 이에 따라 개별적 특수자들은 절대 정신이 자신을 구현하는 과정의 부분적인 계기로서 작

---

17) I. Kant(1971), A XI-XII.
18) I. Kant(1971), A XI.

용할 뿐이며, 개별자와 절대자 사이에는 지배와 예속의 관계가 구조화된다. 이와 함께 이성은 역사의 전개 과정을 통해 정해진 목표를 필연적으로 달성하도록 이미 프로그램화된 역사 철학적 이성으로 굳어진다. 이 같은 이성 절대주의는 헤겔의 역사 철학적 이성을 수용한 마르크스에게도 그대로 계승된다. 그 결과 마르크스 역시 이성의 원리에 기초한 자유로운 노동자 왕국의 이념이 필연적으로 실현되는 것으로 파악함으로써, 강한 역사 철학적 이성주의를 표방하게 된다.

이처럼 헤겔과 마르크스에 의해 부활된 강력한 이성주의에 맞선 니체의 반이성주의는, 이성은 권력과 동일하며 자체를 은폐하는 전도된 권력 의지에 불과하다고 파악한다. 이처럼 이성을 둘러싸고 전개되는 이성/반이성의 대립 구도는 결국 베버의 합리화 이론에 의해 해소된다. 베버는 이성 개념을 합리성 개념으로 대체한 후, 합리성 유형에 대한 세분화와 실천적 합리성이라는 포괄적 합리성에 의거한 형식 합리성 비판을 통해 이성의 위기적 상황을 넘어서고자 한다. 이런 점에서 사회 비판은 합리성 비판으로 전개되며 사회 이론은 합리성 이론의 형태를 취하게 된다. 이로써 사회의 발전 과정은 합리성과 그것의 전개 과정으로서의 합리화에 초점을 맞추어 전개된다.

현시점에서 볼 때 이성을 둘러싼 입장 차이는, 한편으로 실증주의적 과학 철학과 정통 마르크스주의를 대표로 한 강한 이성주의, 다른 한편으로 이성에 대한 전면적 부정과 해체를 주창하는 탈근대주의, 이 두 입장의 대결 구도로 표출되고 있다. 특히 니체로부터 연원하는 비합리주의적 입장 ─ 가령 푸코, 리요타르, 데리다 ─ 에서 제기하는 탈근대적 이성 비판은 이성에 대한 근본적 비판을 넘어 이성 자체의 폐기를 내세운다. 이런 한에서 최근에 초래되고 있는 탈근대론의 득세 현상은 그 어느 때보다 이성의 위기를 절감케 한다. 이런 상황에서 비판 이론의 새로운 정통성 있는 후계자로 떠오른 하버마스는 탈근대적 이성 비판의 성과를 일정 정도 수용하면서, 동시에 보다 반성적인 형태의 이성 비판을 통해 이성을 옹호하고자 한다.

이상에서 드러나듯이 서구 이론사는 끊임없이 이성/반이성의 상이한 두 입장으로 나뉘어 대립하는 양상을 취해 왔으며, 그 와중에 이성에 대한 회의주의나 반이성주의가 득세하면서 이성의 위기를 초래했다. 하지만 그런 위기 상황은 궁극적으로 이성의 내적 분화 및 이성의 자기 비판에 초점을 맞춘 이성 옹호의 철학적 기획을 통해 극복되었고, 이성은 여전히 옹호될 수 있었다.

3. 합리성의 자기 분화: 담론 윤리학의 토대 마련을 위한 전략적 방안

이른바 과학의 시대라고 이름 붙여진 오늘날의 후기 산업 사회에서, 과학 기술과 그것이 토대로 삼고 있는 과학 기술적 합리성 — 따라서 논리 · 수리적 합리성 — 은 광범위한 영역에 걸쳐 그 영향력을 지속적으로 증대시키고 있다. 과학 기술적 합리성의 확산과 그에 따른 과학 기술적 지배 구조의 공고화는 무엇보다 도덕적 규범과 가치 판단을 윤리적 구속력이 상실된 실존적 결단의 차원으로 내몰고 있다.[19] 이 같은 실정은 제작하는 인간(homo faber)으로서의 인간이 동물적 본능의 경계를 뛰어넘은 이래, 지금까지 거둔 과학 기술적 성과가 생각하는 인간(homo sapiens)으로서의 인류의 도덕적 책임을 항상 앞질러 왔다는 사실과 연결된다. 주지하다시피 과학 기술의 급속한 발전과 눈부신 성과는 지구촌 전체를 통일적이며 단일한 삶의 공

---

19) K.-O. Apel, *Transformation der Philosophie 2*(1976), 361-362쪽.

간으로 변화시키면서 인간 삶의 양식을 혁명적으로 바꾸어 버렸으며, 적어도 물질적 측면에서 인류 전체에 육체적 안락과 풍요로움을 선사했다. 하지만 과학 기술은 이 같은 긍정적 기여 못지않은 다양한 위기적 상황들 ─ 가령 생태학적 위기나 인간 복제의 가공할 위험성 등 ─ 을 초래했다. 급기야 이 같은 위기적 징후들에 접하여, 인류는 마침내 인간의 과학 기술적 행위로부터 초래된 부정적 사태에 대해 전 인류가 책임을 져야 한다는 반성적 자각을 하기에 이르렀다.

이런 자각을 가능케 했던 결정적인 이유는 서구 사회에서 과학 기술적 합리성의 발전이 결과한 역설적 상황에서 찾아볼 수 있다: 과학 기술적 합리성의 발전은, 한편으로 전 지구적 규모의 인간적 연대에 기초한 윤리적 책임을 합리적으로 정초해야 할 긴급한 필요성을 낳고 있으며, 다른 한편으로 상호 주관적으로 타당한 윤리의 정립은 효율성을 추구하는 과학 기술이 내거는 가치 중립적 합리성 패러다임에 의해서는 불가능하다는 점을 입증시켰다.[20] 이로써 사회 성원이라면 누구나 수용할 보편 타당한 윤리적 규범의 정립은 더 이상 가능하지 않은 것처럼 비쳐졌다. 더욱이 전 인류의 차원에서 보편적으로 통용될 수 있는 거시 윤리(Makroethik)를 이성적으로 근거 지우는 문제는 해결될 수 없으며 심지어 그것은 의미 없는 문제[21]라는 주장이 지배적인 분위기를 형성하고 있기도 하다.

하지만 현재 국가적 · 민족적 경계를 뛰어넘어 지구촌 전체가 대

---

20) K.-O. Apel, "Types of Rationality Today: The Continuum of Reason between Science and Ethics," E. Mendieta(ed.), *Karl-Otto Apel: Selected Essays*, vol. 2(1996a), 140쪽; K.-O. Apel(1976), 359-363쪽 참조.

21) K.-O. Apel, "A Planetary Macroethics for Humankind: The need, the apparent difficulty, and the eventual possibility," E. Mendieta(ed.), *Karl-Otto Apel: Selected Essays*, vol. 2(1996b), 275쪽.

면하고 있는, 유례없는 총체적 위기 상황은 인류 전체의 차원에서 보편 타당성을 인증 받은 새로운 거시 윤리학의 필요성을 절실히 요구하고 있다.[22] 이런 점에서 아펠 철학의 핵심은 상호 주관적으로 타당한 보편적 윤리학의 정립, 곧 과학 기술의 가치 중립적 합리성에서 확보할 수 없는 도덕 규범의 정당성 근거를 확보할 수 있는 새로운 윤리학으로서 담론 윤리학(Diskursethik)을 건립 · 제시하는 데 있다. 물론 이런 시도는 해결해야 할 수많은 난관들을 앞에 두고 있다.

그런 어려움 가운데 하나가 전통적으로 서구 사회를 지배해 온 하나의 이론적 입장, 곧 종교적 믿음이나 도덕적 규범의 구속력은 단지 개인들의 양심에 따른 결단의 영역에 속하는 것이라는 자유주의적 입장을 극복하는 문제이다. 왜냐하면 이런 해석에 따르면, 오직 탈가치 관련적인 형식 합리성에 기초한 공적인 삶의 영역만이 합리적인 방식으로 문제를 해결하고 풀어나갈 수 있는 유일한 영역이며, 과학적 척도나 형식 합리성에 의거해 설명되지 않거나 해결할 수 없는 문제들은 주관적인 결단의 영역에 속하는 비합리적인 것으로 간주되기 때문이다.[23] 하지만 이런 사유 방식은 오늘날 전개되고 있는 다양한 윤리적 문제에 대해, 근본적으로 도덕적 책임을 물을 수 없을 뿐만 아니라 그 같은 문제들을 해결할 수도 없다.

이런 상황이 초래된 데에는 무엇보다 서구 사회를 오랫동안 지배해 온 보충성 체계(Komplementaritätssysteme)의 구조적 고착화를 들 수 있다. 이런 보충성 체계는 과학적 합리성과 비합리적 도덕의 구분을 내세운 베버적 사유 방식을 토대로 삼아, 가치 자유적 객관주의(wertfreier Objektivismus)와 실존적 주관주의(existenzieller Subjektivismus) 사이의 상호 보충적인 관계[24]를 형성한 이래 서구 사회의 지배

22) K.-O. Apel, *Diskurs und Verantwortung*(1990), 42쪽.
23) K.-O. Apel(1976), 372쪽.

적 이데올로기로 자리잡아 왔다. 이것에 의하면 특히 사적인 영역에서 행해지는 최종 목표의 선택이나 가치 판단의 문제는 개인의 자유로운 양심적 결단에 내맡겨지며, 그에 따라 윤리의 문제는 보편적인 공적 타당성 요구를 제기할 수 없는 사적인 정서나 개인적인 결단의 문제로 치부된다.

이런 서구의 보충성 체계는 그간 심각한 도전에 끊임없이 시달려 왔다. 우선 객관성과 전합리적 결단성이라는 이분법적 논리에 기초해 성립된 보충성 체계하에서는, 현재 인류가 직면하고 있는 전 지구적 차원의 위기 상황은 결코 해결되거나 넘어설 수 없다는 지적이 지속적으로 제기되어 왔다. 더욱이 이 체계는 작금의 위기 사태를 야기한 인간의 실천적 행위에 대해서 그 어떤 도덕적 책임도 물을 수 없음이 여지없이 밝혀지고 있다. 왜냐하면 한편으로 가치가 박탈된 형식적 · 과학적 합리성은 단지 사태에 관한 기술(記述)과 해명을 제공할 수 있을 뿐이며, 다른 한편으로 사회 성원들의 개인적 · 실존적 결단은 상호 주관적으로 구속력을 수반한 윤리적 책임을 서로에게 물을 수 없기 때문이다. 가령 보충성 체계의 지배하에 사회 성원들 사이에 합의된 준수 사항은 사실상 각자의 이해 관계에 기초한 전략적 차원에서 이루어진 것이며, 그런 한에서 그것은 사회 성원 상호 간에 보편 타당한 도덕적 규범을 전제로 하고 있지 않다. 따라서 각자의 이해 관계나 전략적 목표가 상충하거나 갈등을 일으킬 경우, 언제든지 합의된 준수 사항이 깨질 수 있는 치명적 난점을 안고 있다.[25] 요컨대 보충성 체계는 누구나 수용할 수 있는 보편 타당한 윤리

---

24) K.-O. Apel(1976), 370쪽.
25) 보충성 체계를 기반으로 한 자유주의 체제에서 실정법은 강제적인 집행력을 지니고 있지만, 그럼에도 그것은 단지 사회 질서의 유지를 위한 기능적 효율성을 추구할 뿐 그 자체 도덕적 정당성을 갖추고 있지 않다. K.-O. Apel(1976), 375쪽 참조.

적 규범을 제공하지 못하고 있는바, 도덕성은 탈가치 관련적 · 전략적 합리성에서는 결코 근거 지어질 수 없기 때문이다.

이처럼 서구의 보충성 체계는 현대 사회가 직면하고 있는 총체적 위기에 대해 나름의 방식으로 대응하고는 있지만 근본적 차원에서 위기 극복의 방안을 제시할 수 없다. 따라서 작금의 상황은 보편적으로 타당성을 인준 받으면서 누구나 받아들일 수 있는 윤리적 근본 원리를 필수적으로 요청하고 있다.

이 같은 시대적 맥락에서 아펠은 새로운 담론 윤리학을 기획하고 있으며, 그런 이론 기획의 출발점으로서 다양한 합리성 개념 ─ 특히 윤리적 합리성 개념 ─ 에 대한 탐구가 시도된다. 이런 작업은 그의 철학적 핵심 과제인 담론 윤리학을 수립하는 도정에서, 윤리적 근본 원칙을 근거 지울 수 있는 토대를 확보하기 위한 예비적 탐구 작업의 지위를 갖는다. 곧 이것은 한편으로 서구 보충성 체계의 한계를 폭로함으로써 보충성 체계를 기반으로 한 현대 산업 사회에서 거시 윤리의 정초는 불가능한 것임을 보여 주고자 하며, 다른 한편으로 전략적 · 과학 기술적 합리성과는 다른 윤리적 합리성을 제시함으로써 새로운 윤리 체계 수립의 토대를 마련해 주고자 한다. 이처럼 누구나 거부할 수 없는 보편적 윤리의 근본 원칙은 합리성 이론의 도움을 받아서 비로소 그 실체를 드러낼 수 있다는 것이 아펠의 기본 시각이다. 즉 윤리적 원칙에 대한 해명은 합리성의 자기 반성을 통해 가능하며, 이런 점에서 다양한 합리성 개념에 대한 분석적 고찰을 수행하는 메타 이론으로서의 **철학적 합리성 이론**[26]이 일차적

---

26) K.-O. Apel(1984), 20쪽. 아펠은 자신의 합리성 이론을 철학적 합리성 이론 혹은 철학적 합리성 유형 이론이라고 부름으로써, 사회학이나 사회과학의 관점에서 개진된 이른바 사회학적 합리성 이론의 형태와 자신의 것을 구분하고자 한다. 이와 관련하여 합리성 이론에 관한 철학적 관점과 사회학적 관점에 대해서는 홍윤기, 「사회질서에서의 이성: 사회이성 시론」, 『철학사상』 6호(1996), 181-187쪽 참조.

으로 요청되는 것이다.

이렇게 볼 때 결국 다양한 유형의 합리성에 대한 탐구는 담론 윤리학의 정립을 위한 토대 역할을 수행할 새로운 유형의 합리성 개념의 정초와 제시로 귀착된다. 이를 위해 아펠은 합리성의 개념을 내적으로 분화하는 방식, 즉 이성의 반성적 자기 분화의 전략(Strategie der reflexiven Selbstdiffernzierung der Vernunft)[27]을 구사한다. 이성의 자기 분화 혹은 내적 분화 전략은 무엇보다 합리성 유형에 대한 철저한 반성과 고찰을 통해 합리성 유형이 선험적 차원의 근본 형태로까지 분화됨을 보여줌으로써, 현재의 총체적 위기를 넘어설 새로운 윤리 체계의 정립을 가능케 할 토대로서의 새로운 윤리적 합리성 유형을 정초·제시하는 데 일차적 목표가 있다. 이와 관련하여 아펠은 두 측면에서 합리성 이념의 자기 분화 전략이 갖는 의미를 찾고자 한다: 즉 합리성의 자기 분화는 한편으로, 방법론적으로 추상적인 특수 형태의 합리성을 절대화하는 부당성에 대항하여 가장 포괄적이며 실천과 관련된 형태의 합리성을 통해 이성이나 합리성을 옹호하고 유지하는 데 기여할 수 있다.[28] 한편 그런 분화는 이성 밖의 유리한 지점에서 합리성 일반이나 이성에 반대하는 반이성주의에 맞서 합리성을 방어·유지하는 데 기여할 수 있다.[29] 특히 여기서 핵심 과제는 담론적 합리성(diskursive Rationalität)에 대한 해명을 통해 탈근대적 사회 이론이 제기하는 이성 비판이 수행적 모순, 곧 자기 모순에

---

27) K.-O. Apel(1987), 4쪽.

28) 여기서 특정 유형의 합리성 개념에 대한 비판은 해당되는 합리성과 그것에 기초한 사유 방식의 한계를 드러내는 데 일차적 의도가 담겨 있다. 따라서 이런 비판에서는, 특정 형태의 합리성을 유일한 합리성으로 간주하고 이것에 의해 포착되지 않거나 해명되지 않는 것은 비합리적인 것으로 간주하는 사유 방식의 난점과 그것의 전횡을 폭로·고발하는 것에 비판의 초점이 맞추어져 있다.

29) K.-O. Apel(1996a), 137-138쪽.

처해 있음을 규명해 보이고자 한다.[30] 아울러 탈근대적 이성 비판이 비판의 주된 목표로 삼고 있는 로고스 중심주의에서 로고스란 실상 일면적으로 왜곡 · 축소된 특정한 합리성 유형임을 보여줌으로써, 다양한 합리성 차원을 놓치고 있는 그들의 이성관을 공격하고자 한다.

그런데 방법론적으로 특수한 합리성을 절대시하는 입장이나 이성 일반을 근원적으로 비판하여 이성을 해체하려는 입장 둘 다, 윤리적 관점에서 볼 때 도덕적 구속력을 갖는 윤리 체계를 설정하는 데 근본적인 한계를 지니고 있다. 즉 도구적으로 축소 왜곡된 합리성이나 전략적 합리성에서는 결코 보편적 타당성을 지닌 윤리적 규범을 산출할 수 없으며, 아울러 이성의 폐기를 주창하는 탈근대론 역시 실천적 측면에서 보편적 윤리 체계의 정초를 불가능하게 만든다.

이제까지의 내용을 고려할 때 결국 합리성 개념의 자기 분화는 합리성의 일면적 왜곡이나 그로부터 야기된 이성 일반에 대한 총체적 비판이라는 양극단의 입장에 대해 이성의 반성적 자기 분화를 통해 다양한 유형의 합리성 형태를 제시함으로써, 이성을 옹호 · 견지하고자 기획된 것이다. 더불어 전략적 합리성이라는 일면적으로 축소된 합리성에 기초해 형성된 윤리 체계의 불완전성과 보편적 윤리 자체를 부정하는 탈근대론에 맞서 담론적 합리성을 토대로 한 윤리적 합리성의 정초를 통해 새로운 윤리 체계의 수립을 위한 디딤돌을 마련하고자 시도한다는 점에서, 합리성의 자기 분화는 담론 윤리의 정립을 위한 예비적인 이론 작업으로 해석될 수 있다.

---

30) K.-O. Apel(1990), 114쪽.

4. 철학적 합리성 유형 이론의 개진

4.1 합리성의 반성적 자기 분화의 교정 기획으로서 합리성 유형 이론

합리성 개념의 내적 분화에 대한 탐구는 철학적 합리성에 기초한 반성적 통찰을 통해 다양한 합리성 유형을 제시하는 이론 프로그램, 즉 철학적 합리성 유형 이론으로 구체화된다. 주지하다시피 이성의 내적 분화와 자기 비판은 칸트의 순수 이성 비판 이래 철학의 정당한 관심사로, 아울러 철학의 영구적인 과제로 간주되어 왔다.[31] 하지만 아펠은 철학적 전통으로 이어져 내려온 이성의 내적 분화 및 이성에 의한 이성 비판의 방식을 그대로 계승하는 것이 아니라, 이를 비판적·반성적으로 교정하여 새롭게 재구성하고자 시도한다. 무엇보다 아펠은 오늘날 다양한 방식으로 전개되고 있는 합리성 비판 — 가령 도구적 이성 비판이나 총체적 이성 비판 — 에 있어서, 그 같은 비판이 비판으로서 의미와 타당성을 지니기 위해서는 반드시 상호 주관적으로 구속력 있는 이성(intersubjektiv verbindliche Vernunft)을 전제해야만 한다는 점을 내세운다.[32] 그가 보기에 현대의 이성 비판 형식들은 이 점을 간과하거나 의도적으로 무시하고 있으며, 그로 인해 이성에 의거한 이성 비판은 불완전한 양태로 전개되거나 이성의 자기 파괴로 이어지고 있다. 이런 연유로 아펠은 기존의 이성 비판 형식을 반성적으로 교정하여 철학적 합리성 유형 이론으로 제시코자 하는 것이다. 그럼으로써 현대의 합리성 비판이 드러내는 자기 모순적·자기 부정적 한계를 어느 정도 넘어설 수 있다고 본다.[33]

---

31) K.-O. Apel(1987), 2쪽.
32) K.-O. Apel(1987), 2-3쪽.
33) K.-O. Apel(1984), 20쪽 참조.

그런데 상호 주관적으로 구속력 있는 이성이 필연적으로 전제된다는 주장에는 그 같은 이성에서만 현재의 전 지구적 난국을 헤쳐 나갈 새로운 윤리학의 토대를 확보할 수 있다는 내용이 함축되어 있다. 이는 아펠의 철학적 합리성 유형 이론이 상이한 합리성 유형을 세분화하고 그 최종 단계에서 논증적 이성(argumentative Vernunft)의 자기 성찰을 통해 선험 화용론적 근본 전제들을 밝혀내어 그것을 새로운 보편 윤리학의 정립 토대로 제시하고자 하는바, 그런 전제들이 다름 아닌 상호 주관적으로 구속력 있는 이성의 구현체이자 그것에 토대를 두고 있음을 말해 준다. 동시에 이제까지 서구 사회의 윤리 체계를 지탱해 온 전략적 합리성의 한계를 지적함으로써, 그것이 담론적 합리성에 기반한 윤리적 합리성으로 대체되어야 할 필요성이 있음을 말해 준다. 더불어 거기에는 오늘날 커다란 세력을 유지하고 있는 탈근대론의 이성 비판이 몰고 올 이성의 자기 파괴 및 도덕적 회의주의의 부정적 결과를 미연에 방지하려는 도덕적 보편주의의 메시지가 담겨 있다.

탈근대론이 도달하는 윤리적 무정부주의나 가치 상대주의는 실천적 차원에서 볼 때, 올바른 인간 삶에 대한 보편 타당한 규정이나 사회 정의에 대한 객관적 기준 혹은 윤리적 정당성을 평가할 보편적 척도가 상실된 윤리 체계이다. 이 같은 탈근대적 도덕 상대주의는 좋은 삶의 형식이 다원화 · 다양화되었다는 사실에 기초하여 상이한 정의 원칙과 도덕적 가치의 다원성을 주장한다.[34] 이런 점에서 철학적 합리성 유형 이론은 탈근대론과 그것이 시도하는 총체적 이성 비판에 맞선 하나의 대응책으로 개진된 것이라 할 수 있다.[35]

---

34) K.-O. Apel, "Grezen der Diskurethik," *Zeitschrift für Philosophische Forschung*, Bd. 40(1986), 3-4쪽.
35) K.-O. Apel(1987), 5쪽.

4.2 담론 윤리학의 정립 기획에서 철학적 합리성 유형 이론의 위치와 역할

다양한 합리성 유형에 대한 반성적 통찰과 구체적인 구분·분류의 작업은 우선적으로 수리적-논리적 합리성을 유일한 합리성 형태로 간주하는 분석 철학적 입론과의 대결을 통해 이루어진다. 곧 추상적이고 특수한 방법론적 합리성을 절대시하는, 러셀(Russel)과 타르스키(Tarski)로 대표되는 분석 철학에 공격[36]을 가하면서 이루어진다. 이런 비판적 공격은 수리적-논리적 합리성 역시 합의적 의사소통 합리성의 전제하에서 작동 가능한 것임을 입증해 보임으로써, 특정한 형태의 합리성을 유일한 것으로 절대시하는 시도를 일거에 허물어뜨린다. 이와 함께 분석 철학이 내건 일면적 합리성은 단독으로 존재할 수 없으며, 다양한 합리성 유형들간의 유기적이며 보완적인 관계망 속에서 비로소 존립할 수 있음을 보여줌으로써, 실증주의적·과학적 사유 방식의 한계와 이론적 협소성을 폭로한다. 아펠이 보기에 합리성에 관한 분석 철학적 입장은 철학적 근거지움(philosophical grounding)과 관련되어 있는 철학적 성찰(philosophical reflection)의 절차를 배제하고 있는 사고 범주를 성립시켜 왔던 것이다.[37]

여기서 새롭게 드러나는 합리성 유형은 **성찰적 방법으로서의 합리성**이다. 아펠은 이런 반성으로서의 합리성을 **철학적 합리성**으로 규정하고 이것에 걸맞은 합리성 유형을 **선험 화용론적 반성의 합리성**에서 발견한다. 이어 아펠은 이를 과학-기술적 합리성에 의해 전제되는, 동시에 과학-기술적 합리성을 보완하는 다양한 합리성 유형들을 드러내는 길잡이로 활용하고자 한다.[38] 이에 따라 반성적 성찰(의

---

36) K.-O. Apel(1986), 24쪽.
37) K.-O. Apel(1996a), 144쪽.
38) K.-O. Apel(1996a), 148쪽.

합리성)을 통해 과학-기술적 합리성의 존재를 가능케 하는 전제 조건으로서, 상호 주관적 타당성의 규범적 조건에 관한 선험 화용론적 반성이라는 **철학적 합리성**과 탐구자들의 실제적 공동체 내에서의 의사소통적 이해라는 **경험적-해석학적 합리성**이 그 모습을 나타낸다. 이 같은 합리성 유형의 구분에서 엿볼 수 있는 것처럼, 아펠은 철학적 근거지움을 의미 있는 인간 행위로서 논증의 상호 주관적 타당성의 주관적-상호 주관적 가능 조건에 관한 선험 화용론적 반성으로 이해[39]하고자 한다.

구속력 있는 윤리적 규범의 정초와 관련해 볼 때, 아펠의 철학적 합리성 유형 이론은 실증주의적 사유 방식과 그것의 토대로서의 과학-기술적 합리성이 초래한 현대의 다양한 사회 병리적 현상들을 해결 · 극복할 수 있는 대안적 윤리학의 토대로서 기능할 새로운 합리성을 발견하려는 시도라 할 수 있다. 아울러 그런 토대로서 **담론적 합리성에 기초한 윤리적 합리성**[40]이 제시된다. 윤리적 합리성이란 실천적 담론을 통해 윤리적 규범을 근거 지우는 규범적 합리성[41]을 가리킨다. 아펠은 이런 합리성을 담론적 합리성에 근거 지어져 있는 절차적 · 형식적인 것으로 이해한다.[42] 다시 말해 윤리적 합리성의 기초는 논증적 담론의 틀 내에서 의사소통적 상호 관계의 조건들에 관한 반성을 통해 드러날 수 있는바, 보편 타당한 윤리학의 근본 규

---

39) K.-O. Apel(1996a), 148쪽.

40) K.-O. Apel, "Läst sich ethische Vernunft von stragischer Zweckrationalität unterscheiden? Zum Problem der Rationalität sozialer Kommunikation und Interaktion," W. v. Raijen/K.-O. Apel(hg.), *Rationales Handeln und Gesellschaftstheorie*(1984a), 55-65쪽 참조.

41) K.-O. Apel(1996a), 154-155쪽.

42) 사실 윤리적 합리성은 내용성을 담보한 실증법적 실행의 차원에서 통용되는 절차적 합리성을 가리키기도 한다. 하지만 아펠이 진정한 의미에서의 윤리적 합리성으로 간주하는 것은 자유로운 의사소통의 절차에서 확보되는 합리성을 가리킨다.

범들은 다름 아닌 의사소통적 상호 작용의 보편적 규칙들 속에 함축
되어 있다는 것이다.

아울러 이 같은 맥락을 고려할 때 아펠의 합리성 유형 이론이 내
세우는 윤리적 합리성과 전략적 합리성 사이의 구분은 대단히 중요한
의미를 갖는다. 앞에서 살펴본 것처럼, 서구 사회의 지배적 이데올로
기로서 보충성 체계는 그 토대를 가치 중립적 합리성인 전략적 합리
성에 두고 있는바, 이런 합리성은 자체 내에 도덕적 정당성과 보편
적 타당성을 함의하고 있지 못하다. 한마디로 전략적 합리성은 윤리
적 합리성의 자격을 갖추지 못하고 있는 것이다. 아펠에 따르면, 규
범적 구속력을 갖춘 윤리학을 합리적으로 최종 근거 지울 수 있는
가능성(Möglichkeit einer rationalen Letztbegründung der Ethik)은 언어
사용에 있어서(아울러 사고에 있어서) 이미 전제되어 있는 합의적-의
사소통적 합리성 ― 이것은 담론적 합리성에서 자기 반성에 이르게
된다 ― 에 달려 있다.[43] 이와 관련해 특히 담론적 합리성의 선험 화
용론적 반성은 탈가치 관련적인 전략적 합리성 저 너머에 이른바 전
합리적인 결단이 존재한다는 사실을 보여 주려는 것이 아니라, 오히
려 그 같은 가치 중립적 합리성의 가능 조건으로서 의사소통과 의사
소통적 합리성의 보편적 규칙과 규범들이 전제되어 있음을 보여 주
고자 한다.[44]

철학적 합리성 유형 이론이 내건 윤리적/전략적 합리성간의 구분
은 또한 이상적 의사소통 공동체와 현실적 의사소통 공동체 사이의 모
순과 간극을 줄이는 데 현실적으로 기여할 수 있다. 비록 전략적 합
리성이 오늘의 시대 상황에 부합하는 윤리 체계의 토대로서 기능할
수는 없지만 그렇다고 해서 전략적 합리성이 전적으로 배제되어야

---

43) K.-O. Apel(1986), 25쪽.
44) K.-O. Apel(1996a), 154쪽.

할 합리성 유형은 아니다. 그와는 반대로 전략적 합리성은 합의적-의사소통 합리성(따라서 담론적 합리성)에 토대한 윤리적 합리성과 긴밀히 연결될 필요성이 있다. 왜냐하면 이상적 의사소통 공동체 내에서 통용되는 실천적 담론의 이상적인 조건들이 현실의 구체적인 사회 영역에서 실제로 구현되기 위해서는, 이 같은 실현 자체가 하나의 전략적 목표로 설정되어야만 하며 그런 한에서 두 합리성은 상호간의 대립을 지양하고 서로 중재되어야 하기 때문이다. 이를 위해 아펠은 담론 윤리학의 규범에 대한 근거지움의 원칙(Normenbegründungsprinzip)이, 이 원칙의 적용 조건을 적절하게 구현하기 위한 규제적 이념으로 기능할 수 있는 행위 원칙(Handlungsprinzip)에 의해 보완될 수 있는가의 문제를 다루는 **보충 원칙(Ergänzungsprinzip)**을 제시한다. 이런 보충 원칙은 담론적-윤리적 합리성과 전략적 합리성의 분리를 지양하며 아울러 법칙론적 윤리학과 목적론적 윤리학의 분리를 또한 지양한다. 이처럼 현실의 지평에서는 불가피하게 전략적 합리성이 요구된다. 하지만 동시에 그런 합리성은 합의적-의사소통 합리성에 의해 근거 지어진 제한적인 게임 규칙의 범위 내에서만 작동되어야 하는 한계를 지닌다.

4.3 합리성 유형의 분화 단계

아펠의 합리성 유형 이론은 다양한 합리성 유형들을 세분화하여 제시하고 있지만, 엄밀한 의미에서 그 같은 작업이 체계적인 방식에 따라 이루어지고 있는 것은 아니다. 합리성 유형의 구분 및 해명은 실상 그때그때의 탐구의 필요성에 따라 이루어진다. 가령 과학-기술적 합리성과 같은 특정 형태의 합리성의 가능 조건을 비판적으로 탐구하는 과정에서, 혹은 새로운 윤리학의 근본적 규범 원칙을 선험적 반성을 통해 확보하려는 과정에서 상이한 합리성 유형들이 제시 · 해명된다.

이 같은 점을 감안하면서 아펠이 시도하고 있는 합리성 유형의 구분 및 분류의 한 예를 소개하면 다음과 같다: ①논리-수학적 명제들 혹은 문장 기능들 사이에서 회피되어야만 하는 모순의 원칙이라는 의미에서의 수학적-논리적 합리성(mathematisch-logische Rationalität). ②효과적이며 도구적인 개입과 실험적인 인과 분석을 상호 전제한다는 의미에서의 기술적-과학적 합리성(technisch-szientifische Rationalität). ③도구적 합리성을 인간들간의 상호 행위와 의사소통에 상호 반성적으로 적용시킨다는 의미에서의 전략적 합리성(strategische Rationalität). ④언어 행위의 네 가지 보편적 타당성 요구가 지닌 구속력에 기초하여 이루어지는 의사소통 행위 사이의 협업이란 의미에서의 합의적-의사소통 합리성(konsensual-kommunikative Rationalität). ⑤회피되어야 하는, 논증 참여자들의 수행적 자기 모순의 원칙에 따라, 행위 부담에서 벗어난 합의적-의사소통 합리성을 통해 그것의 타당성 요구들을 비판적으로 묻고 반성적으로 되찾는다는 의미에서의 담론적 합리성(Diskursrationalität).[45] 여기서 합의적-의사소통 합리성 유형은 현실적으로 실재하는 언어적 의사소통 공동체에서 통용되며, 담론적 합리성은 이상적 의사소통 공동체에서 통용된다.

여기서 드러나듯이 아펠이 시도하는 합리성 유형의 분화 과정은 서로 다른 합리성들간의 엄격한 위계 질서를 고려하여 체계적으로 정리되어 제시된 것은 아니다. 아울러 합리성 유형들을 그와 같이 분류 · 구분하는 객관적인 기준이나 근거가 명시적으로 제시되고 있

---

45) K.-O. Apel(1986), 23-24쪽.

지도 않다. 그런 점에서 그의 합리성 유형에 대한 구분은 다소간의 이론적 애매성을 야기하고 있다. 그럼에도 그 같은 합리성의 분류 과정은 궁극적으로 담론적 합리성을 최종적 유형으로 드러냄을 목표로 삼고 있는바, 담론적 합리성이란 합리성 분화 과정의 최종 단계에서 논증적 이성이 반성적으로 자신을 되찾음으로써 스스로 드러나는 합리성이다. 이런 점에서 담론적 합리성은 모든 합리성의 존립 가능 근거이자 토대가 된다.

5. 합리성 유형 분화의 최고 단계로서 담론적 합리성: 역할과 기능

5.1 선험 화용론적 · 반성적 합리성으로서의 담론적 합리성

궁극적으로 철학적 합리성 유형 이론은 논증적 담론(argumentative Diskurs)을 이론과 실천의 차원에서 구분한 이론적 담론과 실천적 담론의 선험 화용론적 구조를 확인 제시하는 데로 귀착된다. 그 결과 "담론의 과정에서 수행적 자기 모순을 범하지 않을 수 없는, 하지만 바로 그 때문에 선결 문제의 오류에 빠지지 않을 수 없는 그런 가정들을 궁극적인 원칙으로 간주"하여 제시한다. 이처럼 반성적 합리성에 의해 도달된 궁극적인 논증의 전제들을, 아펠은 철학적 담론적 합리성의 원칙(Prinzipien der philosophischen Diskurs-Rationalität), 즉 이성 혹은 로고스의 원칙(Prinzipien der Vernunft oder des Logos)이라고 부르고자 한다.[46]

이때 담론적 합리성의 로고스는, 그것이 모든 참된 논증에서 전제

---

46) K.-O. Apel(1987), 6쪽.

되는 것처럼, 그것 내에 문화적 학습 과정의 합리적 재구성이라는 목적(telos)을 함유하고 있다. 이런 한에서 알베르트(Albert)로 하여금 궁극적인 근거 제시가 불가능하다는 결론에 이르게 했던 논리-수리적 로고스와는 달리, 논증의 자기 반성적 로고스라는 척도(Kriterium des selbstreflexiven Logos der Argumentation), 즉 회피되어져야 하는 논증의 수행적 모순의 원칙(Prinzip vom zu verme-denden performativen Selstwiderspruchs des Argumentierenden)은 궁극적인 정당화의 기능을 수행할 수 있다.[47]

아펠의 합리성 유형 이론은, 무반성적이며 그런 한에서 추상적인 논리-수리적 합리성의 로고스로부터 논증의 자기 반성적 로고스 혹은 담론적 합리성의 자기 반성적 로고스(selbstreflexiven Logos der Diskursrationalität)를 구분하는 것에서 출발한다.[48] 아울러 이를 통해 드러난 철학적·반성적 합리성으로서 담론적 합리성이 합리성 유형의 분화를 체계화된 이론으로 재구성하는 데 결정적인 역할을 수행한다. 곧 담론적 합리성을 통해 다양한 유형의 합리성을 드러내며 궁극적인 원칙에 도달하게 된다. 이런 원칙은 담론적 합리성에 의해 반성적으로 드러날 뿐만 아니라[49] 동시에 원칙 자체는 담론적 합리성에 기초를 두고 있다. 이런 한에서 합리성 유형 이론은 논증적 이성이 반성적 방식에 따라 자기 자신을 되찾아가는 과정, 그리하여 반성의 최고 단계에서 자신을 만나게 되는 과정[50]이라고 이름 붙일 수 있다. 이로써 아펠의 담론적 합리성은 합의적-의사소통 합리성보다

---

47) K.-O. Apel(1987), 19쪽.
48) K.-O. Apel(1987), 18쪽.
49) 이는 곧 엄격한 반성을 통해 최종적인 근거 제시(설정)에 이를 수 있다는 쿨만의 주장과 동일한 것이다. 이 점에 관한 쿨만의 입장은 W. Kuhlmann, *Reflexive Letztbegründung*(1985), 76-82쪽 참조.
50) K.-O. Apel(1986), 31쪽.

근원적인 것임이 드러난다. 왜냐하면 담론적 합리성은 선험 화용론적 반성의 로고스이자 모든 형태의 의사소통이나 실제적인 담론을 가능케 하는 토대로서 작용하기 때문이다. 이 점을 아펠은 다음과 같은 언급을 통해 분명히 한다: "나는 담론적 논증(diskursive Argumentation)을 이성의 선험적(transzendental) 기능으로, 아울러 의사소통의 유형(Typus von Kommunikation)으로 간주하기 때문에, 나는 이런 출발점에서 다음과 같은 테제를 제안하고자 한다: 인간적 의사소통 합리성(Rationalität menschlicher Kommunikation)에 관해 물음을 제기함으로써, 우리는 우선 이 물음에 관한 담론적 논증의 합리성(Rationalität einer diskursiven Argumentation über diese Frage)에 관해 물음을 제기해야만 한다. 즉 합리적인 의사소통 이론에 의해 전제되는 합리성에 관해 질문을 제기해야만 한다."[51]

5.2 담론적 합리성과 (합의적) 의사소통 합리성의 관계

(1) 합리성 유형에 대한 아펠의 선험적-반성적 접근 방식에 반대하여, 논증적 담론(argumentativen Diskuses)의 합리성을 의사소통 행위(kommunikativen Handelns)의 특정한 합리성 유형으로 간주하려는 입론들 가운데 하나가 하버마스의 의사소통 행위 이론이다. 하버마스는 일상적 의사소통과 논증을 형식상 구분하지만 그럼에도 양자의 근본적 토대로 세 차원의 합리성 복합체로 이루어진, 포괄적·절차적 합리성인 의사소통 합리성[52]을 내세운다. 이에 비해 아펠은 현실적으로 이루어지고 있는 일상의 의사소통이나 이론적/실천적 논증

---

51) K.-O. Apel(1996), 20쪽.
52) J. Habermas, *Theorie des kommunikativen Handelns* 1(1981), 34-44쪽, 427-451쪽 참조.

의 작동 토대로서 기능하는 합의적-의사소통 합리성 그 자체의 기초로서 담론적 합리성을 전제한다. 이에 따라 아펠은 의사소통 합리성을, 언어 행위의 네 가지 타당성 요구들이 지닌 규범적 구속력에 의거해 이루어지는 행위의 의사소통적 조정이라는 의미로 파악하면서 실제의 의사소통 공동체에서 행해지는 의사소통을 가능케 하는 합리성으로 해석한다. 반면 보다 근본적 형태의 합리성인 담론적 합리성은 현실의 지평이 아닌 이상적 의사소통 공동체에서 작동하는 선험적 합리성 유형이다. 요컨대 하버마스의 경우 생활 세계의 보편적 현상으로서의 의사소통 행위를 구성함에 있어 그 근본 토대가 되는 합리성을 의사소통 합리성으로 파악하고자 하는 데 비해, 아펠은 선험적 자기 반성을 통해 의사소통 합리성이 가능하기 위한 전제 조건으로서 담론적 합리성을 밝혀 내어 그것을 모든 의사소통과 논증의 궁극적인 토대로 삼고자 한다.

　그런데 근본적 합리성을 어느 것으로 볼 것이냐에 대한 양자간의 차이는 생활 세계 내의 의사소통과 그것의 작동 토대로서의 의사소통 합리성에 대한 관점의 차이에서 유래한다. 아펠은 하버마스가 도덕적 정당화의 토대이자 해방의 잠재력으로 간주하는 의사소통 합리성을 의심의 눈초리로 바라본다. 그가 보기에 거기에는 무비판적으로 전승되어 내려온 전통이나 관습적 요인들이 스며들어가 있다. 그런 한에서 관습적 규범(konventionelle Normen)에 매여 있는, 상호 주관적 타당성 요구나 이성 요구는 더 이상 우리가 신뢰하거나 의존할 수 없다는 것이다.[53]

　이런 이유에서 아펠은 생활 세계 내에서 이루어지는 의사소통이 결코 전략적 게임으로 기능할 수 없을 것이라는 (하버마스식의) 낙관

---

53) K.-O. Apel(1996), 31쪽.

적인 논증을 물리친다. 적어도 하버마스의 관점에서, 생활 세계의 모든 의사소통은 자유롭고 평등한 이성적 대화의 과정을 통해 상호 이해와 합의에 이르는 절차로 구조 지어져 있다. 그러기에 하버마스는 윤리학의 근본 원칙을 합리적으로 근거 지우는 문제를 실제적으로 기능하고 있는 의사소통 행위의 인륜성[54]에 의거하여 실행하고자 한다. 그러나 아펠이 보기에 이런 입장은 생활 세계의 의사소통을 지배하고 있는 독단적이며 비이성적인 요소들의 영향력을 간과한 소박한 자연주의적 견해로 일축해 버린다. 아펠의 이 같은 입장은 의사소통 합리성이 자리한 다양한 생활 세계의 고유한 특성에 따라 그에 부합하는 다양한 도덕 규범이 정초될 수 있다는 관점, 아울러 제3제국의 비극적 종말이 이 같은 부정적 사태의 단적인 사례라는 개인적 체험에 기반을 두고 있다.[55] 이런 까닭에 아펠은 생활 세계 내에서의 정상적인 의사소통의 규범적 구속력의 전제 조건(Präsup-positionen der bindenden Kraft normaler kommunikation)에 의거해서 비전략적 의사소통 합리성(nicht-strategische Rationalität)을 근거 지어서는 곤란하다고 본다.[56] 왜냐하면 이런 전제들은 종교적 · 형이상학적 세계관 만큼 독단적일 수 있기 때문이다. 그러므로 아펠은 가능한 인간적 의사소통 합리성에 관한 논증의 수준에서 선험 화용론적 자기 모순(ein transcendentalpragmatischer Widerspruch)을 범하지 않고서는 결코 논쟁할 수 없는 그런 담론적 합리성의 전제들을 엄격히 반성해

54) K.-O. Apel, "Normative Begründung der *Kritischen Theorie* durch Rekurs auf lebensweltliche Sittlichkeit?," A. Honneth/Th. McCarthy/C. Offe/A. Wellmer(hg.), *Zwischenbetrachtungen*(1989), 28쪽.

55) 아펠 철학에 지대한 영향을 미친 제2차 세계대전을 중심으로 한 아펠 자신의 개인사적 체험에 관해서는 W. Reese-Schäfer, *Karl-Otto Apel. Zur Einführung*(권용혁 옮김, 『칼-오토 아펠과 현대철학』(1997)), 23-30쪽 참조.

56) K.-O. Apel(1996), 32-33쪽.

볼 필요가 있음[57]을 주장한다. 이 지점에서 우리는 의사소통 합리성을 성찰의 최종 단계에서 재반성해 봄으로써 드러나는 담론적 합리성을 모든 합리성의 궁극적인 토대로 설정하는 아펠의 의도를 엿보게 된다.

(2) 담론적 합리성의 전제에 관한 엄격한 반성은 무엇보다 전략적 합리성과 담론적 합리성 간의 상호 관계의 문제, 즉 양자간의 긴밀한 내적 연관성과 상호 대립적 측면의 본질을 선명히 드러내 보여 준다. 우선 이 같은 반성을 통해 합리성의 문제를 논증할 때, 우리는 전략적 합리성과는 다른 담론의 합리적인 절차, 즉 원칙적으로 의미 주장과 사실 주장에 관해 근거 지어진 합의(begründeten Konsens über Sinnansprüche und Wahrheitsanprüche)에 이르게 되는 절차를 반드시 전제해야만 한다는 사실을 깨닫게 된다.[58] 이는 도덕성을 철저히 이해 관계의 차원으로 환원시키면서 전략적 합리성에 입각하여 윤리 규범의 체계를 확립시키고자 궁구하는 다양한 입론들의 한계를 폭로한다. 즉 그런 입론들은 자신들의 이론 기획을 충분히 근거 지우지 못함으로써 결국 실패로 끝날 수밖에 없으며, 더욱이 정당한 구속력을 지닌 윤리 규범의 체계는 담론적 합리성(따라서 그것에 기초한 윤리적 합리성)에 토대를 둘 경우 수립될 수 있다는 점을 보여 준다.

선험 화용론적 반성을 통해 도출되는 또 다른 중요한 사실은, 비록 전략적 합리성이 윤리적 합리성의 역할과 기능을 수행할 수는 없지만 그렇다고 해서 전략적 합리성이 철저히 배제되어야 할 대상은 아니라는 점이다. 오히려 그것은 윤리적 합리성과 변증법적으로 결

---

57) K.-O. Apel(1996), 33쪽.
58) K.-O. Apel(1996), 33쪽.

합되어야만 한다. 앞서 살펴본 것처럼, 우리는 담론에 관한 선험적 화용론을 통해 선험적 주체의 역할을 떠맡고 있는 이상적 의사소통 공동체를 전제했으며, 이는 논증적 담론의 선험 화용론적 관점에서 볼 때 불가피하게 요구된다. 그러나 이상적 의사소통 공동체의 전제는 현실적 의사소통 공동체의 측면에서 볼 때 반사실적(kontra-faktisch)인 것이다. 여기서 양자 사이에 이른바 변증법적 모순이 존재[59]함이 드러난다. 그런데 인간 사회가 추구할 궁극적인 지향점이 이상적인 의사소통 공동체라고 해도 그것을 현실에 무조건 강요하고 적용할 수는 없다. 현실의 의사소통 공동체는 자신을 보전해야 할 전략적 목표를 갖고 있으며 개인적 혹은 집단적으로 중요한 욕구를 돌보아야 하는 책무도 지니고 있다. 이것들은 모두 이상적인 의사소통 공동체를 구현하기 위한 필요 조건이다. 따라서 합리성에 관한 논증적 담론의 이상적 상황과는 구별되는 구체적인 일상의 세계 내에서 이상적인 의사소통 공동체의 절차적 조건을 전제해서는 안된다. 이것은 순진할 뿐만 아니라 심지어 기대 가능한 행위 결과에 대한 책임의 관점에서 비도덕적이기조차 하다.[60]

이런 점에서 윤리적 합리성(따라서 담론적 합리성)과 전략적 합리성 간의 대립은 지양되고 서로 변증법적으로 매개되어야 한다. 이것은 합의적 도덕의 근본 규범(윤리적 합리성의 당위적 명령)과 인간 조건의 우연적 상황(구체적 상황에 대한 판단에 기초한 전략적 합리성의 명령), 이 둘을 매개하는 도덕적 전략의 설정으로 구체화된다.[61] 이로

---

59) K.-O. Apel(1976), 430-431쪽.

60) K.-O. Apel(1996), 34쪽.

61) K.-O. Apel(1996), 34쪽. 도덕적 전략과 책임 윤리학의 상호 연관성에 대한 보다 자세한 논의는 M. Niquet, "Verantwortung und Moralstrategie überlegungen zu einem Typus praktisch-moralischer Vernunft," K.-O. Apel/M. Kettner(hg.), *Die eine Vernunft und die vielen Rationalität*(1996), 42-57쪽 참조.

써 다양한 정치-사회 체계들의 자기 주장(Selbstbehautung) — 아울러
궁극적으로 개인들의 자기 주장 — 과 연결된 전략적 사고는 모든
구체적인 상황에서 합의적 도덕의 장기적인 전략적 목표(langfristige
Zielstrategie der konsensualen Moral)와 결합되어야만 한다.[62]

　이처럼 아펠은 윤리적 합리성과 전략적 합리성의 변증법적 매개
와 합일을 통해 실제로 존재하는 의사소통 공동체를 보존하고 나아
가 보다 이상적인 사회를 현실에서 구현코자 한다. 이에 비해 하버
마스는 일상적 생활 세계 내의 의사소통 합리성만으로 보편 타당한
윤리적 규범 체계의 구축이 충분히 가능할 것으로 전망한다. 그런
까닭에 하버마스는 의사소통 합리성으로서의 **도덕-실천적 합리성**
(윤리적 합리성)과 대립적 관계에 놓인 **전략적 합리성**(체계 합리성)을,
도덕 규범이 지배하는 생활 세계의 영역으로부터 추방하고자 한다.
최소한 사회에 대한 분석적 차원에서 하버마스는 전략적 합리성을
체계에 할당하면서, 생활 세계는 의사소통 합리성으로서의 윤리적
합리성이 전일적으로 작용하는 영역으로 고착화된다.

　이상에서 드러나듯이 근본적 합리성 유형을 둘러싼 아펠과 하버
마스 사이의 대립적 입장은 결국 선험 화용론적 반성을 통해 드러나
는 담론적 합리성의 수용 여부에 달려 있다. 하버마스는 이것의 수용
을 거부한 채 생활 세계 내에서 이루어지는 일상적 대화나 논증적
담론에서 발현하는 의사소통 합리성에서 규범적 구속력을 갖춘 보편
적 윤리 규범의 정초가 가능하다고 본다. 이에 대해 아펠은 그 같은
합리성이 자리잡고 있는 생활 세계의 의사소통 구조 자체에 대한 선

---

62) K.-O. Apel(1990), 67쪽. 이때 도덕적 전략은 두 가지 명령으로 다가온다. 그 하나는
　　실제적 의사소통 공동체 내의 인류의 생존을 보장하라는 명령이며, 다른 하나는 긴 안
　　목에서 보아 현실적 의사소통 공동체 내에 이상적 의사소통 공동체를 실현하라는 명
　　령이다.

험 화용론적 반성을 통해 모든 인간적 타당성 요구에 내재한 관습적 구속력(konventionelle Bindekraft)의 상호 주관적 타당성의 한계를 폭로함으로써[63] 하버마스식의 의사소통 합리성으로부터 윤리적 정당성을 갖춘 도덕 규범의 확보를 불가능한 것으로 본다. 대신 보편 타당한 윤리적 규범의 근본 원리는 오직 담론적 합리성에서 정립될 수 있다고 본다.

6. 맺는말

아펠 철학의 중심 과제는 담론 윤리학의 건립에 있다. 담론 윤리학은 구체적인 현실에서 벌어지는 다양한 갈등과 대립 구도를 물리적 폭력이나 외적 권위 등에 의해서가 아니라, 사회 성원들간의 자유롭고 평등한 이성적 대화를 통해 해결하고자 한다. 이를 위해서는 누구나 수용할 수 있는 근본적 윤리 규범의 타당성을 논증적으로 확증해야만 한다. 이는 논증 그 자체를 가능하게 하는 전제나 조건들을 부정할 경우 수행적 모순에 빠지게 된다는 사실을 반성적으로 확인함으로써 가능해진다. 아울러 자기 모순에 처하지 않고서는 논박하거나 부정할 수 없는 이 같은 규칙이나 논증의 토대야말로 궁극적으로 근거 지어져 있다고 말할 수 있으며, 이런 근거 설정된 근본 조건들에 기초하여 보편 타당한 윤리적 원칙들의 규범적 구속성을 개진할 수 있다. 그런데 이처럼 선험적 반성을 통해 궁극적으로 근거 지어진 도덕 규범의 타당성을 제시하는 과정에서 그 중심적인 역할을 수행하는 것이 바로 철학적 합리성 유형 이론이다.

---

63) K.-O. Apel(1996), 32쪽.

더욱이 이 같은 철학적 합리성 유형 이론은 오늘날 활발히 전개되고 있는 합리성 논의와 관련하여 새로운 발상을 개진하고 있다는 점[64]에서 특히 주목된다. 한편으로 아펠의 합리성 이론은 강한 이성주의의 입장을 견지하고 있는 분석 철학에 대해 논리적 · 수리적 합리성을 합리성의 유일한 형태로 규정하여 절대화하는 오류를 범하고 있음을 신랄히 비판한다. 다른 한편으로 아펠의 합리성 유형 이론은 이성에 대한 총체적 비판을 전개하고 있는 탈근대적 이성 비판에 대해, 그것이 자기 모순에 빠지면서 이성의 자기 파괴로 귀결하고 있음을 폭로한다. 이로써 아펠의 합리성 이론은 강한 이성주의 대 반이성주의 사이의 논쟁을, 이성의 자기 분화 및 자기 비판이라는 전략을 통해 중재하면서 확산되는 이성의 위기적 상황을 차단하고 이성을 옹호하고자 한다. 이 점은 전략적 합리성에 기초한 보충성 체계가 갖는 윤리적 무능성과 이성의 전면적 부정과 해체를 통해 도덕적 무정부주의로 치닫고 있는 이성에 대한 두 입론의 한계를 극복하면서, 이성에 기초한 논증을 통해 윤리적 원리의 보편 타당성을 지닌 거시 윤리학의 정초에서 드러나듯이, 이성에서만 여전히 윤리적 체계가 확립될 수 있음을 입증해 보이는 것이다. 바로 이 같은 맥락에서 아펠의 합리성 이론은 담론 윤리학을 근거 짓기 위한 예비적인 이론 기획인 동시에 이성에 기초한 보편 윤리의 원칙을 수립함에 있어 보완적인 작업의 성격을 갖는다.

이상에서 드러나듯이 아펠의 합리성 유형 이론은 이른바 이성의 위기라는 시대 상황 속에서 중요한 이론적 · 실천적 성과를 거두고 있다. 하지만 그럼에도 불구하고 여전히 보완하고 해명해야 할 사항들을 남겨 놓고 있다. 가령, 이른바 탈형이상학적 사유가 지배적인 시

---

64) 오늘날 아펠 철학을 연구해야 할 필요성에 대한 언급은 V. Hösle, *Die Krise der Gegenwart und die Verantwortung der Philosophie*(1990), 12쪽 참조.

대 흐름으로 자리잡고 있는 가운데 이성 역시 상황 의존적이며 오류를 범할 수 있다는 주장에 맞서 이성에 대한 선험적 · 형이상학적 옹호 논변이 여전히 견지될 수 있는 것인가의 문제, 아울러 도덕적 구속력을 갖춘 윤리 규범을 근거 지우는 과정에서 이성이나 이성적 요소만을 고려의 대상으로 간주했을 뿐, 삶의 현장에서 늘상 접하는 감정이나 욕구와 같은 비이성적인 요인들을 제대로 고려하지 못하고 있는 문제 등이 그것이다.

물론 이 같은 사항들은 예비적 · 보완적 이론 기획으로서 아펠의 철학적 합리성 이론이 단독으로 처리 · 해결할 수 있는 것은 아니다. 오히려 그것들은 담론 윤리학을 중심축으로 한 그의 철학 자체가 풀어 나아가야 할 과제들이다. 아울러 이런 문제들에 대해 보다 설득력 있는 해명과 해결적 대안이 요구된다고 해서, 그것이 바로 아펠의 합리성 유형 이론이 보여준 유의미한 역할과 이론적 중요성을 감소시키는 결정적인 요인은 아니다.

8 끝없는 발전의 도정으로서 유토피아
새로운 유토피아론[1]의 모색

1. 왜 다시 유토피아인가

"아우슈비츠 이후에 시를 쓴다는 것은 야만적인 일이다."[2] 아도르노의 이러한 언급은, 새로운 천년의 시작을 알리는 새로운 세기, 21세기를 맞은 시점에서, 모든 구속과 억압에서 자유로운 해방 사회를 구현코자 시도되었던 유토피아의 기획이 암초에 부딪혔음을 극명하게 보여 주는 대목이다. 나치에 의해 자행된 600만 유태인 대학살은, 해방 사회 구현의 근본 토대로서의 근대적 이성 그 자체가 하나의 광기임을 여지없이 보여준 극적 사건이었다. 이로써 우리는 더 이상 계몽과 진보, 인간 해방과 유토피아 등을 함부로 입에 올리기 어렵게 되었다.

---

1) 이 글에서 사용되는 유토피아론은, 유토피아에 관한 개념 정의나 이론적 분석은 말할 것도 없고, 유토피아나 이상적 사회에 관한 논의나 입장 등을 포괄하는 의미로 사용된다.

2) Th. Adorno, *Kulturkritik und Gesellschaft* I(1998), 30쪽.

게다가 이상 사회의 구현을 추구하는 유토피아의 기획은 그 실현 과정에서 불가피하게 억압과 폭력을 수반한 강력한 중앙 집권적 지배를 요구하게 되며, 결국 독재 체제와 폭력적인 지배로 귀착될 수밖에 없다는 생각[3]이 주류를 이루고 있다. 이에 따르면, 결국 유토피아는 실현될 수 없는 하나의 환상에 불과하며, 설령 그에 근접한 사회를 건립하더라도 그것은 개인의 자유와 권리가 철저히 유린된 독재 사회나 전체주의 사회의 형태를 띠게 된다는 것이다.

상황이 이렇다면, 이제 유토피아나 이상 사회를 논하는 행위 자체마저 다분히 시대착오적이거나 시대 흐름에 역행하는 것으로 취급받기 십상이다. 하지만 우리가 처해 있는 현실이 이렇다고 해서, 유토피아나 인간 해방의 기획이 더 이상 수행될 수 없으며 결국 포기되어야 하는 것인가의 문제는 보다 신중을 요하는 사안이라 하겠다. 적어도 현시점에서 이상 사회나 유토피아에 대한 전망을 배제한 채, 역사와 사회를 논한다는 것 자체가 불가능하기 때문이다. 더욱이 모든 억압과 구속에서 자유로운 유토피아(사회)에 대한 꿈을 접는다는 것은, 미래에 대해 아무런 희망 없이 살아갈 것을 강요하는 것과 다를 바 없다. 하버마스의 표현을 빌리면, "유토피아적 오아시스가 고갈되어 버리면 진부함과 무력감이 팽배한 황폐한 사막이 펼쳐질"[4] 뿐이기 때문이다.

이렇듯 현시점에서 유토피아를 논하는 것은 현실과 유리된 관념적 유희로 비칠 수 있지만, 우리의 의식으로부터 유토피아의 흔적을 완전히 지울 수는 없다. 삶의 진정한 의미는 현실의 상태에 만족하기보다 현실에서 부딪치는 다양한 문제들을 해결하면서 더 나은 상태(궁극적으로 유토피아)를 추구해 나가는 데 있기 때문이다. 아직

---

3) K. Popper, *The Open Society and Its Enemies* I(1966), 159쪽.

4) J. Habermas, *Die Neue Unübersichtlichkeit*(1985), 161쪽.

현실적으로 이루어지지 않은 상태, 그것은 우리에게 이루어질 상태에 대한 희망을 갖게 하며, 모든 것이 완전히 이루어진 상태, 곧 유토피아를 희구하게 만든다.[5] 이 같은 맥락에서 우리의 삶은 불가피하게 유토피아와 연결되지 않을 수 없으며, 나아가 유토피아를 요청하지 않을 수 없는 것이다.

이렇게 볼 때 작금의 현실은, 인간 해방과 역사의 진보에 관한 담론들이 제대로 그 설득력을 발휘하기 어려운 상황, 즉 유토피아(론)에 대한 회의와 부정의 강도가 최고조에 이른 상황이라고 볼 수 있지만, 동시에 유토피아나 유토피아와 관련된 다양한 논의들에 대한 관심과 기대가 그 어느 때보다 증대하고 있는 시점이라고 할 수 있다. 더욱이 유토피아를 포기할 경우 역사를 형성해 나가는 인간의 의지 그리고 역사를 총체적으로 인식하는 안목마저 상실케 된다는 점에서, 또한 유토피아가 소실될 경우 인간 자체도 하나의 고정된 사물과 같은 대상으로 전락하면서 단지 충동에 따라 움직이는 존재로 변질될 것이라는 사실[6]에 비추어, 지금이야말로 그 어느 때보다 유토피아가 절실히 요구되는 때라 하겠다.

하지만 기존의 유토피아나 유토피아론으로는 더 이상 이러한 요구에 부응하기 어렵게 되었다. 이 점은 인간 해방과 진보를 내걸고 유토피아론을 개진했던 마르크스 철학이 이론적·실천적 한계를 여지없이 드러내고 있다는 사실에서 쉽게 확인할 수 있다. 이는 우리에게 시대가 변화한 만큼 그에 부합하는 새로운 유토피아 — 따라서

---

5) 이와 관련하여, 블로흐(E. Bloch)는, 아직-아님(Noch-Nicht)이야말로 존재론적으로 희망의 구조를 나타내며, 이것이 미완성의 상태에 있는 모든 사물들의 유토피아적 본질을 역사적 과정에서 구현토록 하면서 유토피아를 추구하게 한다는 것이다. 이 점에 관해서는 E. Bloch, *Das Prizip Hoffnung*(1968), 356-360쪽 참조; 김진, 「블로흐의 희망철학과 유토피아론」, 『사회철학대계 2』(1993), 181-184쪽 참조.

6) K. Mannheim, *Ideologie und Utopie*(1969), 225쪽.

유토피아론 — 가 모색되고 탐구되어야 한다는 반성과 교훈을 일깨
워 준다. 그렇다면 새롭게 모색되어야 할 유토피아, 유토피아론은 어
떤 성격과 내용을 지녀야 하는 것인가. 이에 대한 반성적 검토 작업
이 이제부터 우리가 수행해야 할 과제이다. 물론 이러한 과제를 수
행하기 위해서는 일차적으로 이제까지 사상사적으로 유력한 지위를
차지해 온 고전적 유토피아론의 한계에 대한 검토가 선행되어야 할
것이다.

2. 새로운 유토피아론의 모색

2.1 고전적 유토피아론의 한계

1) 오늘날 모어의 유토피아론은 이제까지 등장했던 다양한 유토
피아 사상들의 원형(原型)으로 간주되고 있다. 특히 그의 이상 사회
는 생산 수단의 공동 소유와 재화의 공동 분배를 근간으로 한 계급
없는 사회란 점에서, 그 어떤 착취도 허용치 않는 사회로 평가받고
있다. 이 점에서 모어는 최초의 근대적 공산주의 이론가로 해석되고
있기도 하다.[7]

하지만 모어의 유토피아 사상에서 세인을 관심을 끄는 것은 이 같
은 그의 낙원적 사회상보다는 그의 사상의 저류에 깔려 있는 사회 비
판 의식이다. 당시 막 태동하던 초기 자본주의적 상황에 대한 강력한
현실 비판이 모어 유토피아론의 본질을 이루고 있다. 이 같은 모어
의 비판 의식은 초기 자본주의하에서 벌어지는 계급적 착취에 대한

---

7) K. Kautsky, *Thomas More und seine Utopie*(1920), 151-162쪽 참조.

고발을 통해 여지없이 드러난다: "노동자, 마부, 목수, 농부 등은 짐 신는 짐승도 감히 견디기 어려운 일을 쉼 없이 하건만… 차라리 짐 신는 짐승의 처지가 오히려 부러울 만큼, 보잘것없는 삯으로 처참한 생활을 하고 있다."[8] 이러한 현실 비판의 정신은 가까이는 근대 혁명 사상으로 이어졌으며, 멀게는 현대 사회주의 사상에 지속적으로 영 향을 미치고 있다.

이렇게 볼 때, 근대 유토피아론의 선구자인 모어에서 유토피아는 역사의 과정에서 실천적 변혁 활동을 통해 실현되는 사회상으로 제 시된 것이라기보다, 사회 비판의 척도로서 그 기능을 수행하고 있는 셈이다. 그런 한에서 모어의 유토피아는, 역사의 지평에서 달성하기 어려운 초역사적 모델로서 정립된 것이며, 이 점에서 결정적인 실천 상의 한계를 드러낸다. 현실 비판의 척도로서의 기능을 뛰어넘어 인 류 역사의 전개 과정에서 실현해야 할 바람직한 사회상, 사회 발전 의 목표로서의 유토피아를 정초하려는 시도는 초기 사회주의(Früh-sozialismus)[9]에 와서야 비로소 적극적으로 모색되기 시작한다.

2) 잘 알려진 것처럼 오웬과 생시몽, 푸리에로 대변되는 초기 사회 주의는, 그것이 내건 미래 사회의 청사진이 다분히 공상적이며 실현 불가능하다는 의미에서 마르크스와 엥겔스 이래 소위 정통 마르크 스주의에 의해 공상적 사회주의로 낙인 찍혀 왔다.

하지만 그러한 부정적인 명칭에도 불구하고, 초기 사회주의자들 은 산업 혁명의 과정을 통해 점차 자리를 잡아가던 초기 자본주의 체제의 구조적 모순과 병폐를 정확히 통찰하고 있었다. 아울러 그들

---

8) Th. More, *Utopia*(1964), 147쪽.
9) 초기 사회주의라는 용어의 용례와 의미에 관해서는 김재기, 「푸리에의 사회철학의 기 본원리」, 차인석 외, 『사회철학대계2』(1993), 12쪽.

이 제시한 미래의 이상 사회에 대한 조감도 역시, 그것이 드러내는 소박성과 비현실적 요소에도 불구하고, 비인간적 사회 현실의 전면적인 해체와 단절을 통해 참으로 인간적인 사회를 구현하려는 의도가 담겨져 있었다. 자본주의적 질서를 적당히 개선하는 방식으로는 결코 비인간적 억압 구조가 폐절되지 않기 때문에, 그러한 질서 자체를 완전히 무화시키는 방법을 통해 착취 구조가 제거된 새로운 사회를 창출하려는 실천적 의도가 내재되어 있었던 것이다.

또한 당시의 자본주의 체제가 아직은 내적 모순이 심화되어 심각한 계급 대립과 투쟁을 촉발시킬 만한 상황에 놓여 있지 않았던 탓도 있지만, 여하튼 초기 사회주의자들은 폭력과 혁명이라는 과격한 방식 대신, 계몽(교육)과 설득이라는 점진적이고 평화적인 방식을 통해 새로운 사회를 구현코자 했다는 점에서,[10] 변화된 오늘의 상황에서 그들의 입장은 재음미해 볼 가치가 있다 하겠다. 특히 새로운 이상 사회로 조화롭게 유지 발전시켜 나가기 위한 방안으로 도덕을 중심으로 한 교육 프로그램을 중시했다는 사실은, 새로운 이상 사회를 현실화하는 과정에서 물질적 토대 못지않게 사상·문화의 측면이 대단히 중요하다는 교훈을 우리에게 일깨워 준다.

이처럼 초기 사회주의는 일차적으로 자본주의 체제의 비인간적 상태를 공격하는 데 주안점을 두고 있다. 하지만 그들이 구상한 유토피아(이상 사회)는 단순히 비판의 척도에 머무는 것이 아니라, 자본주의 체제를 넘어서 인류가 實現해야만 하는 역사적인 목표로 주어져 있다. 이 점에서 그 이전의 유토피아론과는 질적인 면에서 차별성을 지닌다.

그럼에도 초기 사회주의는 그것이 등장했던 시대적 상황에서 볼

---

10) 이 점에서 초기 사회주의자(유토피안 사회주의자)들은 오늘날의 사회공학자에 해당된다는 평가가 있다. R. C. 매크리디스, 『현대정치사상』(1986), 55쪽.

때, 몇 가지 중요한 취약점을 드러내고 있는데, 이는 특히 과학적 사회주의를 표방했던 마르크스와 엥겔스에 의해 명료하게 정식화되었다.[11] 이에 따르면, 초기 사회주의는 무엇보다 자본주의 체제의 역사적 역할과 의미를 전혀 간취하지 못하고 있다. 이로써 초기 사회주의가 내건 이상 사회는, 자본주의 체제와 완전히 단절된 상태에서 그것이 거둔 고도의 생산력이나 물적 토대를 전혀 활용하지 못하는 우를 범하고 있다. 다시 말해 발전된 자본주의의 산업 기반을 포기한 채, 단순 농업에 기반한 자급자족의 생산 단계에서 일체의 모든 것을 시작함으로써, 역사의 퇴행적 결과를 낳고 있는 것이다.

둘째, 초기 사회주의는 이상 사회를 구현하기 위한 실천 주체를 소수의 부르주아 계층과 지식인에게서 찾고 있다. 그 결과 당시 자본주의하에서 억압받고 착취당하고 있던 노동자 계급의 역할에 대한 고려, 즉 그들의 능동적·실천적 변혁을 통한 새로운 사회의 건설에 대한 그 어떤 전망도 결여하고 있다.

셋째, 자본주의 체제에서 이상 사회로 이행하는 절차나 이행 방식에 대한 상세한 해명이 주어져 있지 않다. 이는 체제의 이행이나 이상 사회의 건립을, 역사의 지평에서 이루어지는 연속적인 과정으로 이해하는 것이 아니라, 역사적 단절과 비약으로 파악하고 있다는 것을 말해 준다. 이로써 초기 사회주의가 표방한 이상 사회는 자본주의 내의 구조적 모순과 그에 따른 계급 투쟁의 촉발, 이어지는 프롤레타리아 혁명 등 일련의 이행 절차를 통해 형성되어 나가는 사회 발전의 법칙성을 전혀 고려하지 않은, 그 자체 초역사적이며 관념적인 것으로 드러난다.[12]

---

11) F. Engels, *Die Entwicklung des Sozialismus von der Utopie zurn Wissenschaft*, *MEW* 19(1982), 189-209쪽. 아울러 초기 사회주의에 대한 엥겔스 비판의 윤곽은 R. Levitas, *The Concept of Utopia*(1990), 49-55쪽 참조.

넷째, 초기 사회주의는 미래 사회의 구현을 위한 실천 방식으로
서, 지배/예속 관계를 폐지하고 새로운 인간 중심 사회를 건립하기
위한 정치 투쟁 — 마르크스적 의미의 계급 투쟁 — 의 역사적 의의
를 간과한 채, 당시의 시대적 상황을 너무 앞서는 이상적 방식에 매
몰되는 한계를 드러낸다.

3) 오늘날 세인의 관심을 가장 많이 모으는 고전적 유토피아론들
가운데 하나가 마르크스 철학의 그것이다. 비록 현실 사회주의의 몰
락으로, 그 이론적 · 실천적 호소력이 상당 정도 약화되기는 했지만,
그럼에도 마르크스 철학이 주창하는 인간 해방의 기획은 여전히 그
이론적 효용성과 규범적 타당성을 지니고 있다고 보여진다. 물론 마
르크스 본인은 현실에 부과되는 자의적인 이상적 모델로서 유토피
아를 구성 · 제시하고자 하지 않았다. 그럼에도, 그의 사상에는 유토
피아에 관한 일관된 기본적 관념이 내재되어 있는바, 이는 흔히 인간
본성의 모든 측면들의 해방 또는 자유의 왕국 수립으로 표출된다.[13]
오늘날 마르크스 철학이 하나의 이데올로기로서 지속적인 영향력
을 발휘하면서 여전히 관심의 대상이 되고 있는 것은, 그것이 천년
왕국 신앙과 유토피아가 지닌 근본 원리를 독특하게 통합하고 있다
는 사실에 부분적으로 기인하고 있다. 아울러 이상 사회를 실현하려
는 인간의 꿈을 정의와 변화를 위한 불가피성과 연관 지우면서 그
꿈을 역사적인 힘의 원동력으로 시각화하려는 노력이 마르크스 철
학, 특히 그것의 유토피아론으로 하여금 대중적 호소력을 갖게 하고

---

12) 이 점은 "발전하지 못한 경제 관계 속에 감추어져 있던 사회적 과제의 해결책을 머리
속에서 꾸며내지 않으면 안 되었다"에서 여실히 드러난다. F. Engels(1982), 193-194
쪽.

13) J. Larrain, *Marxism and Ideology*(1983), 228쪽.

있다는 점에 주목해야 할 것이다.[14)

　사실 마르크스는 자신의 철학에서, 그 이전까지의 모든 유토피아론은 특정 계급의 이익을 대변하기 위한 지배 이데올로기였던 반면, 자신의 유토피아론은 하나의 과학적 이론이며,[15) 이런 한에서 공상적 사회주의(초기 사회주의)를 포함한 이른바 유토피아주의의 대립물은 다름 아닌 과학적 사회주의라는 입장을 설파하였다. 나아가 과학적 사회주의야말로 자본주의 체제의 발전이 낳은 산물이며, 역사의 지평에서 실천적 변혁을 통해 그 내용이 실현될 수 있다고 주장하였다. 이는 인간의 자기 소외로서의 사적 소유의 적극적인 부정으로서 공산주의, 인간 본질의 실질적인 전유, 모든 개인의 충분하고 자유로운 발전 등 다양한 방식으로 언급되고 있으며, 마침내 "아무도 배타적인 영역을 갖지 않고 각자가 자신이 원하는 어떤 분야에서든 스스로를 도야시킬 수 있는 공산주의 사회"[16)로 귀결된다. 이렇게 볼 때, 유토피아의 가장 명시적이고 급진적인 형태는 마르크스 철학에서 발견된다는 주장[17)은 어느 정도 설득력을 지닌다 하겠다.

　물론 마르크스 철학의 유토피아론은, 미래에 실현될 이상 사회는 현존하는 자본주의 체제 내에 구조적으로 내재되어 있으며, 고도로 발전된 자본주의 체제의 생산력과 물적 토대를 기초로 해서만 구현될 수 있음을 강조한다. 동시에 계급 투쟁과 프롤레타리아 혁명의 방식을 통해서만 이러한 이상 사회로의 접근이 가능하며, 그 같은

---

14) 임철규, 「왜 유토피아인가」, 『오늘의 책』 5호(1985), 128-130쪽.
15) 이 지점에서 드러나듯이 마르크스와 엥겔스는 자신들의 유토피아론에 대해서는 이데올로기의 혐의를 적용하지 않고 있다. 이와 관련해 만하임은 "이제까지 모든 적들의 유토피아를 이데올로기로서 폭로해 왔던 사회주의 사상은 그 자체의 입장에 대해서만큼은 피구속성의 문제를 결코 제기하지 않았다"라고 지적하고 있다. K. Mannheim(1972), 225쪽.
16) K. Marx/F. Engels, *Die deutsche Ideologie*, *MEW* 3(1969), 33쪽.
17) G. Vattimo, *The Transparent Society*(1992), 79쪽 참조.

혁명적 실천의 주체로서 노동자 계급은 자본주의 체제에서 자생적으로 형성된다는 지적도 잊지 않는다. 결국 마르크스 철학이 지향하는 해방 사회는 자본주의 경제의 물적 토대를 기반으로 하여 구현되는 사회이자, 동시에 자본주의 체제의 구조적 모순의 심화로 인해 촉발된 계급 투쟁과 실천적 혁명, 그리고 계급 독재를 통해 형성 발전되어 나가는 사회이다.

하지만 마르크스 철학의 유토피아론 역시 그 자체 적지 않은 문제점과 한계를 드러내고 있다. 그 가운데 몇 가지를 지적해 보면, 첫째, 해방 사회를 구현하는 과정에서 자본주의 체제가 남겨 놓은 정치적 유산 — 가령, 의회 민주주의 — 을 제대로 활용하지 않은 채 폐기 처분해 버렸다. 둘째, 바람직한 사회를 형성·발전시킴에 있어, 그 방법적 대안으로 계급 투쟁과 계급 독재라는 폭력적 방식만을 고집하였다. 이는 대립과 통일 가운데 대립만을 절대화시킨 것으로서, 대립물의 통일의 원칙을 제대로 관철하지 못한 결과이다. 셋째, 마르크스 철학의 유토피아는 역사 발전 단계의 최종적인 목표로서 제시된 것으로, 이상 사회의 구현 이후 사회 발전에 대해 제대로 해명할 수 없는 난점을 노정한다. 넷째, 민주주의 원칙이 제대로 준수되지 못함으로써, 이는 결국 사회주의 체제의 몰락으로 귀착되었다. 다섯째, 개인의 이익과 사회 공동의 이익을 통일시키지 못한 채 전체의 이익을 위해 개인의 권리와 이익을 희생시킴으로써, 자유의 억압과 인권 유린의 사태를 초래하고 급기야 내부 붕괴로 이어지고 말았다.

2.2 새로운 유토피아론의 모색 방향

유토피아는 긍정적 의미와 부정적 의미를 동시에 내포하고 있다. 한편으로 유토피아는 비현실적이고 실현 불가능한 것을 함축한다.

다른 한편으로 그것은 인간의 가장 고귀한 꿈이 실현되고 행복을 방
해하는 모든 것이 제거되어 욕망과 그 성취 사이의 긴장과 대립이
해소되는 이상적인 상태를 가리키기도 한다.[18] 물론 오늘의 상황은
유토피아에 대한 긍정적 인식보다 부정적 시각이 우세한 것이 사실
이며,[19] 심지어 유토피아의 종언이 언급되기도 한다. 현실 사회주의
의 붕괴로 집약되는 현재의 역사는 서구 자유 민주주의가 인류의 최
종적인 정부 형태로 보편화되어 나가는 현상을 의미하는 것으로, 역
사는 자유 민주주의의 승리로 끝났다고 단언한 후쿠야마의 역사 자
체의 종말[20]에 관한 논변이 그 단적인 예다. 이제 미래 지향적 전망을
제시하면서 우리로 하여금 실천적 행동으로 나서도록 독려하는 유
토피아론은 사라져 버린 듯 보인다. 대신 현실 비판을 위한 최소한의
준거점 역할에 만족해야 하는 상황이 전개되고 있는 것 같다.

하지만 우리가 몸담고 살고 있는 현실 사회의 구조적 왜곡과 모순
은 우리로 하여금 현실에 만족치 않고 끊임없이 그것을 해결·극복
하려는 시도를 감행케 하며 대안적 사회상을 추구하도록 만들고 있
다. 이 점에서 유토피아는 현실의 모순을 넘어서겠다는 의지의 표현
이라 할 수 있다. 게다가 이상적 사회로서의 유토피아는 끊임없이
그 내용이 변할 수밖에 없다. 현재의 상황이 변화되면 그 속에 내재
된 모순의 형태도 변화될 뿐만 아니라, 그것을 극복·해결하려는 방
안이나 이상 사회의 모습도 달라질 수밖에 없기 때문이다.[21] 이런 점
에서 새로운 시대 상황, 새로운 질서에 부합하는 새로운 유토피아론

---

18) 임철규(1985), 121-122쪽.
19) 반면 유토피아적 입장과 반유토피아적 입장 간의 구분은, 진보적인가 보수적인가를
판별하는 것과 동일시되기도 했다. F. Seibt, "Utopie als Funktion abendländischen
Denkens," W. Voßkamp(hg.), *Utopieforschung* 1(1985), 255쪽.
20) F. Fukuyama, "The End of History?," *The National Interest* 16(1989), 3-4쪽.
21) 최종욱, 『철학과 일상으로부터의 탈출』(1995), 195쪽 참조.

이 요구되는바, 그것은 일차적으로 기존의 유토피아론들의 한계를 넘어서야 할 뿐만 아니라 적어도 다음과 같은 조건들을 충족시켜야 할 것이다.

우선, 새로운 유토피아는 역사 발전의 **최종 종착점**으로 상정되어서는 곤란하다. 그것은 완벽한 사회를 향해 끊임없이 근접해 가는 영원한 발전의 도정으로 파악되어야 한다. 이럴 경우, 유토피아에 도달한 이후의 역사 발전에 대해 제대로 해명할 수 없는 논리적 난점이 비로소 해소될 수 있다.

둘째, 새로운 유토피아론은, 현실 비판에 그 역할을 고정시키는 소극적 유토피아 대신, 보다 능동적이고 적극적으로 현재의 모순을 타개해 나가면서 인간 해방의 사회를 실제로 역사의 지평에서 실현할 수 있는 적극적 유토피아를 모색해야만 한다.

셋째, 기존의 유토피아론이 거둔 이론적 성과와 긍정적 측면을 반성적·비판적으로 계승하는 유토피아론이어야 한다. 이를 위해서는 고전적 유토피아론 각각에 대한 재해석이 요구된다. 특히 새로운 사회를 형성하는 현실적 방안으로 계급 투쟁을 배제하고 대화(설득)와 교육(계몽)에 치중했던 **초기 사회주의**의 입장은, 현시점에서 긍정적으로 검토될 수 있다고 보여진다. 왜냐하면 인간 해방을 위한 물적 토대의 확보라는 자본주의의 역사적 소임이 아직 마무리되지 않은 상태에서, 자본주의나 자본가 계급을 타도하기 위한 투쟁은 역사 발전에 역행하는 결과를 낳을 수 있기 때문이다.

넷째, 새로운 유토피아론은, 그 지향하는 사회상이 지닌 인본주의적 매력에도 불구하고 현실적으로 실천적 추동력을 상실해 버린 마르크스 철학의 유토피아론이 갖는 이론적·실천적 한계를 극복할 수 있는 유토피아론이어야 한다. 그 이유는, 마르크스 철학이 구현하고자 했던 인간 해방의 이념은 여전히 유의미하며 우리가 적극적으로 계승해야 할 철학적 유산이라고 판단되기 때문이다.

끝으로, 현존하는 자본주의 체제가 역사 전개 과정의 최종적 목표인 양 주장하는 이른바 **자본주의적 유토피아** 사상이나 반이성주의적 관점에서 역사의 진보를 부정하고 유토피아의 구현을 거짓된 믿음으로 몰아치는 반유토피아적 입장들의 한계를 넘어설 수 있어야 한다. 이러한 조건은 인류 역사의 발전 과정에서 미래의 이상 사회는 여전히 구현 가능하다는 논변을 설득력 있게 제시해 줄 수 있어야 한다는 것을 의미한다.

그렇다면 현시점에서 이처럼 새로운 유토피아론의 자격 조건을 충족시키는 이론 모델은 과연 존재하는가. 이 글은 황장엽이 창안하여 제시한 **인간중심철학**의 유토피아론이 이와 같은 자격 조건에 근접해 있는 이론 체계들 중의 하나라고 보아, 이를 일차적 검토의 대상으로 삼아 반성적으로 고찰해 보고자 한다. 아울러 그러한 비판적 검토 과정을 통해, 인간중심철학의 유토피아론이 새로운 **차세대 유토피아론**의 유력한 한 후보로서, 우리가 적극적으로 수용할 만한 것인가를 조망해 보고자 한다. 물론 이 글에서는, 그것의 수용 여부에 관한 직접적인 판단은 가능한 한 자제할 것이다. 그런 한에서 이 글은 인간중심철학의 이상 사회론이 새로운 유토피아론으로서의 자격을 제대로 갖추고 있는가에 대한 공정하고 객관적인 판단을 위한 예비적 성찰의 성격을 띠게 될 것이다. 이에 덧붙여, 이 글에서 이루어지는, 인간중심철학의 유토피아론에 대한 철학적 고찰은 엄격하게 순수 이론적 성격의 것으로서, 그 어떤 이데올로기적 관심이나 판단에 의한 것이 아님을 분명히 해둔다.

3. 인간중심철학의 유토피아론

인간중심철학은, 비록 유토피아라는 용어는 사용하고 있지 않지만, 인류가 지향해야 할 미래의 사회상에 대해 상세한 설명을 개진하고 있다. 이런 점에서 인간중심철학이 제시하고 있는 새로운 미래상에 대한 논변은 사상사적으로 유토피아 사상의 전통을 잇고 있다 하겠다. 한마디로 인간의 자주적인 지위와 창조적인 역할이 끝없이 고양되는 발전의 과정(『인간』, 79)[22]으로서의 미래 사회가, 인간중심철학이 제시하는 유토피아로 이해될 수 있다. 하지만 이를 제대로 이해하기 위해서는 보다 세심한 통찰이 요구된다.

다만 본격적인 성찰에 앞서, 인간중심철학에 대해 가질 수 있는 선입견과 오해를 다소나마 줄여 보기 위해 간략히 몇 가지 점에 대해 부연 설명을 달고자 한다. 우선, 인간중심철학은 1인 지배 체제를 정당화해 주는 체제 이데올로기로서의 주체 사상과는 질적으로 구분되는, 황장엽 자신의 고유한 철학 체계이다.[23] 일례로, 인간중심철

---

22) 이 글에서 사용되는 황장엽의 문헌은 약호와 쪽수로 표기될 것이다. 각각의 문헌에 대한 약호는 다음과 같다.『인간』:『인간중심철학의 몇 가지 문제』, 시대정신(2000);『파일』:『황장엽비밀파일』,『월간조선』(1997년 4월호 별책부록), 조선일보사(1997);『허위』:『북한의 진실과 허위』, 통일정책연구소(1998);『개혁』:『개혁과 개방』, 통일정책연구소(1998);「실체」:「북한 주체 사상의 실체」,『민주이념』 2호, 민주이념연구소(1998);『역사』:『나는 역사의 진리를 보았다』, 도서출판 한울(1999);『생명』:『개인의 생명보다 귀중한 민족의 생명』, 시대정신(1999);『강의』:『인간중심사상 강의』, 미발간 강의록.

23) 인간중심철학과 주체 사상의 차이점을 간략히 짚어 본다면, 그것은 다음과 같이 정리될 수 있다: 첫째, 주체 사상은 계급 투쟁과 프롤레타리아 독재를 중심으로 한 계급주의에 이론적 토대를 두고 있는 데 비해, 인간중심철학은 일체의 계급주의적 요소를 부정 거부하고 있다. 둘째, 인간중심철학은 사회적 운동의 주체를 일반 대중(인민 대중)으로 보고 있는 데 비해, 주체 사상에서는 수령으로 귀착된다. 셋째, 인간중심철학은 사회적 생명에 관한 논의를 사회적 생명체론에 입각하여 개진하고 있는 데 비해, 주체 사상은 생물학적 차원의 사회 유기체론에 근거하여 서술하고 있다. 이는 사회적 생명체의 뇌수로서 수령을 제시하게 됨으로써 결국 수령론으로 수렴된다. 넷째, 인간중심철

학은 주체 사상의 근본 골격을 이루는 계급주의(계급 투쟁론과 프롤
레타리아 독재론)와 전체주의에 대해 수미일관 철저한 비판을 가하
고 있다는 점에서, 주체 사상과 확연히 갈라설 뿐만 아니라 나아가
주체 사상에 대한 내재적 비판의 준거점으로 기능한다.

　다음으로 인간중심철학은 이른바 사회주의적 사회 철학[24]의 범주
에서 벗어나 있다. 이는 인간중심철학이 지향하는 인간 중심의 사회
체제가 그 내용에서 기존의 마르크스 철학에서 논급되고 있는 사회
주의나 공산주의와는 그 성격이 판이하게 다른 사회 체제라는 점에
서 확인된다.[25] 가령, 인간 중심의 사회 체제란 한편으로 민주화된 시
장 제도와 의회 민주주의가 철저하게 구현되는 사회이자, 다른 한편
으로 사회 성원들 사이의 상호 협조와 사랑의 정신이 완벽하게 발휘
되는 사회를 구체적인 모델로 상정하고 있다. 아울러 이처럼 새로운
사회에서의 소유권 문제에 관해서도, 인간중심철학은 생산 수단에
대한 국가적 소유(전국민적 소유)와 협동 소유, 개인 소유 등 다양한

　철학은 개인의 이익과 사회 공동의 이익이 대립물의 통일을 이루는 사회를 추구하는
데 비해, 주체 사상은 사회 공동의 이익을 위해 개인의 이익이 일방적으로 희생되는
전체주의를 지향한다. 다섯째, 인간중심철학에서는 변증법이 이론 구성의 방법론적
토대로서 기능하고 있는 데 비해, 주체 사상은 변증법을 경시함으로써 유물론적 내용
과 변증법이 서로 유리(遊離)되어 있다. 여섯째, 인간중심철학은 인간이 지닌 능력과
힘이, 세계 내에서 차지하는 지위와 역할에 따라 객관적으로 제약되어 있다고 주장하
는 반면, 주체 사상은 인간의 의식(사상 의식)은 그 같은 객관적 제약 일체를 넘어설
수 있다고 강변함으로써 이른바 주관주의에 처해 있다. 이와 관련하여 주체 사상과 인
간중심철학 간의 차이성에 대한 대략적인 논의는, 황장엽, 『개인의 생명보다 귀중한
민족의 생명』(1999), 127-158쪽; 선우현, 「주체 사상의 변용·왜곡구조 분석 및 변화
가능성 전망」, 『북한조사연구』 2권 2호(1999), 123-148쪽 참조.
24) 여기서 말하는 사회주의적 사회 철학이란 사회주의 이상의 구현을 목표로 하고 있는
사회 철학을 가리킨다. 백종현, 「20세기 한국사회와 사회철학 그리고 그 과제」, 『사회
철학대계 5』(1998), 56-7쪽 참조.
25) 황장엽은 "마르크스주의가 주창한 사회주의라는 의미에서 사회주의라는 말은 쓰고
싶지 않다"(『역사』, 359)라는 점을 분명히 해둠으로써 자신의 지향점이 기존의 사회
주의와는 전혀 별개의 것임을 강조하고 있다.

소유 형태를 인정할 뿐만 아니라, 어떤 대상을 국가적 소유에 포함 시킬 것인가의 문제도 경제 발전 수준과 구체적 실정에 따라 달라질 수 있음을 강조하고 있다(『개혁』, 81-2).

이와 같이 인간중심철학은 마르크스주의나 주체 사상 등 기존의 정치 철학적 입장들과는 확연히 경계 지어지는 고유하고 독창적인 철학 체계이다. 이런 이유에서 인간중심철학이 지니고 있는 이론 적 · 실천적 특성에 관해 상세히 논의한다는 것은 새롭게 한 편의 글 을 써야 한다는 것을 의미하는바, 이는 차후에 다른 글에서 상세히 다루어 볼 것이다.

3.1 영원한 발전의 도정으로서 유토피아

1) 역사 발전의 종점이 아닌 발전 과정으로서 이상 사회

인간중심철학이 내세우는 미래의 이상 사회는 그 어떤 고통도 존 재치 않는 낙원과 같은 사회가 아니다. 그것은 또한 "내가 마음먹은 대로, 오늘은 이것을, 내일은 저것을, 곧 아침에는 사냥을, 오후에는 낚시를, 저녁에는 목축을, 밤에는 비판을 할 수 있는,"[26] 그러한 사회 도 아니다. 이러한 사회들은 역사의 전개 과정에서 도달할 최종적 상태를 가리키며, 그런 한에서 더 이상 발전이 이루어지지 않는 사 회이다. 인간중심철학은 이러한 사회의 존재 가능성을 부정한다. 왜 냐하면 모든 것은 대립물의 통일을 이루고 있으며, 이는 고정 불변하 고 절대적인 것이란 존재할 수 없다는 사실을 말해 주기 때문이다 (『인간』, 269). 이런 근거에서 인간중심철학은 다가올 미래의 이상 사 회도 끊임없이 대립과 통일을 이루며 변화 · 발전해 나가는 상태로 규

---

26) K. Marx/F. Engels(1969), 33쪽.

정한다.

인간중심철학에 의하면, 영원한 평안과 안락은 삶의 목적이 될 수 없으며 그것은 죽음과 같은 것이다. 죽음은 인간을 모든 근심·걱정에서 해방시켜 한없는 평온을 누리도록 해주기 때문이다(『파일』, 118). 대신 인간중심철학은 삶의 목적이 삶을 영원한 것으로 보다 힘있고 아름다운 것으로 창조해 나가는 데 있다고 본다. 즉 삶의 목적은 "우주의 주인으로서 자기 자신과 우주를 보다 더 아름답고 힘있는 존재로 끝없이 발전시켜 나가는 데 있으며, 당면하게는 자연 발생적인 무의미한 운동으로부터 인간을 해방하고 인간 발전의 영원한 길을 열어 주는 데 있다"(『인간』, 39)고 본다. 이러한 맥락에서 인간이 추구하는 새로운 이상 사회 역시 최종적인 목적지, 역사 발전의 종착점이 아닌 끝없이 전개돼 나가는 발전의 도정으로 파악하고자 한다.

2) 민주주의 원칙과 사랑의 원칙이 결합된 사회

인간중심철학이 지향하는 미래 사회는 다음의 두 원칙을 사회 구성의 토대로 삼고 있다. 그 하나는 철저한 민주주의 원칙이며, 다른 하나는 사랑의 원칙이다. 인간중심철학이 그리는 새로운 사회는 정치적 권력과 경제적 특권을 비롯한 모든 특권이 제거된 민주적 정의 사회인바, 이러한 사회가 제대로 구현되기 위해서는 사회 성원 각자의 능력이 자유롭게 발휘되고 그에 대해 정확하고 공정한 평가와 보상이 이루어져야 한다. 그럴 경우에만 개인의 창의성(창발성)과 생산성이 극대화되고 고양되기 때문이다. 여기서 사회 공동체를 위해 개인들이 행한 기여에 대한 공정한 평가가 이루어지도록 만드는 원칙이 바로 완전한 민주주의의 원칙이다.

이처럼 인간중심철학은, 인간의 창조적 역할에 대한 평가는 영구

적으로 필요하며 그에 따르는 **경쟁** 역시 사회 발전을 위한 영원한
추동력이라는 점을 강조한다(『인간』, 166).[27] 사정이 이러함에도 현실
사회주의 국가들은 개인의 창조적 활동에 대한 공정한 가치 평가를
소홀히 함으로써 근로 대중의 생산성과 창의성을 말살시키는 결과
를 낳았다는 것이 인간중심철학의 지적이다. 이는 민주주의 원칙이
제대로 관철되지 못했음을 말해 주는 것인데, 인간중심철학에 의하
면, "사회는 어디까지나 대립물의 통일을 이루고 있으며, 사회가 아
무리 발전해도 개인은 개인으로서의 특성을 살리는 것이 필요한바,
사회는 그것을 평가해 주어야 한다"(『파일』, 63; 『강의』, 178-9).[28]

하지만 새로운 사회는 경쟁 일변도로 나가서는 곤란하다는 것이
인간중심철학의 기본 시각이다. 무제한적 자유 경쟁의 허용은 약육
강식의 상태를 야기하여 사회 성원들 사이의 이기심을 극대화하고
성원들간의 지배/예속 관계를 초래하기 때문이다. 이와 함께 보다
나은 사회의 발전을 추동한다는 견지에서, 성원들 사이의 단결과 협
력은 경쟁보다 더 중요한 요인이라고 본다. 이런 입장에 근거하여
인간중심철학은, 누구나 사회 공동의 주인으로서 자유롭고 평등한
사회 관계를 이루고 살아가는 미래 사회의 구현은 개인 이기주의를
버리고 사회 공동의 이익을 위해 서로 사랑하고 협력하는 원칙에 토
대를 두어야 한다고 주장한다(『개혁』, 22-23).[29] 그럴 경우에 비로소 서
로 믿고 사랑하며 서로 존경하고 협조해 나가는 화목하고 단합된 사

27) 이와 관련해 인간중심철학은, "인간의 창조적 노동을 정확하게 평가해 주는 것이 정
   의로운 사회의 요구"(『강의』, 191)라는 점을 강조한다.
28) 물론 사회는 개인의 역할에 따르는 평가와 함께 집단적 협조에 따르는 집단의 역할도
   평가해야 한다는 점을 인간중심철학은 덧붙인다(『파일』, 64).
29) 이 원칙은 마르크스 철학이 새로운 이상 사회를 구현하고자 채택했던 방식, 곧 계급
   투쟁과 계급 독재에 대한 비판과 반성에서 도출된 것이라고 볼 수 있다(『개혁』, 22-
   23).

회가 이루어질 수 있다는 것이다.

이와 같이 인간중심철학은, 이상적인 미래 사회의 구현은 한편으로 동지적인 단결과 협조를 강화하는 문제, 다른 한편 사회적 평가에 기초하여 경쟁을 고취하는 문제, 양자를 상호 결부시켜 경쟁이 약육강식의 투쟁으로 변질되지 않도록 조정하는 것이 필요하다고 본다(『파일』, 90). 물론 이는 반드시 민주적이고 평화적인 방식, 이성과 대화를 통한 방식으로 일관되게 진행되어야 한다. 이렇게 볼 때 인간중심철학이 지향하는 인간 중심의 사회 체제는 자유 경쟁을 강조하면서 역사적으로 발전해 온 민주주의 체제의 보다 발전된 형태에, 사랑을 기초로 한 통일과 협조의 사회 체제가 결합된 것이라고 볼수 있다(『파일』, 81).[30]

3) 정치적 권력과 경제적 특권에서 자유로운 사회

인간중심철학이 지향하는 미래 사회는 온갖 특권이 사라진 사회, 인간의 사회적 본성[31]의 실현을 저해하는 외적 조건이 제거된 사회이다. 이러한 외적 조건은 크게 두 가지로 귀결되는데, 그 하나는 정치적(폭력적) 특권이고 다른 하나는 경제적 특권이다.

알다시피 반봉건 민주주의 혁명을 통해 인간은 폭력적 특권으로부터 해방되는 획기적인 성과를 거두었으며, 현재는 경제적 특권의 횡포(돈의 지배)로부터 벗어나야 할 중차대한 과제를 떠안고 있다는 것이 인간중심철학의 시각이다.[32] 이런 점에서 "폭력적 특권으로부

---

30) 아울러 이는 능력에 따라 일하고 필요에 따라 분배받는(K. Marx, *Kritik des Gothaer Programms*, *MEW* 19(1982), 21쪽) 사회 체제를 구현하고자 했던 마르크스의 인본주의 사상을 인간 중심의 관점에서 비판적으로 재구성한 것이라고 볼 수 있다.

31) 자주성, 창조성, 의식성 그리고 사회적 협조성을 가리킨다(『인간』, 52-53).

32) 물론 이는 정치적 권력의 횡포로부터 우리가 완전히 자유롭다는 것을 의미하는 것은 아니다.

터의 해방을 인간의 1차 해방이라고 한다면, 경제적 특권으로부터의 해방은 인간의 2차 해방이라고 말할 수 있을 것이다"(『개혁』, 28).

그런데 인간중심철학에 의하면, 지금까지는 사회가 충분히 발전하지 못한 결과, 권력과 재산 같은 비인간적인 것, 다시 말해 인간적인 것이 소외된 것이 인간을 지배하는 비정상적인 사태를 초래했다. 그러나 물질적 풍요가 보편화되고 경제적 불평등이 심화되지 않는 조건 아래서는, 권력이나 부가 인간을 조종·통제하는 지배 수단이 될 수 없다는 것이다. 인간중심철학은, 다가올 미래 사회에서는 권력이나 재산을 소유한 사람이 아니라 미래를 통찰할 수 있는 정확한 사상과 뛰어난 창조적 능력을 지닌 사람이 사회 성원들의 사랑과 존경을 받게 되며, 사회의 지도적 지위를 차지하게 된다고 주장한다. 이는 권력 혹은 재산 중심의 가치관이 지배하던 사회로부터 인간 중심의 가치관이 지배하는 새로운 사회로 이행하는 것을 의미한다.[33]

4) 개인의 생명과 집단의 생명을 동시에 존중하는 인간 중심 사회

인간중심철학이 말하는 이상 사회는, 개인주의에 기초한 인본주의와 집단주의에 토대한 인본주의, 양자를 변증법적으로 통일·고양시킨 고차원적 인본주의 사회이다(『강의』, 413). 알다시피 봉건적 전제주의에 반대하는 투쟁을 통해 세상에 등장한 인본주의는 무엇보다 개인의 생명과 존엄성, 개인의 권리와 자유를 중시하는 사상이다. 하지만 그러한 개인주의적 인본주의에서는 개인의 생명만을 중시할 뿐, 집단의 생명에 대한 관념이 없다. 이는 개인주의의 한계를 지적하면서 공동체의 중요성을 강조한 마르크스적 의미의 집단주의적 인본주의의 경우도 마찬가지다.

---

33) 이와 관련하여 인간중심철학은 인간이 모든 것의 주인이 되는 새로운 시대는 이미 펼쳐지고 있다고 본다(『강의』, 192).

　인간중심철학에 의하면, 개인적으로 온갖 명예와 부를 누린다고 해도 인간의 한 생은 순간에 지나지 않으며, 더욱이 민족과 인류가 멸망한다면 개인의 지위나 명예는 그 어떤 의미도 지니기 어렵다. 여기서 "인류의 영원한 발전을 보장하는 것이… 모든 개인의 최고의 의무"(『파일』, 82)로 주어진다. 그런데 다행스럽게도 각각의 생명과 생명이 결합될 때 고립된 개인의 생명과는 질적으로 다른 생명이 형성되는바, 이것이 바로 사회적 집단의 생명, 곧 사회적 생명이라는 것이다. 이러한 "사회적 집단의 생명이 있기에 인간은 개인의 생명으로서는 상상도 할 수 없는 위력을 발휘하여 세계의 주인으로서 영원한 발전의 길을 걸을 수 있다"(『파일』, 83)는 것이다.

　인간중심철학에 따르면, "인간은 개인적 존재인 동시에 사회적으로 결합되어 사회적으로만 살 수 있는 집단적인 사회적 존재"(『파일』, 81)이며, 인간의 사회적 본성은 이 같은 인간 존재의 두 측면과 관련되어 있다. 한편으로 인간은 개인적 존재라는 사실로부터 개인의 자유와 평등을 요구하는 특성이 드러나며, 다른 한편으로 인간은 사회적 존재라는 사실로부터 사회 공동의 이익과 발전을 옹호하는 특성이 나타난다(『개혁』, 31). 이로부터 개인의 자유와 평등을 요구하는 인간의 특성은 민주주의를 확대·완성하는 방식으로 구현되며, 사회 공동의 이익과 발전을 옹호하는 인간의 특성은 사람들 사이의 동지적 사랑과 협조를 강화해 나가는 방식으로 실현된다. 이처럼 인류가 지향해야만 하는 사회는, 한편으로 민주주의가 철저히 구현되는 사회이자 다른 한편으로 사랑과 협력의 도덕이 보편화되고 생활화되는 사회라는 것이다.

　이렇게 볼 때 개인주의에 기초한 인본주의를 구현하려는 것이 근대 자유 민주주의 사상의 목표이고, 집단주의적 인본주의의 실현이 사회주의가 지향하는 이념이라면,[34] 두 입장의 한계를 넘어서 양자의 변증법적 통일을 이루려는 것이 인간 중심적 사회 체제론의 이념적 지향점이다. 곧 개인의 생명과 더불어 그것들의 결합체인 집단의 생명이 존중되는 고차원적 인본주의를 실현한 사회 체제가 인간 중심적 사회인 것이다.

5) 특정 계급이 아닌 사회 성원 전체가 주인인 사회

인간중심철학에 의하면, 계급은 사회적 집단의 한 부분에 지나지 않으며 사회적 운동의 완전한 주체가 될 수 없다. 그것은 단지 계급 투쟁의 한편을 대표할 수 있을 뿐이다(『파일』, 75). 또한 "계급 투쟁이 사회 발전의 동력이라면 계급이 없어진 사회에서는 사회적 운동의 주체도 없어지고 사회 발전의 동력도 없어진다는 그릇된 결론에 떨어지고 말게 될 것"(『파일』, 75)이라고 지적한다.

물론 인간중심철학은 억압과 착취가 존속하는 낡은 사회 제도를 새로운 사회 제도로 바꾸기 위한 정치 투쟁으로서 마르크스적 의미의 계급 투쟁은 제한적으로 사회 발전에 기여할 수 있다고 본다(『파일』, 75). 하지만 새로운 이상 사회를 구현·건설하는 과정에서 계급 투쟁은 더 이상 그 의미를 찾을 수 없다는 것이 인간중심철학의 기본 입장이다.[35]

인간중심철학에 의하면, 참다운 사회주의는 온갖 특권이 제거되고 계급이 철폐된 사회를 구현코자 하는바, 계급적 입장에서 독재의 방

---

34) 물론 현실 사회주의에서 이러한 이념적 목표는, 집단이 중시되어 개인의 희생을 일방적으로 강요하는 형태로 변질·구현됨으로써 인본주의 정신마저 소실되는 결과를 낳고 말았다.

35) 가령, 인간중심철학은 지난날 마르크스주의는 계급을 폐절하는 투쟁을 계급적 입장을 강화하고 계급적 이익을 신성화하는 방식으로 전개함으로써, 계급적 이익을 고집하는 특권 계급을 몰아내는 역사적 성과를 거두기는 했지만, 결과적으로 자신들의 계급적 이익을 옹호하는 새로운 지배 계급(노동자 계급)을 산출했다고 비판한다(『파일』, 76).

식으로 사회주의를 건설하겠다는 것은 비사회주의적 입장이자 비사
회주의적인 방식으로 사회주의를 건설하겠다는 주장이다(『인간』,
103). 새로운 인간 중심의 사회는 사회 전체의 입장, 인류 전체의 입
장에서 공명정대하고 보편적으로 타당하며 인본주의적인 방식에 의
거해서만 건설될 수 있다는 것이다.

6) 자본주의의 역사적 소임에 대한 긍정적 평가

인간중심철학은 역사적 전개 과정에서 자본주의의 역할이 아직
도 남아 있음을 강조한다. 이에 따르면 생산력의 발전 수준은 인간
해방을 위한 물질적 조건이며, 그런 한에서 인류는 아직도 고도의
생산력 증대를 이루어야 할 과제를 안고 있으며, 이는 자본주의에
부과된 역할이다. 물론 물질적 조건이 완비되었다고 해서 인간 해방
이 저절로 이루어지는 것은 아니다(『개혁』, 30). 게다가 생산력의 발전
수준, 경제 발전 수준에 맞게 사상 문화와 정치를 목적 의식적으로
발전시키지 못할 경우 경제와 정치, 경제와 문화 사이에 심한 불균
형이 초래되어 사회적으로 심각한 부정적 현상이 나타날 수 있다는
것이다(『개혁』, 30).

그럼에도 불구하고 물질적 조건이 확보되지 못한 상황에서 인간
해방의 문제만 앞세울 경우 이것 역시 역효과를 가져온다는 것이 인
간중심철학의 입장이다. 요컨대 인간 해방의 물질적 조건이 완비되
었다고 해서 인간 해방이 저절로 실현되는 것은 아니지만, 인간 해
방을 위한 물질적 조건을 갖추기 전에 인간 해방을 실현하고자 서두
르는 것 역시 실패를 면치 못할 뿐만 아니라 역효과를 가져온다는
것이다(『개혁』, 30).

3.2 인간 중심적 이상 사회의 구현 방식

인간중심철학은 새로운 인간 중심 사회를 구현하는 방식으로서 계급 투쟁과 계급 독재는 그릇된 것이라고 비판한다. "폭력적 방법을 혁명적 방법이라고 신성화하면서 공인된 국가의 법 질서를 무시하고 폭력적 방법에 매달리는 것은 옳지 않다. 목적과 수단이 서로 의존하고 있다는 점을 고려하여 목적을 실현하기 위한 올바른 수단을 선택하는 데 깊은 관심을 돌려야 할 것이다"(『인간』, 268). 다시 말해 계급 없는 사회를 실현하기 위한 실천 과정에서 마르크스 철학처럼 (노동) 계급적 입장을 강화하고 (노동) 계급적 이익을 절대시하는 방식을 사용한다면 그것은 계급 관계의 폐절이 아니라 단지 낡은 지배 계급을 타도하고 새로운 지배 계급을 창출하는 결과를 낳는다는 것이다(『파일』, 76).

이런 이유에서 인간중심철학은 마르크스적 의미의 계급이 존재하지 않는, 새로운 해방 사회의 구현은 현 단계의 사회 체제를 끊임없이 혁신하고 변혁시키는 것에서 찾고자 한다. 이에 따라 미래 사회의 구현 방식은 기본적으로 민주주의를 더욱더 완성하고 국가들간의 친선 협조를 강화하는 가운데, 폭력적인 방법을 배제하고 인간의 이성에 기초한 평화적 방법으로 진행되어야 한다고 주장된다. 이는 보다 세분화되어 제시되는데, 우선 민주주의를 더욱 확대하고 완성하는 사업을 사회 공동의 위업으로 실현해 나가야 한다. 둘째, 정치, 경제, 문화를 균형적으로 발전시켜 나가야 한다. 셋째, 온갖 이기주의와 배타주의를 극복하고 인류 공동의 이상을 실현하기 위해 사회적 협조와 국제적 협조를 백방으로 강화해 나가는 것이 필요하다. 넷째, 사회주의에 대한 그릇된 견해를 바로잡고 인류의 이상을 실현하기 위한 올바른 길을 개척해 나가야 한다(『인간』, 104-117).

이 같은 사회 발전의 기본 방향에 따라 인간중심철학은 보다 구체적으로 이상 사회의 실현을 위한 현실적인 방안을 제시하는바, 먼저 정치적 권력과 경제적 특권을 포함하는 일체의 특권을 제거하기 위한 1차적인 조건으로, 경제적 물적 토대를 확보[36]해야 한다(자연 개조 사업). 다음으로, 물질적 풍요를 바탕으로, 권력과 부 중심의 가치관으로부터 인간 중심의 가치관으로의 사상적 전환을 이루어야 한다. 이때 사상 문화의 수준은, 각각의 개인이 사회 공동의 주인임을 자각하고 사회 공동의 주인으로서의 책임과 역할을 수행할 수 있을 정도에 도달해야 한다(인간 개조 사업). 끝으로, 이러한 사상 의식 수준에 의거하여, 민주주의 원칙과 사랑의 원칙이 변증법적으로 결합된 상태, 개인의 이익과 사회 공동의 이익이 대립물의 통일을 이루고 있는 상태가 되도록 정치를 발전시켜야 한다(사회 관계 개조 사업)(『개혁』, 35). 그런데 여기서 유념할 점은, 이러한 3가지 사업은 상호 균형적으로 동시에 전개되어야 한다는 사실이다. 물론 이 가운데 인간 개조 사업이 가장 중시된다. 이것이 제대로 이루어질 때, 이에 상응하여 나머지 두 사업은 모두 순조롭게 진행될 수 있기 때문이다. 아울러 이러한 인간 개조 사업이 제대로 이루어지려면, 무엇보다 사상 및 문화 사업을 담당한 지식인, 문화인이 중심이 되어 일대 사상 문화 운동을 일으켜야 한다는 점도 강조된다(『개혁』, 36).

그럼에도 현실적으로 인류 사회의 발전 수준에 비추어, 자연 개조 사업이 다른 두 사업에 비해 순서상 앞서는 것이 **바람직할 것으로** 전망된다(『인간』, 55). 다시 말해 정치적 권력(폭력)과 경제적 특권이 사라지는 상황이 전개되기 위해서는 먼저 경제적으로 윤택한 상태, 물질적 토대가 확보될 필요성이 있다는 것이다. 물론 이와 함께 인간

---

36) 인간중심철학은 대략 현재 최빈국의 1인당 국민소득이 2만-3만 달러 정도가 될 때, 전 인류가 물질적 궁핍으로부터 벗어나게 될 것으로 전망한다(『개혁』, 29).

의 사상적 변혁을 시도하는 인간 개조 사업도 이루어져야만 하며,
이를 위해서는 사회적 생명의 귀함과 의미를 부각시켜야 한다고 인
간중심철학은 주장한다. 왜냐하면 발전의 동력은 인간의 창조적 힘
이며 그것은 결합될수록 더 커지는 법이기 때문이다(『파일』, 89).

4. 맺는말: 인간 중심적 유토피아론의 정치 철학적 의의와 남은 과제

오늘의 시대 상황은, 가장 바람직한 사회 체제에 대한 논의들이 제
대로 자기 목소리를 내기 어려운 분위기다. 오히려 세기말적 종말론
에 편승한 다양한 형태의 비관적 예측론이나, 냉전 체제의 종식 이
후 유일한 대안적 사회상으로서의 자본주의 체제에 대한 일방적인
찬양론이 시대 사조를 주도하고 있다. 특히 후자의 경우, 자본주의
체제(자유 민주주의 체제)만이 우리가 추구할 수 있는 이상 사회의
근본틀이며, 현실 자본주의가 안고 있는 문제점들을 다소 손질하고
보완함으로써 충분히 이상적인 상태에 도달할 수 있다는 주장이다.
하지만 보다 거시적인 역사의 흐름에서 볼 때, 현재 우리가 몸담고
살아가고 있는 자본주의 체제는, 그것이 지닌 여러 강점에도 불구하
고 보다 완벽한 인간 사회의 형태로 발전해 나가는 도정에 놓인 한
시적인 사회 체제에 불과할 뿐이다. 이미 새로운 체제로 넘어가는 이
행기에 들어섰다는 주장도 들리고 있다.[37] 바로 이런 맥락에서 우리
는 역사 발전에 관한 전망을 포기할 수 없으며, 역사의 목표를 잊어
서도 안 된다. 동시에 현 사회 체제의 내적 모순과 한계를 끊임없이
해결·극복해 나가면서 보다 바람직한 인간 사회를 구현해야 할 과

---

37) I. 월러스틴, 『유토피스틱스』(1999), 50-53쪽 참조.

제를 짊어지고 있음을 직시해야만 한다.

이 글은 이러한 관점에서 인간 중심적 유토피아론을, 그것이 내건 인간 중심의 새로운 사회 체제에 초점을 맞춰 대략적으로 살펴보았다. 그렇다면 반유토피아적 경향이 팽배해 있는 현시점에서, 인간 중심적 유토피아론이 지니는 의의, 특히 정치 철학적 의의는 어디서 찾아볼 수 있는 것인가. 그것은 대략 다음의 세 가지 관점에서 엿볼 수 있다. 우선, 유토피아는 기껏해야 사회 비판의 기능을 수행하는 데 그역할이 국한될 뿐 더 이상 역사적 지평에서 구현될 수 있는 것이 아닌, 한갓 공상적 사회상에 불과하다는 소극적(부정적) 입장에 맞서, 인간의 능동적이며 주체적인 실천적 활동을 통해 이상 사회는 여전히 구현 가능한 것임을 설득력 있게 보여 주고 있다는 점이다. 둘째, 새로운 유토피아론은, 한편으로 인간 해방을 사회 정의의 차원에서 반드시 구현해야 할 실천 목표로 설정함으로써 마르크스 철학이 확보했던 이념적 정당성을 여전히 되살리면서, 다른 한편으로 그것이 범했던 방법상의 오류와 한계들을 넘어서 변화된 시대 상황에 부합하는 새로운 사회 구현 방식을 제시하고 있다는 점이다. 이 점은 특히 마르크스 철학이 내건 해방 사회의 이념과 인본주의 정신을 보다 철저히 비판적으로 계승함으로써, 역사 발전의 목표로서 인간 해방을 달성하는 수단 역시 평화적이고 민주적인 방식에서 찾고자 하는 실천적 노력을 통해 표출된다. 셋째, 개량된 자본주의 체제를 유일한 이상적 사회상으로 내세우는 입장이나 역사의 진보와 해방 사회 기획을 회의적 · 부정적으로 바라보는 반유토피아적 사상들에 대항하여, 그 같은 입론들이 지닌 한계와 난점을 적시하면서 오늘의 상황에서도 유토피아론은 여전히 이론적 · 실천적으로 유효한 것임을 보여 주고 있다는 점이다. 곧 인간 중심적 유토피아론은, 현재의 자본주의 체제는 보다 바람직한 미래 사회로 나아가기 위한 디딤돌에 불과하다는 사실을 지적하면서 그것이 극복되어야 할 근거와 이유를 체계적으로 제시하고 있으며, 아울러 인간 해방의 이념은 한갓 구호가 아니며 인간(사회적 집단)이 지닌 무한한 힘과 능력을 통해서 현실적으로 달성할 수 있는, 동시에 달성해야만 하는 인류의 규범적 목표라는 점을 설득력 있게 보여 주고 있다.

하지만 이렇다고 해서 인간 중심적 유토피아론이 전적으로 타당하거나 완벽한 이론 체계라고 주장하는 것은 결코 아니다. 당연히 이 입장 역시 끊임없이 수정 · 보완되면서 보다 완결적인 상태로 발전해 나가는 미완의 이론 체계이기 때문이다. 이런 한에서 인간 중심적 유토피아론에 대해서도, 그것이 지닌 수다한 문제점과 한계에 대한 지적과 비판이 제기될 수 있다. 물론 이는 보다 완벽한 이론 체계로 자리잡기 위한 필수적인 성찰의 과정이라고 할 수 있다.

그렇다면 이러한 비판이나 문제 제기에는 어떤 것들이 있는가. 우선, 인간중심철학의 유토피아론에는 당위론만이 가득할 뿐, 그 당위적 이상을 실현할 현실적인 방도가 아무것도 없다는 비판이 있다.[38] 또한 인간 중심적 유토피아론은 근세의 자연 정복적 자연관을 벗어나지 못한 채 과학 만능주의에 사로잡힌 나머지 소박한 근대성의 사고에 갇혀 있다는 비판적 지적이 있다.[39] 다음으로 인간 중심적 유토피아론이 토대로 삼고 있는 집단주의적 인간관의 경우, 개인이라는 기본 개념이 수용되기 어려우며 아울러 개인의 자유권과 인권을 근본 토대로 삼고 있지 않다는 점에서, 진정한 인간 중심의 세계관일 수 없다는 비판도 가해진다. 뿐만 아니라 인간 중심적 유토피아론의 정치관은, 국가 권력의 잘못된 간섭이나 압제에 저항할 수 있는 저

---

38) 김용옥, 「황장엽이 말하는 주체 사상의 올바른 이해와 비판을 위하여」, 『전통과 현대』 1호(1997), 269-277쪽.
39) 신일철, 「황장엽의 망명과 주체 사상」, 『사상』 34호(1997), 104쪽.

항권이나 정치 과정에 별다른 관심을 보이지 않고 있다는 지적이 제기되기도 한다.[40] 이외에도 인간중심철학의 이상 사회론에 대해서는 다양한 문제점들이 지적·제기되고 있다.

물론 이 같은 비판적 지적에 대해, 인간중심철학은 자체 내의 논리와 근거에 의거하여 즉각적인 반론을 제기할 수도 있을 것이다. 하지만 현재로서는, 이미 언급된 비판뿐만 아니라 앞으로 제기될 수 있는 비판과 문제점에 대해, 이를 겸허한 자세로 경청하고 반성적으로 검토해 보는 자세가 인간중심철학에는 필요하다. 특히 이 과정에서 제기된 비판적 지적이 타당하다고 판단될 경우, 지체없이 열린 자세로 부족한 점은 메우고 이론적 한계는 과감히 수정·보완해 나가는 것이 요구된다. 왜냐하면 아마도 이것이, 인간 중심적 유토피아론이 새로운 밀레니엄 시대에 대안적 유토피아론으로 수용될 수 있는가를 결정지을 중요한 변수로 자리잡을 것이라고 생각되기 때문이다.

끝으로 한 가지 덧붙일 말은, 새로운 유토피아론에 대한 모색과 관련하여 논의가 보다 생산적인 것이 되기 위해서는, 그 어떤 이데올로기적 편견이나 선입견도 배제한 채 순전히 학술적인 차원에서, 다양한 입장들에 대한 자유로운 논쟁과 토론을 통해 그것들 각각의 이론적 타당성이 확증되는 과정이 반드시 마련되어야 한다는 점이다. 그런 의미에서 이 글은 본격적인 학술적 논쟁의 서막을 알리는 신호탄에 비유될 수 있을 것이다.

---

40) 신일철(1997), 105-106쪽.

탈근대(성)의 포용으로서의 근대(성)

한국 사회에서 탈근대론의 적실성과 관련하여

1. 들어가는 말

하버마스와 리요타르로 대변되는, 서구 사회의 근대(성)/탈근대
(성)[1] 논쟁[2]은 최근 근대(성)에 대한 새로운 논의, 즉 성찰적 근대
(성)[3]를 들고 나온 벡과 기든스, 래쉬 등에 의해 새로운 국면으로 접

---

1) 리요타르에 의하면, 근대(성)는 자신을 정당화하기 위해 거대 이야기에 호소하는 시대
사조 혹은 사유 양식을 가리키며, 탈근대(성)는 이 같은 거대 이야기를 불신하는 사유
양식이다(J-F. Lyotard, *La condition postmoderne*(1979), 7쪽). 기든스는 근대(성)를 사
회 생활이나 조직 양식을 가리키는 개념으로 사용하고 있다(A. Giddens, *The
Consequence of Modernity*(1992), 1쪽). 두 예에서 볼 수 있듯이 근대(성)나 탈근대(성)
는 다양한 의미를 지닌 채 철학이나 사회 이론에서 사용되고 있다. 그것은 한편으로 시
대 흐름이나 사유 방식을 의미하는가 하면, 제도나 조직 양식, 혹은 삶의 방식을 가리키
는 개념으로 쓰이고 있기도 하다. 이런 점들을 고려하여 이 글은 근대(성)나 탈근대(성)
에 관한 세밀한 개념 규정을 시도하는 작업을 생략한 채, 일반적으로 쓰이는 용례에 따
라 근대(성)와 탈근대(성)의 개념을 사용하고자 한다. 따라서 이 글에서 근대(성)나 탈
근대(성)는, 시대 사조나 사유 양식, 조직 양식, 제도 등을 포괄하는 넓은 의미의 개념으
로 사용될 것이다.
2) 근대(성)/탈근대(성) 논쟁에 관한 전반적인 윤곽에 대해서는 W. Welsch, *Wege aus
der Moderne*(1988) 참조.

어들고 있는 양상이다. 이는 탈근대론의 근대(성) 부정과 해체에 대한 근대론의 새로운 응수로 읽혀지기 때문이다. 이처럼 일련의 논의 과정을 거쳐 오늘에 이른 근대(성)/탈근대(성) 논쟁은, 계몽과 이성을 앞세워 지구상 그 어느 곳보다 앞서 물질적 풍요와 정치적 민주화를 관철시켜 온 서구적 근대화 과정이 직면하게 된 병리적 현상들이 더 이상 근대(성)의 틀 내에서 감당키 어렵게 되었다는 위기적 상황 인식에서 비롯된 산물이라 할 수 있다.

이러한 논쟁의 핵심인 근대(성) 위기 테제는 그간 압축적 근대화를 통해 서구의 근대화 도정을 뒤쫓아 온 우리 사회가 현재 부딪치고 있는 다양한 문제들과 밀접하게 연결되어 있다는 점에서, 당연히 우리의 관심과 검토의 대상으로 떠오르지 않을 수 없다. 적어도 그러한 논쟁을 통해, 우리 사회 역시 근대(성)의 위기에 처해 있는가, 과연 우리 사회는 탈근대적 사회로 이행하고 있는가, 탈근대에 관한 논의는 한국 사회에 유효한가 — 따라서 이성이나 진보, 근대성과 인간 해방은 더 이상 불필요한 것인가 등의 질문을 우리 자신에게 되물어 볼 수 있을 것이다.

이 같은 문제 의식을 염두에 두면서, 이 글은 일차적으로 한국 사회도 근대(성)의 위기에 직면해 있는가의 문제를 비판적으로 검토해 보고자 한다. 이러한 작업은, 한편으로 근대(성)의 위기는 근대(성) 내에서 해결될 수 없으며 근대(성)의 해체로 이어질 수밖에 없다는 탈근대론의 입장이 한국 사회에 유효한 것인가를 검토해 보는 작업을 수반할 것이며, 다른 한편으로 현 단계 한국 사회에 구현되어 있는 근대(성)의 본질과 양상은 어떠한 상태에 놓여 있는가를 추적해 보는 작업을 병행하게 될 것이다. 아울러 이러한 과정을 통해 우리

---

3) 성찰적 근대(성)의 기본 내용에 관해서는 A. Giddens/U. Beck/S. Lash, *Reflexive Modernization*(1994), 111-119쪽.

사회는 근대(성)의 과잉이나 남용으로 인한 것이기보다, 그 반대로 근대(성)가 충분하게 구현되지 못한 까닭에 이 같은 위기적 상황에 처하게 되었다는 사실을 드러내 보임으로써, 우리에게 근대(성)는 여전히 그 완성적 형태로 추구해 나가야 할 미완의 기획임을 확인시켜 보여 주고자 한다. 더불어 이로부터 근대/탈근대 논쟁은 이론적 · 논리적 차원에서 승패를 가르는 문제라기보다, 본질적으로 세계관의 대립과 실천적 결단의 문제임을 제기해 볼 것이다. 끝으로 이 같은 논의 과정을 거친 후, 이 글은 한국 사회에 여전히 유효한 근대성 기획의 새로운 방안으로, 근대(성)의 테두리 내에서 근대(성)와 탈근대(성) 간의 대립물의 통일을 지향한 형태의 근대(성)가 우리가 실현해 나가야 할 근대(성)의 새로운 모델이라는 점을 문제 제기로서 제안해 볼 것이다.

2. 서구적 지평에서 탈근대론의 의의와 한계

2.1 탈근대론의 철학적 의의

1) 서구적 지평에서 탈근대론이 지닌 철학적 의의는, 무엇보다 이성적 존재로서의 근대적 주체의 능력과 역할에 대해 철저히 반성토록 촉구했다는 점에서 찾을 수 있다. 곧 이성적 능력의 소유자로서 합리적으로 사고하고 행위해 왔다고 자부해 온 개별 주체들이 그간 저질러 온 야만적 행동 — 가령, 600만 유태인 학살 — 에 대한 근본적 비판을 통해, 탈근대론은 이성적 존재와 그 토대로서의 이성이 광기 그 자체였음을 고발한다.[4] 더불어 이성적 주체가 수행한 역사 인식과 사회 비판의 한계를 드러냄으로써, 이성적 존재로서의 주체의

역할과 능력이 불완전하다는 점을 분명히 하고 있다.[5]

나아가 탈근대론은 이성적 주체들의 **실천적 변혁 의지**에 대해서도 치열한 반성을 촉구하고 있다. 가령, 학생과 지식인이 주축이 되고 노동자 계급이 합세하여 전개했던 68운동의 사례를 통해, 탈근대론은 사회 구조나 체계의 강고한 지속성을 보여줌으로써 이성적 주체가 사회의 중심축이 아니며 더 이상 역사 전개의 중심적 역할을 수행하기 어렵다는 점, 이른바 주체의 **탈중심화**를 논증해 보이고자 한다.

2) 탈근대론은 하나의 본질이나 근원 ─ 특히 보편적 이성 ─ 에 입각하여 모든 사회 정치 문화 경제를 설명하려는 이론 체계, 즉 거대 이론에 내재한 근본적 한계를 드러내 보여 주고자 한다. 특히 이런 비판적 폭로를 통해, 탈근대론은 총체적 이론의 대표격이라 할 마르크스의 역사 유물론이 지닌 이론적 한계를 여지없이 폭로해 버린다. 즉 역사 유물론은 **생산력** 혹은 **노동**에 입각하여 모든 사회 현상들을 해명할 수 있다고 자임하지만, 오늘의 시대적 상황은 더 이상 경제의 차원에서 모든 사태를 인식하고 해명하기에는 너무도 복잡하고 다양한 양상을 띠고 있다는 것이 탈근대론의 비판적 지적이다.

이와 관련하여, 최근 관심의 대상으로 떠오르고 있는 동성애자들의 권리 확보 투쟁의 경우에서, 우리는 더 이상 마르크스 이론의 관점에서 그 같은 운동의 성격이나 본질을 적절히 간취하기가 쉽지 않

---

4) J.-F. Lyotard, *Le postmoderne expliqué aux enfants*(1988), 36쪽 참조. 아울러 이 같은 점에서 탈근대론의 입장에 상당히 근접하고 있는 비판 이론가 아도르노는, "아우슈비츠 이후에 시를 쓴다는 것은 야만적인 일이다"라고 언급하고 있다. Th. Adorno, *Kulturkritik und Gesellschaft* I(1998), 30쪽.

5) M. Foucault, *Les mots et les choses*(1966) 398쪽 참조.

다는 사실을 실제로 경험하고 있다. 이 같은 사실은 현재의 시점에
서, 다양한 방식과 양상으로 전개되고 있는 인권 투쟁이나 해방 운
동의 의미는, 생산력과 그것에 기초한 생산 관계에 의거하여 제대로
파악하기 어려우며, 더욱이 계급 투쟁의 관점에서 조망하기는 더 어
렵다는 사실을 말해 준다. 이 점에서 거대 이론은, 리요타르가 주장
하듯이, 하나의 이성인 보편적 이성에 근거하여 다양성과 차이성을
제거하면서 획일화된 동일성을 강요하는 문화적 제국주의[6]라고 말
할 수 있다. 왜냐하면 하나의 본질적 요소나 보편적 이성을 내세우
는 이론 체계들은 다수성과 복수의 합리성, 담론의 불가 공약성을
강조하는 시대 사조에 역행하는 논리 체계를 내장하고 있기 때문이
다.

  3) 탈근대론은 또한 로고스 중심주의의 폐단과 문제점을 폭로함
으로써, 이성에 대한 절대적 믿음과 신뢰에 대해 치열한 자기 비판
과 엄격한 자기 반성을 촉구하고 있다. 이성에 대한 전폭적 지지와
신뢰는 진리가 너희를 자유케 하리라는 성경 구절에서 여실히 드러난
다. 하지만 탈근대론은, 해방 사회의 구현을 약속했던 이성과 그것에
토대한 계몽의 기획이 인류를 일순간 파멸의 구렁텅이로 몰고 갈 수
있다는 점을 우리에게 상기시켜 주고 있다. 이 같은 경고는 이미 서
구 이성이 관료제의 공고화나 인간 소외의 확산, 생태계 파괴 등을
통해 인간을 구속과 억압의 상태로 인도해 왔다는 역사적 경험에서
그 타당성을 확인 받고 있다.
  이처럼 이성이 지닌 억압적 · 전제적 속성에 대한 고발이야말로
탈근대론자들의 주된 과제이다. 그러기에 푸코는 권력 관계가 인간

---

6) J-F. Lyotard(1979), 48쪽.

을 옭아맴으로써 구속과 부자유의 상태로 인간 사회가 변질되어 나
가는 과정에 대한 해명을 통해 서구 이성의 권력 지향적 속성을 보
여 주고자 한다.[7] 곧 권력 관계는 이성적 주체로 하여금 합리적인 사
고와 판단을 통해 자신에게 복종하도록 인간 주체를 조종하는바, 이
경우에 권력 관계가 매개 수단으로 이용하는 것이 바로 서구 이성이
라는 것이다. 여기서 이성은 권력 관계의 유지 확장을 위한 수단으
로 기능하고 있으며, 그런 한에서 이성은 권력적 이성이자 인간 주체
를 억압하고 소외시키는 도구임이 밝혀진다.

2.2 탈근대론의 한계와 난점

서구적 지평에서 탈근대론이 드러내는 이론적 · 실천적 한계를,
특히 근대성의 핵심이라 할 합리성에 대한 비판을 중심으로 살펴보
면, 우선 합리성에 대한 비판을 총체적으로 제기하는 까닭에 자기 모
순적 사태에 직면한다는 점을 들 수 있다. 가령, 데리다는 로고스 중
심주의[8]에 대한 비판을 통해 합리성 일반을 비판하지만 그런 비판이
비판으로서의 의미와 타당성을 지니기 위해서는 상호 주관적으로
구속력 있는 합리성 — 의사소통 합리성이나 담론적 합리성 — 을
전제해야만 한다.[9] 이 점을 데리다는 의식적이든 무의식적이든 간과
하고 있다. 그럼에도 데리다는 합리성 비판을 통해, 그러한 비판이
전제하고 있는 의사소통 합리성을 비롯한 합리성 일반을 부정함으
로써 결국 수행적 모순에 처하고 만다.[10]

---

7) 선우현, 「비판적 사회 이론으로서 권력-지식론」(이 책 2장), 62쪽 참조.

8) J. Derrida, *Positions*(1972), 15쪽.

9) K-O. Apel, "Die Herausforderung der totalen Vernunftkritik und das Programm einer
philosophischen Thorie der Rationalitättypen" (1987), 2-3쪽.

둘째, 탈근대론의 또 다른 한계는, 로고스 중심주의에 대한 근본적 비판에서 비판의 대상으로 설정한 서구 이성의 외연을 너무 좁게 규정하는 까닭에, 이성 비판이 불완전한 방식으로 전개되고 있다는 점을 들 수 있다. 일례로, 푸코는 이성을 전략적 혹은 도구적 차원에 국한시켜 바라보고 있으며,[11] 그에 따라 이성이 지닌 또 다른 측면인, 윤리적 차원이나 진리의 산출을 위해 불가피하게 전제해야 하는 상호 주관적 차원의 합리성을 고려하지 못하고 있다.

셋째, 근대성에 대한 비판과 해체를 주창하는 논변에서 채택한 비판의 준거점 없이 제기된 비판 방식이 지닌 난점으로 인해 이론 전개 상의 어려움을 노정하고 있다는 점도 탈근대론의 한계이다. 즉 사회 비판의 준거로서 합리성을 부정하는 탈근대론이 제기하는 사회 비판의 방식은, 불가피하게 암묵적으로 규범적 성격을 함의한 보편적 이성과 그것에 토대한 비판의 척도를 전제하고 있는 것처럼 보인다는 점이다. 그러므로 탈근대론자들이 선택한 해체 전략(데리다)이나 계보학적 비판(푸코), 또는 총체성의 거부(리요타르) 등은 사실상 보편적 이성과 그것을 토대로 한 척도를 부정 배제하고 있다기보다, 사실상 그 같은 근대 비판의 타당성을 확보하기 위해 묵시적으로 이른바 정체불명의 규범적 합리성을 전제하고 있다고 여겨진다.[12] 이런 한에서 탈근대적 근대 비판 또한 근대성(합리성)의 틀 내에서 이루어지고 있다고 볼 수 있는 여지가 많다 하겠다.

넷째, 탈근대론의 한계는, 비록 탈근대론은 이론적 차원에서 커다란 설득력을 지니고 있지만 그럼에도 불구하고 실천적 차원에서 중

---

10) M. Jay, "The Debate over Performative Contradiction: Habermas vs. the Post-structualists" (1989), 177쪽.

11) A. Honneth, *Kritik der Macht*(1989), 174-183쪽 참조.

12) J. Habermas, *Der philosophische Diskurs der Moderne*(1986), 333-334쪽 참조.

대한 문제점을 야기하고 있다는 점에서 또한 찾아볼 수 있다. 즉 탈근대론은 궁극적으로 보편적 진리 기준이나 윤리적 척도의 토대로서의 보편적 이성을 부정하는 까닭에, 참/거짓, 정당성/부당성의 보편 타당한 기준을 해체하는 사태를 낳게 된다. 그에 따라 사회 질서 유지를 위한 최소한의 기준점을 제거하게 되며, 궁극적으로 사회와 그 구성원들의 존속과 유지를 불가능하게 만들게 된다. 요컨대 탈근대론은 인식론적 상대주의와 윤리적 무정부주의로 귀결된다는 점에서 실천적 측면에서 결정적인 한계를 내포하고 있는 것이다.

끝으로, 탈근대론의 입론의 한계는 더 이상 역사의 진보나 발전, 나아가 인간 해방이나 유토피아의 구현에 관해 언급하기 어렵게 된다는 점에서도 확인된다. 알다시피 삶의 진정한 의미는 현 상태에 만족하기보다 작금의 상황에서 부딪치는 문제들을 해결 극복하면서 보다 나은 상태로 나아가는 데 있다고 할 수 있다. 왜냐하면 아직 구현되지 않는 상태, 그것이 우리로 하여금 앞으로 실현될 상황에 대한 희망을 품게 하며 궁극적으로 이상 사회를 희구하게 만들기 때문이다. 그럼에도 탈근대론은 역사의 진보와 해방 사회에 관한 전망을 단념하도록 강요하고 있으며 그에 따라 역사를 형성해 나가는 인간의 의지 그리고 역사를 총체적으로 인식하는 안목마저 상실케 만듦으로써,[13] 더 이상 우리가 추구하고 실현해야 할 사회상에 대해 언급할 수 없게 만든다는 점에서 결정적인 한계를 드러내고 있다.

---

13) K. Mannheim, *Ideologie und Utopie*(1969), 225쪽.

3. 한국적 지평에서 탈근대론의 적실성과 근대(성) 기획의 유효성

3.1 한국 사회, 과연 근대 사회에서 탈근대 사회로 이행하고 있는가

1) 탈근대론의 수용 및 전개 과정에서의 문제점

한국 사회에서 탈근대론에 대한 관심과 수용, 그것의 논의 및 전개 과정에서 드러나는 문제점으로는, 무엇보다 주체적이며 자생적인 문제 의식이 결여되어 있다는 점을 꼽을 수 있다. 이는, 근대/탈근대 논쟁이 우리 현실에 대한 정확한 인식과 그것을 통해 포착한 구조적 모순들에 대한 끈질긴 탐색과 해결책의 제시라는 현실과의 치열한 대결 정신이 결여된 채 단지 지적 호기심에서 초래되었다는 점[14]을 전면적으로 부정키 어렵다는 사실을 의미한다.[15]

다음으로, 현실 사회주의의 붕괴로 집약되는 마르크스주의의 이론적·실천적 실패에 따른 우리 사회의 이른바 진보적 지식인 집단의 좌절감과 지적 방황이, 그러한 공백 상태에서 벗어날 대체 위안물을 모색하는 과정에서 서구의 새로운 지적 흐름으로서의 탈근대론을 적극적으로 수용하게 만들었다는 사실도 눈여겨봐야 한다.[16] 한국 사회에서 탈근대론의 등장에는, 마치 68운동의 좌절 이후 혁명

---

14) 이정우, 「현대 프랑스철학을 보는 관점 — 김성기/이정우 대담」(1997), 84-85쪽.

15) 사실, 이런 식의 논법은 근대(성)에 의거하고 있는 서구 철학 사조의 수용 과정에도 동일하게 적용될 수 있는 한계를 지니고 있다. 그럼에도 가령, 70년대 말에서 80년대 초반에 걸쳐 이루어진 마르크스주의 철학의 도입과 그것의 한국적 상황에로의 적용은, 수다한 문제점에도 불구하고, 적어도 한국적 현실에 대한 깊은 통찰과 고민의 결과로서 이루어진 측면이 상당 정도 그 밑바닥에 자리하고 있다는 점에서 탈근대론의 수용 과정과는 일정한 거리가 있다고 보여진다.

16) 최종욱, 「현대 프랑스철학의 비판적 이해」(1997), 104-107쪽 참조. 아울러, 이진경, 「현대 프랑스 사상의 한국적 이해와 수용 — 김욱동/심광현/양운덕/이정우/이진경 대담」(1997), 202쪽 참조.

을 통한 사회 변혁에 대한 희망이 사라지고 현실에 대한 정치적 환멸만이 난무하는 상황에서 서구의 급진적 좌파 지식인들이 진보적 세계관을 버리고 회의적이며 냉소적인 세계관으로 의식화되어 가던 그 당시의 상황을 연상시키는 대목들이 만만치 않게 자리하고 있기 때문이다.

또한 탈근대에 관한 논의는, 그것을 우리의 현실과 접목시켜 한국 사회를 조망하고 그로부터 드러난 문제를 해결하는 데 기여할 새로운 사회 이론으로 구체화하는 방향에서 전개되어 나가기보다, 우리의 현실 문제를 비켜가면서 역사적 맥락과 한국적 특수성을 간과한 상태에서 단지 논쟁을 위한 논쟁이나 지적 유희로 흐르는 측면이 적지 않다는 점도 지적해야 할 대목이다.[17] 결과적으로 이는 탈근대론의 수용이 결국 학문적 사대주의나 새로운 사상의 상품화 논리에 의해 이루어져 왔다는 의구심을 지울 수 없게 만드는 요인이 되고 있다.

끝으로 한 가지만 더 지적해 본다면, 우리 사회에서 근대/탈근대 논쟁은 찬성 아니면 반대라는 감정적 판단이 주류를 형성하며 진행되고 있는 까닭에, 극단적인 이분법적 대립 구도가 형성되면서 양자 간의 비판적 결합이나 절충을 통해 제3의 대안을 모색해 보려는 시도의 활성화를 상당히 저해하고 있다. 이는 논쟁이 지닌 생산적 측면을 사상시키는 우를 범하고 있다는 점에서 우리에게 논쟁의 생산적 전개 방식에 대한 주의를 환기시켜 준다.

2) 근대 사회로부터 탈근대 사회로의 이행 여부 검토
탈근대론이 한국적 현실에 대해 적실성을 지니고 있는가의 여부

---

17) 함재봉, 「포스트모더니즘과 근대 정치사상」(1994), 119쪽 참조.

를 판단하기에 앞서 먼저 고려해야 할 사항으로는, 과연 우리 사회는 탈근대적 사회로 이행해 가고 있는가 하는 문제이다.[18] 만약 우리 사회도 근대 사회로부터 탈근대 사회로 변화해 가고 있다면, 당연히 탈근대론의 수용은 불가피한 것이 될 것이다. 물론 그러한 이행이 뚜렷하지 않다고 해도 근대적 접근 방식으로 우리 사회를 분석하는 데 한계가 있다면, 새로운 분석틀로서의 탈근대론의 도입은 보다 적극적으로 검토해 볼 필요성이 있을 것이다.

이러한 사항들을 염두에 두면서, 근대에서 탈근대로의 이행 여부를 고찰해 보는 작업은 우리에게 한국 사회가 전면적으로 탈근대 사회로 이행해 가고 있는지, 그렇지 않다면 어느 정도 탈근대화되어 있는지, 혹은 탈근대적 징후가 확산되어 가고 있는 중이라면 탈근대론은 어느 정도 그러한 현상에 대한 설명틀로서 기능할 수 있는지 등에 대해 대략적으로나마 해명해 줄 수 있을 것이다. 이처럼 우리는 탈근대론적 입장에 동의하지 않는다고 해도, 그것이 내세우는 관점과 견해에 대해 귀기울일 필요는 충분히 있다 하겠다.

그렇다면 현재 한국 사회는 탈근대 사회로 전환하고 있는가. 보는 관점에 따라 편차가 있겠지만, 대체로 정치·경제적 제도의 차원에서 탈근대는 아직 시기상조인 것처럼 보인다. 반면 문화적 영역에서의 탈근대는 어느 정도 진척되어 이루어지고 있다고 보여진다. 특히 후자를, 제임스의 논변처럼 후기 자본주의의 문화 논리로서의 탈근대주의(postmodernism)의 징표로 읽어낼 수 있다면,[19] 현 한국 사회에서 문화적 탈근대는 근대적 문화의 한계를 지적하고 그에 대해 저항하

---

18) 여기서 말하는 탈근대 사회란 탈근대적 경향을 차츰 드러내는 사회를 가리키는 용어로 잠정적으로 규정하여 사용코자 한다.

19) F. Jameson, *Postmodernism, Or, The Cultural Logic of Late Capitalism*(1991), 51쪽 이하 참조.

는 새로운 탈근대 문화 논리로서 작용하고 있다고 볼 수 있다. 최근 들어 사회적 관심의 대상이 되고 있는, 동성애의 윤리적 정당화 논변이나 『내게 거짓말을 해봐』 등의 소설의 등장, ─ 따라서 그에 대한 검찰의 구속 사태에 대한 비판 ─ 근대적 선악 기준에 대한 반작용으로서의 영화 〈배트맨〉[20]이나 TV 외화물 〈X파일〉에 대한 관심 고조 등이 근대 문화에 대한 저항 논리의 단면을 보여 주고 있다. 이처럼 한국 사회에서의 탈근대적 문화 현상의 지속적인 유입과 증대는, 서구 선진 사회의 문화적 유형이 자본주의적 세계화에 발맞추어 전 지구적 차원에서 확산되어 나가면서 이루어진 소위 **문화의 규격화 혹은 표준화**가 우리 사회에서도 가시화되고 있음을 의미하는 것이기도 하다.

물론 이렇다고 해서 한국 사회의 주류 문화로서의 근대 문화가 해체되고 있음을 말하는 것은 아니다. 단지 근대 문화와 그에 대한 반작용 혹은 저항의 논리로서 탈근대 문화가 서로 혼재되어 공존하고 있는 상황이라 하겠다. 이처럼 우리 사회의 경우, 문화적 차원에 국한된 탈근대가 아직까지 전면적인 영향력을 발휘하고 있지는 못하지만, 앞으로 차츰 그 세력을 넓혀갈 것으로 예상된다. 왜냐하면 향후 사회 발전의 도정에서, 문화 영역은 노동 영역 못지않게 더욱더 활성화될 것으로 보여지며 그에 따라 사회 성원들은 문화적 영역에서 더 많은 삶의 시간을 향유하는 이른바 **문화 사회**가 본격적으로 전개될 것으로 예견된다는 점에서,[21] 문화적 탈근대가 미칠 파급 효과

---

20) 영화 〈배트맨〉에서는 이제껏 선과 악을 상징적으로 표현하던 흑과 백이, 하얗게 분장한 조우커(악)와 어두운 밤에 활약하는 검은 복장의 배트맨(선)으로 전도되면서, 선과 악을 이분법적 대립 구도로 도식화하여 묘사하던 기존의 근대적 틀을 깨고 있다. 이러한 영화를 통해 그 속에 내재해 있던 탈근대적 저항적 요소가 한국 사회에도 자연스럽게 유입되면서, 문화적 삶의 방식에서 선과 악에 대한 기존의 구분틀을 서서히 흔들어 놓고 있다.

는 만만치 않을 것으로 보인다. 특히 정치나 경제 등과 경계가 불분명해지고 차츰 문화가 정치나 경제 등에 미치는 영향이 증대해 가고 있다는 점을 고려해 볼 때, 문화 논리로서 탈근대의 확산은 주의해 보아야 할 대목임에 틀림없다. 문화적 영역에서의 탈근대적 속성의 확산은 그 속에 살고 있는 개인들의 의식으로 발현되며 사유 양식의 변화를 초래할 수 있기 때문이다.

그렇다면 이 같은 탈근대적 문화 현상의 점증적인 증가에 비추어, 한국 사회는 탈근대 사회로 이행해 가고 있다고 말할 수 있는가. 잠정적인 판단을 내리자면 우리 사회는 본격적으로 그러한 탈근대로의 이행기에 놓여 있지는 않다. 비록 **탈근대적 문화의 징후들이 부분적으로 존재하는 것은 사실이지만**[22] — 아울러 그것이 근대의 한계에 대한 비판 내지 대항의 논리로서 기여하는 것도 사실이지만 — 탈근대는 정치와 경제를 축으로 한 제도적 차원에서는 여전히 이렇다 할 힘을 발휘하지 못하고 있으며, 문화적 영역의 경우만 해도 아직 그것이 주류 문화를 이루고 있지 못하며 나아가 저항 논리로서의 탈근대적 문화 양상이라는 것도 근대성(합리성)의 테두리 내에서 충분히 개진되고 해명될 수 있는 것이라는 점에서, 섣불리 근대에서 탈근대로 이행하고 있다고 보기는 어려울 것 같다. 더욱이 실천적 차원에서 그러한 탈근대적 문화 논리는 단기적으로 긍정적 역할을 할 수 있겠지만, 궁극적으로 우리 사회를 보다 부정적인 방향으로 이끌도록 작용할 것이란 점에서도, 탈근대 사회로의 전환은 오히려 거부해야 할 지향점이다. 현시점에서 탈근대론과 그것이 인도하는

---

21) 김호기, 『한국의 현대성과 사회변동』(1999), 30-31쪽. 이에 대한 보다 상세한 내용은 A. Gorz, *Critique of Economic Reason*(1989) 참조.

22) 우리 사회에서 벌어지고 있는, 탈근대적 문화 징후의 점진적인 확산 현상에 대한 개괄적인 설명으로는 유문무, 「포스트모더니즘의 문화적 파장」(1996), 441-454쪽 참조.

사회상(像)은 우리 사회가 수용·적용하기에는 감당해야 할 부담감
이 대단히 크다 하겠다. 더욱이 한국 사회가 탈근대 사회로의 이행
기에 놓여 있는가의 여부는, 현재 우리 사회가 서구 사회처럼 근대
의 위기적 상황에 처해 있는가의 문제와 불가분의 관계를 맺고 있는
바, 그에 대한 고찰을 통해서 이행 여부에 대한 보다 확실한 판단을
내릴 수 있을 것이다.

3.2 탈근대(성)의 전근대(성)로의 수렴: 탈근대론의 적실성 검토

현 한국 사회의 발전 단계에서, 탈근대론의 무분별한 수용과 그것
의 한국적 상황에서의 적용은 — 특히 실천적으로 — 득보다는 실이
압도적으로 많다 하겠다. 이런 이유에서 이 글은 원칙적으로 탈근대
론은 아직 한국 사회를 조망하고 나아가 현실 변혁에 기여할 주도적
인 사회 이론의 틀로서는 적실성을 지니지 못한다는 점을 지적코자
한다. 이와 관련해, 이 글은 특히 한국적 상황에서 탈근대(성)의 구현
과 전면적 관철은 결과적으로 우리 사회에서 극복되어야만 하는 전근
대(성)로 귀착된다는 점에 초점을 맞추어 탈근대론의 부적실성을
드러내 보여 주고자 한다.[23] 적어도 전근대(성)로의 수렴은 다양한
사회 구조적 모순을 안고 있는 우리 사회에 치명적인 부정적 사태를
초래할 수 있으며, 그것은 결국 한국 사회의 퇴행적 후퇴를 그 귀결
점으로 갖게 되기 때문이다.

---

23) 탈근대론은 그 속성상 전근대(성)에 대한 근대(성)의 우위성에 이의를 제기하고 전통
  과 권위, 주술과 비합리성에 대한 폄하를 거부하면서 그것들에 대해 새로운 의미 부여
  와 가치 창출에 지대한 관심을 드러낸다. 이 점에 대해서는 G. Vattimo, *The End of
  Modernity*(1988), 1-15쪽 참조.

1) 민주주의의 부정과 전근대적 권위주의로의 회귀

주지하다시피 탈근대론이 내건 주된 입장 가운데 하나가 총체성의 부정과 다원성의 존중이다. 그런 한에서 탈근대론은, 근대론이 이성에서 그 토대를 마련하고 있는 참/거짓, 옳음/그름의 보편적 기준에 대항하여, 그처럼 이성에 기초한 척도는 이성 이외의 것, 즉 비이성(타자)에 대한 지배 및 배제의 원리를 내포하고 있는 것으로 간주하여 그것의 해체를 관철하고자 한다.

이 점은 한국 사회의 현실과 관련하여, 외견상 민주주의의 완성태에 조금 더 다가가는 입장이자 보다 진척된 민주화의 표징으로 읽혀질 수 있다. 다양한 의견이 자유롭게 개진되고 존중된다는 사실만으로도, 그것은 민주적인 사회 구현 방향에 부합하는 것으로 비쳐진다. 사실 그간 한국 사회에는, 비민주적인 권위주의 체제가 오랜 동안 지속되어 오면서, 정통성을 확보하지 못한 통치 권력에 의해 그 자체의 생존·확장 수단으로 강요된 이분법적 논리가 사회 문화적 영역을 지속적으로 지배해 왔다. 그에 따라 중도적 혹은 절충적 입장은 배겨나기 어려웠으며, 단 하나의 입장이나 관점을 선택하도록 강제되곤 하였다. 분단적 상황하에서 정권 유지를 위해 제기되었던 이른바 빨갱이 논법은 그 대표적인 사례라 하겠다. 이러한 비민주적인 흑백 논리적 사유 방식은, 권위주의적 독재 정권을 무너뜨린 후 전개된 이른바 문민 정부나 국민의 정부에 들어와서도 여전히 그 위세를 유지하고 있는 것처럼 보인다. 가령, 의약 분업을 비롯한 공적인 정책 추진 과정에서, 그러한 정책에 대한 공정하고 정당한 비판마저 반개혁적 발상이라고 매도되는 사태가 엄존하고 있는 것이 현실이기 때문이다. 이러한 상황을 고려할 때, 다양성의 공존에 기초한 차이(성)의 문화를 기치로 내건 탈근대론적 시대 흐름은 우리 사회의 민주화에 순기능적으로 작용하는 측면이 적지않게 있음을 인정하지 않을 수 없다.

하지만 이에 머물지 않고 탈근대론이, 다양한 입장과 견해에 대한 존중을 모든 관점과 견해가 동등한 가치와 진리치를 갖는다는 의미로 밀어붙일 경우, 이는 결국 무정부주의적 개인 이기주의나 상대주의적 회의주의로 귀착된다. 그럼으로써 오랜 기간 민중의 피와 땀으로 이 만큼이나마 일구어 온 우리 사회의 민주화 토대를 그 근저로부터 허물어뜨리게 될 가능성이 크다 하겠다. 이는 한국적 현실에서, 근대의 개인주의와 그것에 기초한 민주주의의 원리에 대한 부정으로 이어지며, 그 대항적 흐름으로서 전근대적 가족주의와 권위주의 원리의 재등장으로 귀착될 가능성을 배제하기 어렵다. 본래 비합리주의를 지향하는 탈근대론은 근대의 부정성을 극단화하여 이를 해체시킴으로써, 근대 민주주의가 중시하고 있는 이성적 절차와 합의, 다수결 원칙 등을 억압성과 강제성, 배제성의 속성으로 간주하여 이에 기초한 대의제 민주주의마저 의심하고 회의한다. 하지만 이와 같이 정치 현실에서 민주주의 원리를 부정하고 배제하는 경우, 이는 곧바로 합리적인 정치 제도와 제약적 규율을 부정하며 급기야 전근대적 권위주의와 무정부주의의 출현을 조장하는 근본 조건으로 전환된다.[24] 이 같은 이유에서 탈근대론적 논변의 정치 이론적 극단화는 위험할 뿐만 아니라 전근대로의 회귀를 초래한다.

  2) 근대적 주체의 해체에 따른 전근대(성)로의 회귀
  구한말에서 일제 식민 지배기를 거쳐 전개된 근대화 도정은, 해방 이후 특히 박정희 정권하에서 본격화되면서 적어도 산업화의 측면에서 괄목할 만한 성과를 거두었다. 뿐만 아니라 비록 왜곡된 측면

---

24) 유홍림, 「포스트모더니즘의 자유주의」(1996), 125쪽 참조.

을 내재하고 있지만, 합리주의적·과학적 사유 방식의 확대나 효율성의 추구, 근면성과 책임 의식에 대한 개인적 자각 등으로 표출되는 근대(성)는 사회의 전 영역에 걸쳐 광범위하게 구현되어 왔다.

하지만 이처럼 부분적인 근대화의 성과에도 불구하고, 사회 발전에 보다 긴요한 또 다른 근대(성)의 측면은 여전히 불충분하게 실현되어 있는 것이 현재의 실태이다. 예컨대, 사회 성원들 사이의 자유롭고 평등한 관계, 사회 정의, 민주주의의 측면은 여전히 만족스럽지 못한 채 불완전하게 구현되어 있다. 이 대목에서 한국 사회에서의 근대(성)는 여전히 미완의 과제로 남아 있음을 엿보게 된다. 물론 이는 서구 사회의 경우에도 원칙적으로 마찬가지라 생각되며, 그 점에서 근대(성)는 아마도 영구적인 미완의 기획으로 남을 공산이 크다 하겠다.

그렇다면 한국 사회에서 이처럼 근대(성)가 만족스럽지 못한 상태로 불완전하게 관철된 결정적인 이유는 무엇인가. 아마도 정치적 민주화나 경제적 발전의 차원에서는 근대화가 상당한 수준으로 진척되었지만, 사상 의식이나 문화적 차원에서는 자율적이며 비판적 성찰을 수행할 수 있는 이성적 존재로서의 근대적 주체가 아직 형성되지 못했거나 불완전하게 형성되어 왔다는 점을 들 수 있을 것이다. 이는 우리의 근대 사회 건설 과정이, 근대적 주체가 배제된 가운데 단지 형식적 차원에서 선진 산업 사회의 제도적 측면을 모방 답습해 왔음을 가리킨다.

그 결과 현재 한국 사회는, 개인(시민)의 근대적 의식과 자율성이 제대로 확립되지 못한 상태에서, 사회 성원들 위에 군림하는 실체로서의 국가나 혈연적 결합체로서의 민족 등이 시민(개인)들의 자유로운 행위나 비판적 성찰 등을 제약하고 있는 실정이다. 이는 한국 사회가 형식적으로 근대화를 수행해 왔음에도, 내용적으로 여전히 전근대적 사회 발전 수준에 머물러 있음을 간접적으로 말해 준다.[25] 이처럼 국가 권력 등에 의해 개인의 자유와 인권이 침해당하는 사태가 국가에 대한 맹목적 애국심과 민족애의 이름으로 정당화되는 상황은 가뜩이나 그 형성에서 뒤쳐진 근대적 주체의 출현과 완성을 더욱 더디게 만들고 있다.

이렇듯 근대적 의미의 주체가 확고히 형성되지 못한 우리의 상황에서, 근대(성)의 또 다른 산물인 국민 국가 혹은 민족 국가는 오히려 전근대적으로 작용하여 개인의 자율적 삶을 침해하고 희생하기 쉽다. 나아가 이것들은 다른 민족을 자아 아닌 타자로 취급하여 지배의 대상으로 바라보도록 만드는 부정적인 부산물마저 낳고 있다. 그러므로 억압된 개인적 자유와 권리의 회복을 위해서나 국가와 국가 간의 상호 호혜성과 평화적 협조 관계를 지향하는 차이성의 국제 정치 혹은 열린 민족주의를 위해서도 한국 사회는 근대적 주체를 필수적으로 요구하게 된다.

현실이 이러함에도 불구하고 아직 형성 과정에 놓여 있는 근대적 주체의 해체를 시도하는 탈근대론의 전일적 관철은, 그야말로 우리 사회를 전근대적 전통 사회, 즉 공동체에 매몰되어 자율성과 비판성, 성찰성을 담보한 개인이 상실된 사회, 개인의 권리와 자유가 유린당하는 사회로 되돌리는 부정적 사태를 초래할 수 있다. 이 점은, 탈근대론이 내세우는 지향점으로서의 극단적인 개인주의적 무정부주의의 논변이 한국적 현실과 만날 경우 철저한 개인주의의 관철과는 반대로 집단주의 내로 개인이 매몰되어 버리는 역리적 사태를 초래한다는 점에서, 서구적 지평과 한국적 지평에서의 탈근대의 위상의 차이점을 극명히 드러내 보여 준다.

---

25) 국민·국가나 민족주의도 근대(성)의 산물이다.

3) 몰개인적 · 비합리적 패거리 문화로서의 연고주의의 활황

앞서 살펴본 근대적 주체의 해체에 따른 난점과 밀접하게 연결되어 있는 또 다른 문제는 다름 아닌 연고주의의 폭발적인 활성화를 초래한다는 점이다. 즉 탈근대론이 내세우는 주체의 해체는 불가피하게 시민 사회적 개인주의의 해체를 야기하며 이는 한국적 상황에서 전근대적인 연고주의, 이른바 몰개인주의 · 패거리주의로서 연고주의의 극성기를 초래하게 될 것이다.

물론 탈근대론의 주체 해체 논변이 서구 사회의 극단화된 개인주의의 해체와 붕괴를 추구하는 것이라면 이는 한편으로 긍정적 측면을 지니고 있는 셈이다. 하지만 다른 한편으로 그것이 자율적이며 비판적 반성력을 지닌 자각된 존재로서의 개인이 중심이 된 시민 사회적 개인주의의 부정과 소멸을 주창하는 것이라면 그것은 극단적인 부정성을 드러내는 것이다.

이와 관련해 볼 때 우리 사회의 근대화가 지닌 치명적인 약점은, 서구 사회의 근대화 도정을 답습하면서도 그 실질적인 내용상의 알갱이인 근대적 개인이 주축이 된 시민 사회 단계를 경험하지 못했다는 사실이다. 자본주의적 산업화는 위로부터 반강제적 · 비자율적 방식으로 추진되었으며, 그에 따라 우리 사회는 사회 문화적 차원에서 전근대적 봉건 사회와 철저하게 단절되어 근대화가 진행되지 못하는 결정적 한계를 지니고 있다. 이 점은 현 한국 사회가 이성적 판단과 행위를 통해 작동되는 사회가 아니라, 여전히 비합리적이며 전근대적 사회 작동 메커니즘, 학연 · 지연 · 혈연의 삼중적 작동 기제에 의해 움직여 나가는 사회라는 점에서 극명하게 드러난다.[26] 이는

---

26) 김동훈은 학벌 사회론을 통해 한국 사회가 여전히 전근대 사회 수준에 머물러 있음을 보여 주고자 한다. 이에 대해서는 김동훈, 『한국의 학벌, 또 하나의 카스트인가』(2001) 참조.

몰개인적 패거리 문화인 연고주의의 형태로 구체화되어 전개되고
있다. 그에 따라 자율적이며 책임 의식을 지닌 성숙한 개인들간의
자유롭고 평등한 관계에 바탕하여 공정하고 합리적인 보편적 잣대
에 의거하여 사회적 사안들이 처리되는 것이 아니라, 연고를 매개로
한 비합리적 상하 관계 혹은 주종 관계에 의거하고 있는 집단 특수
적인 잣대에 의해 불합리하고 불공정하게 다양한 사안들이 처리된
다. 이로써 개인의 능력에 대한 공정하고 엄정한 평가가 제대로 이
루어지지 못하는 가운데, 그가 속한 패거리 집단이 사회 속에서 차
지하는 역학 관계에 의해 좌지우지되는 상황이 전개된다. 이는 자아
와 개성이 말살되고 개인의 창의성이 억압되어 획일화되는 사태, 그
에 따라 종국적인 판단 기준이 그가 속한 패거리 집단의 위상에 따
라 결정되는 사태로 연출되어진다.

이러한 상황을 고려할 때 우리에게 주어진 당면 과제는 이러한 비
합리적 연고주의라는 사회 작동 기제로부터 벗어나 합리적이며 공
정한 사회 운영 원리를 발전시키는 것이다. 여기서 일차적인 토대는
자율적인 판단 능력과 행위 능력을 갖춘 시민들로 구성된 시민 사회
의 확립이다. 그럼에도 탈근대론은 개인주의의 해체를 지향함으로
써, 건전한 시민 정신을 갖춘 근대적 개인들의 자율적인 판단과 실
천적 활동을 방해하거나 지체시키는 우를 범하게 된다. 그리고 그것
은 한국적 토양에서 비합리적인 연고주의적 사회 관행들을 더욱 부
채질하고 강화시킴으로써 결국 근대가 지양한 전근대를 복권시키는
결과를 낳게 된다. 이는 그렇지 않아도 패거리 집단의 힘을 빌어 개
인의 이익을 극단적으로 관철시키려는 분위기가 팽배해 있는 한국
적 현실을 더욱더 개악하고 황폐화시키는 결과를 낳을 것이라는 점
에서 심히 우려하지 않을 수 없다.[27]

4) 윤리적 무정부주의와 비합리적 · 권위주의적 척도의 횡포

현재 한국 사회는 윤리적으로 위기 상황이라 할 수 있다. 그 단적인 증거로서 우리 사회에는 특정 행위에 대해 옳고 그름을 가릴 수 있는 보편적인 윤리적 기준이 아직 확립되어 있지 않다는 점을 들 수 있다. 오랫동안 윤리적 척도로서 그 역할을 수행해 온 유교적 가치관은 급격한 사회 변화를 겪고 있는 한국 사회에서 그 실천적 효력을 더 이상 발휘하기 어려운 지경에 처해 있으며, 시대착오적이며 낡은 전근대적인 윤리적 잣대로서 간주되기에 이르렀다. 그렇다고 해서 서구 근대성에 기초한 이른바 합리주의적 윤리 기준이 정착되어 있는 것도 아니다. 이 같은 현실은, 인간의 이성에 호소하여 설득을 이끌어 내는 합리적이며 보편적인 근대적 윤리 기준이 부재하다는 점, 따라서 비이성적인 자의적 기준들이 편의적으로 난무하고 있다는 점을 동시에 의미하고 있다.

따라서 이러한 상황에서 윤리적 정당성 여부를 논해야 할 경우, 더 이상 상식이 통용되기 어려운 상황에서, 힘의 논리에 의해 소위 목소리 큰 개인이나 집단에 의해 자의적으로 결정될 공산이 크다. 다시 말해 외부로부터 반(半) 강제적으로 주어진 비합리적 · 권위적 기준이 편의주의적 논법을 내세워 보편 윤리의 역할을 자처할 가능성이 높다. 이는 가령, 사회 성원들간의 자유로운 토론을 통해 도달한 상호 이해와 합의의 산물로서의 담론 윤리와 같은 이성적 윤리 기준과는 거리가 먼, 위로부터 일방적으로 제시된, 비민주적이며 비합리적인 아울러 권위적인 기준이 윤리적 잣대로 행세하는 상황이 전개될 수 있다. 이는 말할 것도 없이 전근대성의 징표라 할 수 있다.

현재 한국 사회의 총체적 위기 상황의 본질도 따지고 보면 윤리적

27) 이에 대해서는 최종욱, 「탈현대론의 한국적 수용에 대한 비판적 소론」(1994), 43-44쪽 참조.

위기에서 그 근원을 찾아볼 수 있으며, 이는 보편적 타당성을 지닌 정당성 기준의 부재로 소급된다. 여기에는 해방 이후 반민족적 친일파 척결의 실패라든가 반민주적 권력 지향 집단의 부당한 정권 탈취 등으로 얼룩진 우리 사회의 현대적 전개 과정상의 구조적 왜곡이 또한 한몫을 거들고 있다. 일제 식민 지배하의 친일파가 권력 계층에 편입되어 여전히 부와 권력을 향유하고 있는가 하면, 일생 동안 독립 투쟁에 헌신한 이와 그 자손들이 평생을 가난과 고통 속에 살아가는 현실. 이는 한국 사회의 가치 전도와 비상식의 상식화, 윤리적 혼란의 극명성을 단적으로 보여 주는 대목이다.

바로 이 같은 상황에서 보편적인 윤리 기준을 강요와 지배의 논리로 바라보고 그것을 해체하려는 탈근대적 논의는 우리 사회에 맞지 않으며 설득력을 지닌다고 보기 어렵다. 게다가 옳고 그름의 기준이 갖는 보편성을 부정하고 그러한 잣대의 다원적 공존과 개별 윤리적 기준이 동등한 무게를 지닌다고 보는 탈근대론의 입장은, 지금과 같은 윤리적 혼란을 더욱 가중시킬 뿐만 아니라 결국 윤리적 무정부주의로 귀결됨으로써, 약육강식의 힘의 논리에 기초한 비합리적 · 전근대적 가치 기준이 지배하는 사회 — 이러한 사회상이 탈근대적 사회라고 이름 붙여질지는 모르겠지만 — 로 우리를 인도하게 될 것이다. 그렇지만 민족 정기가 사라지고 사회 정의가 실종되고, 다양성과 다원화의 존중을 빙자한 무책임과 궤변이 난무하는, 그러한 전근대적이자 탈근대적인 사회가 탈근대론이 지향하는 사회상은 아니라고 본다. 이는 계몽의 정신을 근대(성)보다 더욱 철저하게 계승한 탈근대(성)의 시대 정신과도 맞지 않는다. 이런 이유에서 탈근대론의 한국 사회로의 수용과 적용은 근대의 테두리 내에서 대단히 조심스럽게 이루어져야 할 것이다.

3.3 미완의 기획으로서 근대(성)

1) 근대(성)의 이중적 측면

근대(성)는 이중적 의미를 지니고 있다. 이는 새로운 시대의 원리로서 주체성을 내건 헤겔의 근대성 논의에서 엿볼 수 있다. 이러한 논의에서 헤겔은 주체성을 통해, 근대 세계의 우월성과 위기성을 동시에 해명하고자 시도한다. 그에 따르면, 근대 세계는 스스로를 진보의 세계로 이해하면서 동시에 소외된 정신의 세계로 이해한다. 이에 따라 헤겔 자신 역시 한편으로 근대(성)를 개념화하는 철학적 시도를 추진하면서 다른 한편으로 근대에 대한 비판을 동시에 진행시키고 있다.[28]

역사적 경험에 비추어 보아도 근대성은 그 제도적 전개 및 전 지구적 확산 과정을 통해서도 이중적 측면을 드러내 보였다. 한편으로 그것은 물질적 풍요와 자유와 평등의 확대를 통해 풍요와 안정, 진보와 해방의 메시지를 제시해 주었을 뿐만 아니라, 다른 한편으로 생태계 파괴나 전체주의, 핵전쟁의 위기 등과 같은 위험성과 퇴보, 위기와 파괴의 측면을 동시에 보여 주었다. 근대성에 내재해 있는 이 같은 이중적 특성에 대해 벨쉬는 과학 기술 문명의 형성이라는 의미에서 근대는 한편으로 합리화라는 치료, 다른 한편으로 반합리화라는 요법의 이중적인 양상을 보인다고 지적한다.[29] 월러스틴의 경우, 기술의 현대성과 해방의 현대성의 협력과 갈등으로서 이를 표현하고 있다.[30] 일견 베버의 형식 합리성과 실질 합리성 사이의 상호 제약과 갈등 관계처럼 보이는 이러한 근대(성)의 두 측면 중에서[31]

---

28) J. Habermas(1986), 36쪽.
29) W. Welsch, *Unsere postmoderne Moderne*(1988), 74쪽.
30) I. 월러스틴, 『자유주의 이후』(1996), 177-202쪽 참조.

기술의 근대성이 끝없는 기술적 진보와 지속적 혁신을 가리킨다면, 해방의 근대성은 편협성, 도그마티즘, 그리고 무엇보다 권위에 의한 제약이라는 중세적인 것의 거부를 의미한다.[32]

이와 같이 근대(성) 그 자체는 이미 긍정성과 부정성을 동시에 지니고 있다. 이와 관련해 탈근대론은, 근대가 지닌 두 측면 중 부정성이 긍정성을 압도하면서 그 자체 유지될 수 없게 된 근대의 위기로서의 시대적 흐름을 반영한 것이 다름 아닌 탈근대(성)라고 강변하고 있다. 하지만 이는 다른 각도에서 볼 때, 본질상 근대적 사유 방식에 기초한 근대 비판으로 해석해 볼 수 있다. 그럴 경우 그 같은 탈근대론의 입장은, 근대(성)의 부정성을 과도하게 과장하여 극대화한 것이라고 볼 수 있다. 따라서 이 같은 가설이 올바른 것으로 드러난다면, 근대의 부정적 측면의 극대화나 과도화에 대한 해결책이 반드시 근대의 폐기와 탈근대로의 이행이라는, 이른바 탈근대론의 논의 방식으로 이루어져야 할 필연성은 없는 것이다. 실제로 근대가 안고 있는 다양한 문제점 — 근대의 위기를 포함하여 — 들의 해결 내지 해소는, 근대(성)의 틀 내에서 이루어지는 근대성 비판의 방식으로 이루어지고 있다. 예컨대, 벡과 기든스, 래쉬 등에 의해 제시되고 있는 성찰적 근대화나 하버마스에 의해 모색되고 있는, 의사소통의 형식에서 드러나는 상호 주관적 주체의 구성과 의사소통적 합리화를 진작시키는 방식 등은 근대의 위기를 타개하기 위한 근대론적 해결 방식의 대표적인 사례이다.

2) 한국 사회에서 근대(성)의 실상 — 과연 위기인가

서구 사회의 경우, 근대론이나 탈근대론 모두에 의해 근대(성)가

---

31) M. Weber, *Wirtschaft und Gesellschaft*(1985), 60쪽 참조.
32) 김호기, 『한국의 현대성과 사회변동』(1999), 185쪽.

위기 상황에 처해 있다는 공감대가 형성되어 있는 것처럼 보인다. 그럼에도 그 처방적 대안에 있어 탈근대론은 근대 자체의 유지를 회의적인 것으로 보아 그것의 전면적 부정과 폐기를 내놓고 있다는 점에서 그 비판의 강도가 근대론에 비할 바가 아니다. 물론 이에 대해 근대론 진영의 대표 주자인 하버마스는 탈근대론의 근대 비판이 근대(성)의 일면적 부정성을 전면화시켜 근본적으로 비판하고 있다는 점을 수행적 모순에 의거해 비판적으로 지적하고 있기도 하다.[33]

그렇다면 우리 사회의 경우도 근대(성)가 위기에 봉착해 있는가. 이러한 물음은 우리 사회의 근대(성)의 실상 혹은 그 정체를 정확히 파악해 볼 필요성이 있음을 말해 준다. 이러한 고찰을 통해 한국적 상황에서 구현되어 있는 근대성은 어떠한 양태를 취하고 있으며, 그것이 제대로 구현되어 있는지 혹 그렇지 않다면 어느 정도 왜곡된 상태로 자리하고 있는지, 나아가 과연 우리의 근대성도 치유 불능의 위기에 처해 있는지 등을 대략적이나마 확인해 볼 수 있을 것이다.

잘 알려진 것처럼, 지금의 우리 사회에 구현되어 있거나 진척중에 있는 근대성 혹은 왜곡된 방식으로 관철된 근대성 등은 다양한 외피에도 불구하고 본성상 서구적 근대성 유형이다.[34] 당연히 근대화 경로는 서구의 그것과 다른 길을 취해 왔지만 그럼에도 근대성의 대체적인 전개 방식이나 지향점은 기본적으로 합치된다고 여겨진다. 비록 우리의 근대화 노선이 불가피하게 서구 선진 사회의 자본주의적 근대화를 답습해 왔지만 그럼에도 그 구현 정도나 발전 단계에서 차이가 난다는 점에서, 현재 우리 사회의 근대성의 위상 또한 서구의

---

33) Matin Jay, "The Debate over Performative Contradiction: Habermas vs. Post-structualists"(1989), 265-6쪽 참조.
34) 일본의 근대화 과정을 답습해 왔다고 해도, 그 과정 자체가 서구의 그것을 모방한 것이라는 점에서, 우리의 근대화 과정은 일차적으로 서구의 근대화 도정을 뒤쫓아 왔다고 할 수 있다.

그것과는 다르다고 할 수 있을 것이다.

　이러한 사정을 감안하면서 우선 지적해 볼 수 있는 것은, 한국 사회는 아직 서구 사회만큼 근대성 — 벡의 용어로 단순 근대성 — 이 충분하게 발현되지 못한 상태라는 점이다. 따라서 우리의 근대(성)에는 전근대(성)의 측면들이 완전히 제거되지 못한 채, 근대성의 실현을 방해하거나 근대 내에 뒤섞여 양자가 혼재되어 있는 양태로 구현되고 있다. 이에 따라 가령, 서구 사회의 경우 관료제로 대변되는 체계의 논리가 생활 세계의 영역에 침범해 들어와 상징적 재생산의 논리를 대체하는 사태가 사회 병리 현상으로 목도되는 데 비해, 우리의 경우에는 관료제 자체의 운영 과정에서 이미 상당한 난점을 초래하고 있다. 곧 목적 합리성이 전일적으로 관철되어 효율성을 극대화하도록 프로그램화되어 있는 관료제 자체 내에 학연이나 혈연과 같은 전근대적 비합리적 요소들이 스며들어와 상당 부분을 점유하고 있는 까닭에, 비인격성을 특징으로 목적 합리적 구조 체계로의 관료제가 제대로 작동되지 못하는 사태가 초래되고 있다. 이러한 사례가 말해 주는 것은, 우리 사회는 아직도 목적 합리성의 증대 과정으로서의 합리화, 따라서 근대화가 전근대적 요인들에 의해 저지되면서 충분한 발전 수준에 이르지 못하고 있다는 사실이다. 합리성 이론의 차원에서 이를 다시 해명해 보면, 서구 사회는 합리성의 다양한 측면 가운데, 도구적 합리성이 유독 기형적으로 극대화되어 전개된 것이 근대의 위기를 가져왔다면, 우리의 경우는 도구적 합리성조차 아직 제대로 구현되지 못하고 있다는 사실이 근대화에서의 일차적인 문제인 것이다.[35]

---

35) 몇 해 전 온 국민을 경악시켰던 **삼풍백화점** 붕괴 사건의 경우만 해도, 그것은 가치 합리성의 차원이 결여되거나 소홀히 처리된 탓에 일어났다고 볼 수 있는 측면도 있지만, 그보다는 이익의 극대화를 추구하는 계산적 · 도구적 합리성이 원천적으로 제대로 구

다음으로, 우리의 근대(성)는 일제에 의한 식민화 경험과 분단 상황에 크게 영향을 받은 데다가, 반민주적인 독재 정권에 의해 위로부터 주도되는 상황에서 일탈적이며 왜곡된 형태로 구현되어 왔다는 점을 들 수 있다. 당연히 이 점에서 우리의 근대화 도정은 서구의 그것뿐만 아니라, 여타 후발 국가들과도 일정한 거리를 두고 있다. 강력한 추진력을 갖춘 군사 정권에 의한 소위 압축적 근대화는 경제적 차원에서 주목할 만한 성과를 거두었다. 하지만 그 이면에는 수다한 부정적 근대(성)를 구축해 놓고 말았다. 권위주의적 통치 방식, 획일적 사유 방식, 기능주의적 교육 체제, 정경 유착, 언론 기능의 왜곡, 노사 대립, 부의 불공정 분배 체계, 자연 생태계의 파괴 등이 그것이다.[36] 이러한 근대성의 부정적 왜곡은, 지금 우리 사회에서의 근대성 논의가, 한편으로 의도적으로 미리 입안되어 관철된 부정적 근대성의 측면을 제대로 되돌려놓는 과제[37]에, 다른 한편으로 의도되지 않은 상황에서 빚어진 근대성의 병리적 측면을 극복 내지 해결해야 하는 과제에 초점을 맞추어 전개될 필요가 있음을 말해 준다.

끝으로 서구적 근대성의 과잉으로 초래된 사회 문제들이, 아직 경제적·정치적 제도의 차원에까지 이르지는 못했지만, 사상적·문화적 영역에서는 자주 목격되고 있다는 점에서 한국 사회에도 근대적 분석틀로 제대로 해명하지 못하는 탈근대적 징후(탈근대적 문화 현상)들이 존재하고 있다는 점을 지적하고자 한다. 가령, 우리 사회의

현되지 못한 까닭에 초래되었다고 보는 것이 합당할 것이다.

36) 김호기, 『한국의 현대성과 사회변동』(1999), 202쪽 참조.

37) 가령, 독재 체제를 유지하기 위한 도구로서 주민 감시 체계를 성립시켰다면 이는 도구적 합리성의 극대화된 집적체라고 할 수 있을 것이다. 따라서 이는 근대(성)의 구현물이라고 볼 수 있다. 적어도 목적 합리성의 관철 형태, 효율성의 관철 형태로서 간주될 수 있으며 그런 한에서 그러한 감시 체계는 부정적 근대(성)의 징표라 할 수 있다. 당연히 이는 극복되어야 할 근대(성)의 일부이다.

일각에 자리한 소수에 해당하는 동성애자들의 인권 유린 사태에 대한 옹호 운동과 권리 확보 논변이 점차 확산되어 나가는 현상이 이에 해당된다. 이런 점에서 탈근대론적 인식틀과 분석적 조망은 제한적 범위에서 유의미하게 기능할 수 있다고 보여진다.[38]

이제껏 살펴본 내용을 간략히 정리해 보면, 첫째, 우리 사회는 서구적 의미의 근대성이 제대로 발현되지 못한 채 미진하게 구현되어 있다(전근대성의 광범위한 잔존). 둘째, 전통적 혹은 전근대적 요소들과 근대적 요소들이 뒤섞여 있는 혼합적 형태로서 근대성이 구현되어 있다(근대성의 구현 저해와 왜곡). 셋째, 인위적으로 근대성의 부정적 측면을 극대화시켜 구현시킨, 부정적 근대성이 상당수 존재하고 있다(인위적 · 부정적 근대성의 존재). 넷째, 정상적인 방식으로 구현되었지만 그 결과가 의도치 않게 반근대적인 양태로 나타나는 근대성의 왜곡화 현상이 또한 실재하고 있다(서구적 의미의 근대성의 위기에 일정 정도 부합하는 부정적 근대성의 존재). 끝으로 긍정적으로 구현된 근대성이 존재하고 있으며, 나아가 일정 정도 탈근대성의 측면도 존재하고 있음이 확인된다. 이렇게 볼 때 우리 사회는 근대성의 과잉이나 극대화로 인한 근대의 위기 상황이기보다는, 아직 근대성이 충분하게 그리고 진정한 의미에서 발현되지 못한 근대의 미구현 상황이라고 보는 것이 타당할 것으로 생각된다. 이는 곧 근대(성)에 관한 한, 미완의 과제라는 측면에 역점을 두어야 한다는 것을 의미한다.

---

38) 탈근대적 징후들 가운데 유념해 볼 대목은 가치관의 변화, 특히 탈물질주의적 가치관의 출현인데, 이러한 가치관의 변화는 탈근대론과 내적으로 긴밀한 연관성을 지니고 있다고 보여진다. 이 점에 대해서는 R. Inglehart, *The Silent Revolution: Changing Values and Political Styles among Western Publics*(1977), 40-46쪽 참조.

4. 탈근대(성)의 비판적 포용으로서 근대(성)의 기획

4.1 세계관의 대립 및 실천적 결단의 문제: 근대/탈근대 논쟁

이제까지 살펴본 바와 같이 현재 한국 사회는 서구 사회와 달리 근대(성)의 과잉이나 극단화로 인한 근대의 위기 상황에 처해 있다고 보기는 어렵다. 오히려 근대(성)가 만족스러울 만큼 충분하게 아울러 완결적인 형태로 발현되지 못함으로써 총체적 위기 상황을 맞고 있다고 볼 수 있다. 물론 우리 사회 역시 전 지구적 차원에서 일정 정도 근대(성)의 위기 징후를 보이고 있는 것은 사실이지만,[39] 일면적인 부정적 현상에 기대어 섣불리 근대(성)의 동력원이 소진되었거나 회복 불가능할 정도로 변질되었다고 쉽게 단정 지을 수는 없는 상황이다. 설령, 근대(성)의 부정성이 그 긍정성을 압도할 정도로 극대화되었다고 해도, 그것이 근대 그 자체를 폐기하고 새로이 근대와 단절된 탈근대로 이행해야 한다는 당위론적 귀결을 이끌어내는 것은 아니다. 근대(성)의 폐단을 최소화하고 그 긍정적 측면을 활성화하는 방안은 탈근대로의 이행이 아닌, 근대(성)의 테두리 내에서 근대적 방식을 통해 이른바 근대의 위기를 넘어설 수 있는 가능성은 여전히 남아 있기 때문이다.

이 같은 사정을 감안할 때, 한국 사회에서 근대/탈근대 논쟁은 다른 방식으로 읽혀질 여지가 높다 하겠다. 다시 말해 이러한 논쟁은 이론적·논리적 차원에 초점을 맞추어 어느 쪽이 설득력이 더 높은가의 논쟁보다는 우리의 삶의 방향이 어디로 향해 있는가라는, 다분

---

39) 전 지구적 차원에서 인류의 운명에 치명적인 타격을 입힐 수 있는 가공할 핵전쟁의 위협이나 생태계 파괴에 따른 대자연의 처절한 복수 등이 그러한 징후의 대표적 사례로 꼽힐 수 있을 것이다.

히 실천적 차원에서 접근해 들어가야 할 논쟁의 성격이 짙다. 단순
화하여 근대의 고수냐 아니면 근대의 부정과 해체냐의 문제는, 궁극적
으로 어떠한 세계관을 견지하고 있으며 서로 다른 세계관의 대결 속
에서 어떠한 운명을 택하고 실천적 결단을 내릴 것인가의 문제로 환
원된다 하겠다. 요컨대 한국 사회에서 근대/탈근대 논쟁은, 사회적 ·
구조적 모순의 지양과 극복을 통해 역사적 진보와 인간 해방을 향해
나갈 것인가, 아니면 다원성과 다양성이 존중되는 가운데 극단화된
개인주의적 삶의 가치가 최고의 덕목으로 칭송되는 상대주의적 무
정부주의의 길로 나아갈 것인가의 두 선택지 사이에서 하나의 결단
을 요구하는 문제라 할 수 있다.

근대와 탈근대는 동일한 계몽의 정신에 그 뿌리를 두고 있으며 형
식적 차원에서 서로 친자 관계에 놓여 있다는 점에서 **연속적**이며 계
승적이지만, 동시에 서로 다른 역사적 전망과 실천적 의도를 내용으
로 하고 있다는 점에서 양자는 상호 단절적이며 대립적이다. 이러한
내용적 차이는 결국 특정 공동체의 내적 태도 결정과 실천적 차원의
선택을 요구하며, 이 점에서 근대/탈근대 논쟁은 이론적 차원을 떠
난 문제이다.[40] 따라서 이제 한국적 상황에서 우리에게 남는 것은, 불
충분하고 왜곡되어진 것이지만 여전히 근대의 기획을 추진해 나갈
것인지 아니면 그와 다른 문화적 · 실천적 전략으로서 탈근대의 기
획을 근대 대체의 방안으로 채택할 것인가의 결단이다.

근대/탈근대 논쟁을 이렇게 바라볼 때, 근대의 진영에서 탈근대론
은 고도의 수사학적 표현과 현란한 어투, 시대에 부응하는 참신한
발상과 비판적 지적 등으로 우리의 사회를 재단하고 조망하는 새로
운 시대 정신이자 시대 진단의 틀거리로서 다가왔지만 — 아울러 일

---

40) 김상환, 『해체론시대의 철학』(1998), 365쪽.

정한 한계 내에서 공감대를 형성하고는 있지만 — 궁극적으로 그것
은 현재 우리 사회에서 현실과 유리된 화려한 지적 유희에 그치고
있다. 적어도 탈근대론은 우리 사회 도처에 널려 있는 사이비 근대
(성)의 정체를 제대로 꿰뚫어 볼 수 있는 혜안을 인상 깊게 보여 주
지 못하고 있기 때문이다. 단지 우리 사회도 서구 사회와 마찬가지
로, 합리성과 근대(성)의 과잉과 남용으로 인해, 근대에서 탈근대로
의 전회가 눈앞에서 일어나고 있는 것처럼 보이는 조망틀을 제공하
고 있을 뿐이다. 하지만 이는 총체적으로 과장된 비판적 제스처에
지나지 않으며 그로 인해 우리 사회의 본질 인식을 호도하는 결과를
낳고 있다는 점에서, 이는 우리가 안고 있는 근대성의 모순이나 역
리적 사태를 제대로 해결하지 못하게 하면서, 오히려 그러한 문제
자체가 존재하지 않는 양 사태를 왜곡시키고 있다. 바로 이런 점에
서 탈근대론의 주창은 비현실적이며 공허하게 들려왔던 것이며, 우
리 사회에 관한 조망틀과 실천적 전략으로서 탈근대론의 역할을 회
의적으로 바라보게 만들었던 것이다.

　더욱이 탈근대론의 대안적 입장은, 결과적으로 체념과 회의, 냉소
주의와 극단적 개인 이기주의로 우리를 내몬다는 점에서, 그리하여
결국 사회 질서의 붕괴와 사회 자체의 파괴를 야기함으로써 탈근대
론이 지향하는 개인주의적 무정부주의마저 제거되는 사태를 낳는, 실
천적 차원에서 패배주의 논리라는 점에서,[41] 적극적인 수용과 적용을
주저케 만들고 있다. 왜냐하면 이는 현실을 반성적으로 비판하고 더
나은 상태를 만들어 가려는, 요컨대 진보와 해방을 향해 나아가는
인간의 실천적 변혁 의지에 대한 계몽주의적 믿음[42]의 소실을 가져오

---

41) 이와 관련하여 이글튼은 탈근대주의를 급진적 운동이 패배한 상황에서 나타난 실패
　의 결과물로 파악하고 있다. T. Eaglton, *The Illusions of Postmodernism*(1997), 1-19
　쪽 참조.

기 때문이다. 이는 결국 실천적 주체도 없고 목표도 없는 과정에 우리 자신을 내맡기는 사태를 초래한다. 이 지점에서 우리는 사회 변혁을 통한 역사적 진보와 현실적 모순의 인정과 역사적 퇴행 사이의 갈림 길에서 한 입장을 택할 수밖에 없다. 근대/탈근대의 논쟁은 바로 이러한 각도에서 조명되어야 한다. 그것은 우리의 삶의 운명과 직결되는 문제이기 때문이다.

물론 세계관적 대결과 실천적 결단을 통해 근대론의 입장을 수용한다는 것이, 그 반대 항으로서의 탈근대론의 전면적인 부정과 배제, 비생산적인 무시를 의미하는 것은 아니다. 이 지점에서 결단과 더불어 이질성의 포용[43]이 요구된다. 즉 근대(성)의 틀 내에서 탈근대론의 입장과 논지를 반성적으로 수용하여 우리가 추구해야 할 근대(성)와 근대(성)의 기획을 재구축하는 과제가 새로이 주어지는 것이다.

4.2 현실적 근대(성)의 대안으로서 서구적 근대(성)
— 서구적 근대(성)의 유사-보편성

근대/탈근대 논쟁의 본질적 속성을 이렇듯 실천적 결단의 문제로서 파악하게 되면, 우리의 현실과 관련하여 탈근대론은 아직 그 적실성을 지니지 못하고 있음을 깨닫게 된다. 그럴 경우, 이제 우리에게 남는 것은 근대(성)의 기획이다. 따라서 중요한 것은 어떠한 근대성을 추구할 것인가, 즉 어떠한 근대화를 추진해 나갈 것인가를 해명하고 결정하는 일이다.

이와 관련하여 이 글은, 우리가 추구하고 실현해야 할 근대(성)는

---

42) 탈근대론 역시 계몽의 정신을 보다 근본화한 것이란 점에서, 계몽에 대한 신념의 붕괴는 탈근대론의 자기 부정으로 환원될 수 있다.

43) J. Habermas, *Die Einbeziehung der Andern*(1996), 172-175쪽.

기본적으로 서구적 근대(성)[44]라는 점을 제기하고자 한다. 물론 그렇다고 해서 마치 서구적 근대성이 전적으로 바람직하며 우리가 구현해 나가야 할 유일무이한 근대성 유형이라는 사실을 주장하려는 것은 아니다. 다만, 요즘 한창 논의가 분분한 동양적 근대성(합리성)이나 탈근대적 근대성(합리성)을 위시하여 우리 앞에 놓여져 있는 근대성의 선택지 가운데, 그래도 서구적 근대(성) 유형이 차선책으로 수용되어야 할 모델이라는 사실을 인정치 않을 수 없음을 상기시키고자 할 뿐이다. 물론 여기에는 경험사(史)적으로 지금까지라는 단서 조항이 첨가된다.

그럼에도 불구하고 이러한 주장은 조심스러울 수밖에 없는데, 대략 두 방향에서 반론이 만만치 않게 제기되고 있기 때문이다. 먼저, 서구 근대성은 서구 중심적 관점에서, 제3세계를 비롯한 후발 국가들에 대한 제국주의적 지배 논리를 자체 안에 내장하고 있다는 지적이 있다. 다음으로, 서구 근대성은 서구 사회에 국한된 특수한 것으로서 보편적인 것이 아니며 — 따라서 근대(성)의 자기 전개로서 근대화 역시 보편적인 것이 아니며 — 그 점에서 서구적 근대(성)의 무비판적 추수는 우리 사회에 기여하기보다 오히려 부정적인 영향을 미칠 가능성이 크며 따라서 굳이 그들의 근대화 논리를 추종할 필요가 없다는 반론이 있다. 요컨대 이러한 두 부정적 관점에 의거하여 서구적 근대(성)가 아닌 동시에 그것을 대체할 수 있는, 우리 사회의 특수성에 부합하는 근대성의 모색이 시급하다는 주장이 제기되고 있다. 이는 탈근대론의 입장을 견지하는 일군의 학자들에 의해 보다 강하게 제기되고 있다.[45]

---

44) 서구적 근대(성)에 대한 체계적인 소개와 설명은, S. Hall/D. Held/D. Hubert/K. Thompson(eds.), *Modernity: An Introduction to Modern Societies*(1995) 참조.
45) 가령, 이진우, 「포스트모더니즘과 동양 정신의 재발견」(1999), 141-160쪽; 함재봉, 「포

이 같은 비판적 지적은 상당 정도 수긍할 수 있는 면이 있다. 그런 까닭에 이 글은 그러한 지적의 유의미한 측면을 비판적으로 수용하고자 한다. 하지만 그럼에도, 현시점에서 우리 사회가 추구해 나가야 할 근대(성)는, 비록 최선의 선택은 아니지만 서구적 근대(성)일 수밖에 없다는 것이 이 글의 일관된 — 조심스러운 — 견해이다.

먼저, 서구 근대(성)가 제국주의적 속성을 수반하고 있는 것은 엄연한 사실이다. 하지만 그것은 서구 근대(성)가 지닌 상반된 두 속성 중의 한 측면일 뿐이며, 그것이 지닌 또 다른 긍정적 측면, 즉 동서양을 아우르는 자유, 평등, 정의, 인간 해방, 민주주의 등과 같은 전 인류적 · 보편적 가치 체계의 차원은 오늘날 전세계적으로 전파 확장되어 나가고 있다. 물론 근대성의 양면적 속성 가운데 현실적으로 전자의 속성이 수다한 문제를 일으킨 것은 사실이지만, 후자의 측면이 지닌 인류사적 공헌도 결코 가볍게 여겨서는 안될 것이다. 이러한 상황에서 이 글은 근대(성)의 두 측면을 균형적으로 고려할 경우, 서구적 근대(성)가 결코 최선의 근대성 모델은 아니지만 현실적으로 우리가 선택해야 할 차선의 모델은 될 수 있다는 점을 지적하려 한다.

둘째, 서구적 근대(성)가 아닌, 다른 근대성 모델을 우리 사회의 대안적 추구 모델로 채택하고자 할 경우에는, 반드시 그것과 서구적 근대성 간의 면밀한 비교 검토의 과정이 뒤따라야 할 것이다. 왜냐하면, 가령 서구적 근대(성)의 관점에서 포착될 수 없는, 그럼에도 우리 사회의 발전에 기여할 수 있는 측면을 함유한 유교적 근대성(합리성)이 존재한다고 해도 — 그것은 베버적 사회 이론의 관점에서 불합리하거나 비합리적일 수 있는데 — 이것이 서구적 근대(성)를

_____

스트모더니즘과 근대 정치사상」(1994), 118-142쪽.

폐기하고 대안적 근대(성) 모델로 수용되어야 할지의 여부는 아직 시기상조라고 판단되기 때문이다. 이른바 동양적 근대(성)나 유교적 합리성 등은 아직 우리 사회에 대한 적합성 여부가 확증되지 않았으며 그것이 내장하고 있는 부정적 측면이 일으킬 수 있는 부작용 등에 대한 검증도 아직 확실히 이루어지지 않고 있다.[46] 그런 면에서 이 글은 서구적 근대(성)의 한계와 난점을 수정·보완하는 차원에서 탈근대적 근대성을 포함하는 비서구적 근대성 모델의 반성적 수용이 가능할 수 있지만, 전면적인 대체 방안으로서 그러한 모델을 수용하는 것은 부적절하다고 본다. 이는 역사적으로 이제껏 전세계의 근대화를 주도해 온 서구적 근대성이, 그것이 갖는 폐해와 부정적 한계에도 불구하고 — 가령 후진 국가들의 희생을 대가로 진척되어 왔다는 지적을 받아들인다고 해도 — 인류 전체의 이해 관계와 발전적 관점에서, 지금까지 상당한 기여를 해왔다는 사실을 인정하지 않을 수 없음을 의미한다. 아울러 이는 서구적 근대화가 서구 사회에만 한정된 특수한 현상이 아닌, 보편적인 과정임을 간접적으로 보여 주는 것이기도 하다.

주지하다시피 근대(성)의 자기 전개 과정으로서의 근대화의 주요 내용에는 합리화, 과학적 사고 방식의 보편화, 유용성과 효율성의 추구, 자유와 평등의 확립, 사회 정의의 구현, 인간 해방 등이 포함되어 있다. 아울러 이러한 근대화의 내용은 지금까지의 역사 전개 과정을 통해 확인할 수 있듯이, 서구 선진 사회뿐만 아니라 후발국, 나아가

---

46) 가령, 자연은 한편으로 인간 삶의 원천이자 생명의 근원이라는 점에서 자연과 인간 사이에는 통일성이 존재하며 동시에 자연은 인간 삶의 유지와 발전의 수단적 객체로서 주어져 있다는 점에서 양자간에는 대립성이 또한 자리하고 있다. 이런 점에서 인간과 자연 간의 조화와 합일을 지향하는 이른바 탈근대론적 자연관은 자연과 인간 간의 관계를, 통일과 대립 두 측면 가운데 통일성의 측면에 한정하여 바라보는 것으로서, 거기에는 현실과 유리된 이상적인 측면이 상당 정도 함유되어 있다.

식민화를 경험한 제3세계의 후진 사회에까지 광범위하게 관철되어 왔으며, 그에 따라 긍정적 기여 못지않게 부정적인 폐해를 초래하고 있다. 이러한 현실적 상황을 고려해 볼 때, 근대화를 서구 사회의 특수한 경험으로 한정하기에는 무리가 따른다고 보인다. 결국 서구적 의미의 근대성의 전개 과정(근대화)은 단지 시·공간적으로 서구 사회에서 먼저 선취되었을 뿐, 궁극적으로 보편적 성격을 지니는 것이란 점을 이 글은 조심스럽게 인정하고자 한다. 물론 그것은 필연적인 법칙의 차원에서의 보편성을 가리키는 것은 아니며 일종의 경향적 차원에서의 준–보편성을 의미한다. 이런 한에서 이 글은 서구 근대성의 실현 과정 혹은 자기 전개 과정으로서의 근대화가, 약한 보편성 (weak-universality) 혹은 유사–보편성(quasi-universality)을 지니는 것으로 보고자 한다.

4.3 근대(성)의 근대적 성찰과 탈근대적 성찰의 상호 연계

이제껏 검토해 본 것처럼 한국 사회에는 일차적으로 미구현된 아울러 제대로 구현되지 못한 근대(성)를 정상적으로 발현시키고 그것이 일상적 삶의 영역에 올바로 관철될 수 있도록 해야 하는 과제가 주어져 있다. 즉 미완의 기획으로서 근대(성)가 우리가 추구해야 할 당면 목표로 설정되어 있는 것이다. 이때 실현해야 할 근대(성)의 기본 유형은 서구적 근대(성)이다. 물론 그렇다고, 이러한 근대(성)를 무비판적으로 답습하여 추구할 필요는 없다. 우리 사회에 비해 앞서 나아간 서구 선진 산업 사회의 근대화 경로를 꼼꼼히 되밟아 살펴봄으로써, 그들이 저지른 실수와 문제점, 병리적 현상들을 되풀이하는 우를 범하지 않는 방향에서, 근대(성)를 구현해 나가야 한다. 그러기 위해서 우선적으로 요구되는 것이 다름 아닌 서구 근대(성)에 대한 비판적 성찰이다. 여기에는 근대(성)의 테두리 내에서 이루어지는 근대적 성찰뿐만 아니라, 근대(성)의 외부에서 근대(성)에 대해 근본적인 비판을 제기하는 탈근대적 성찰까지 포함된다. 비록 탈근대론의 이론적·실천적 지향점과 귀결점은 거부되지만, 탈근대론의 관점은 **방법론적으로** 충분히 근대(성)의 한계와 난점을 드러내 보이고 이를 극복 해결하는 데 유의미하게 활용될 수 있다. 그 점에서 서구적 근대(성)에 대한 내재적 비판(근대적 성찰)과 외재적 비판(탈근대적 성찰)의 과정은, 한편으로 근대(성)의 한계와 부정성을 시정 극복하고, 다른 한편으로 미완의 근대(성)를 완수하는 과제를 수행함에 있어 필수적인 것으로서 요청된다.

이처럼 현재 우리 사회에서 서구적 근대(성)를 추구하여 관철시키고자 하는 것은, 서구적 근대화의 행로를 무비판적으로 답습하여 추수한다는 의미가 아니다. 그것은 지금껏 실현되어 온 서구적 근대(성)에 대한 철저한 반성과 비판을 통해 새롭게 **재구성된** 근대성을 추진하는 것이라 말할 수 있다. 아울러 그런 한에서 근대적 틀 내에서 근대(성)의 한계를 시정하고 보다 완결적인 형태로 근대(성)를 실현한다는 기획은, 적어도 한국 사회에는 최근 주목을 받고 있는 벡 등의 성찰적 근대화에만 국한되지 않는다. 왜냐하면 그것은 단순 근대화가 상당한 수준으로 진척된 서구 선진 사회에서 다시금 부딪치는 다양한 사회적 문제들에 대한 인식론상의 반성에서 비롯된 것이기 때문이다. 따라서 아직 단순 근대화마저 충분하게 이루지 못한 후진 사회에서, 무분별하게 성찰적 근대화만을 추구한다는 것은 또 다른 폐해를 야기할 가능성이 크다. 가령, **생태계 파괴의** 문제는 지역적으로 서구 선진 사회에만 국한되지 않으며 전 지구적으로 중대한 위기 문제로 떠오르고 있다. 그럼에도 이를 아시아나 아프리카 등의 저개발국에 무차별적으로 적용하여 개발의 제한을 강요할 경우, 이는 또

다른 의미의 서구 제국주의적 횡포 — 자연을 지배의 대상으로 보는
것조차 허용치 않는 극단적 탈근대론의 입장을 포함하여 — 로 귀착
될 소지가 있다. 즉 기형적으로 과도하게 발전된 도구적 합리성이 야
기한 생태계 파괴와 그 반대 급부로서 대자연의 복수를 받고 있는 서
구 선진 사회의 현재 진행형 경험을 빌미로 하여, 이제껏 등한시되어
온 합리성 — 주류 합리성에서 벗어나 있던 합리성 — 이름하여 자
연과 인간 사이의 조화적 합리성이나 생태적 합리성 등을 내걸면서[47]
제3세계 저개발 국가에게 이를 강요한다면, 이는 또 다른 힘의 논리
요 강자의 지배 논리를 표현한 것에 지나지 않게 된다. 먹고사는 문
제의 해결이 급선무인 저개발 국가에서는, 일정 수준의 자립적 삶의
터전을 마련하는 과정에서 도구적 합리성이 우선시될 수밖에 없으
며, 그에 따른 자연계의 파괴는 일정 정도 불가피할 수밖에 없기 때
문이다.

　아울러 상식적인 차원에서 단순화하여 비교하더라도, 성찰적 근
대화는 미래에 대한 예견적 성찰에 주안점을 두고 있는 데 비해, 선진
사회의 근대화 행로를 거울 삼아 근대화를 추구해 가는 우리 사회의
경우에는 앞서의 서구적 근대화 행로를 점검해 보는 이른바 과거에
대한 회고적 반성이 또한 필요하다. 나아가 이러한 근대적 차원의 비
판적 성찰의 단계를 뛰어넘어 반근대(성)로서의 탈근대성에 관한 논
의를 적극 수용하여, 이를 방법론적으로 활용하여 근대성을 조망하
도록 기획된 이른바 탈근대적 비판적 성찰도 동시에 진행되어야 한
다.

---

47) J. Dryzeck, "Green Reason: Communicative Ethics for the Biosphere," *Environmental Ethics*, vol 12(1990), 195-210쪽 참조.

5. 문제 제기: 근대(성) 내에서의 근대(성)와 탈근대(성)의 변증법

이제껏 살펴본 것처럼 우리가 구현하고 완성시켜 나가야 할 근대성은, 한편으로 근대(성)의 틀 내로 비판적으로 수용된 탈근대(성), 다른 한편으로 근대(성), 이 양자를 상호 결합하여 재구성한 근대(성)이다. 이를 달리 표현하면, 근대(성) 내에서 근대(성)와 탈근대(성)를 변증법적으로 통합시킨 근대(성) 유형[48] 혹은 서구 근대성에 대한 근대적 성찰과 동시에 탈근대적 성찰을 통해 지속적인 비판과 보완을 거쳐 재탄생된 근대성 유형이라 할 수 있다. 우리가 추구해 나가야 할 근대(성)를 잠정적으로 이렇게 규정해 놓게 되면 그것은, 유교적 차원의 근대성(합리성)이나 불교적 차원의 근대성이 구성 가능할 경우 그러한 탈근대적 성격의 근대성을 반성적으로 수용·포섭하는 보다 확장된 근대성을 의미하는 것이 된다.

그럼에도 그러한 수용 과정은 서구 근대성을 대체하는 방식으로서가 아니라, 서구 근대성의 한계나 미비점을 보완하고 보충하여 보다 완결적인 형태의 근대성으로 거듭날 수 있도록 기여하는 한도 내에서 이루어져야 한다. 게다가 근대성의 틀로 포착하기 어려운 탈근대의 다양한 측면과 요인들도 그것이 근대의 보다 나은 모델의 재구성에 공헌할 수 있다면, 적극적으로 수용해야 할 것이다. 물론 이러한 발상은 가장 원론적인 수준에서 제기되는 것이며, 따

---

48) 이러한 표현법은 벨머의 논문 「근대와 탈근대의 변증법」에서 차용한 것이다. 그럼에도 이는 적지않은 차이를 지니고 있다고 보여진다. 왜냐하면 벨머의 경우는 근대와 탈근대 양자를 서로 대등한 관계에서 변증법적으로 통합시키고자 한다면, 이 글은 근대의 틀 내에서 근대와 탈근대의 변증법적 통일을 추구하고자 하기 때문이다. 이러한 차이점에 대한 보다 심도 있는 논의는 별도의 독립된 글에서 상세히 다루어볼 예정이다. 이와 관련하여 근대와 탈근대의 변증법적 관계에 대한 벨머의 입장에 관해서는 A. Wellmer, *Zur Dialektik von Moderne und Postmoderne*(1985), 48-114쪽 참조.

라서 이의 구체화 방안을 놓고 보다 밀도 있는 탐구와 집중적인 논의가 이루어져야 할 것이다. 그런 한에서 이 글은 이 같은 사유의 단초를, 근대 내에서의 근대와 탈근대의 변증법(적 통일)이라는 테제로 잠정 명명하여 이를 새로운 문제 제기의 출발점으로 제안하고자 한다.

이와 관련해 이 글이 염두에 두고 있는, 근대 내에서의 근대와 탈근대의 변증법적 통일의 한 방식은, 절차적 합리성을 통해 한편으로 근대성의 주된 특징인 통일성과 총체성, 탈근대의 핵심인 다원성과 차이성, 양 대립적 요소들을 상호 결합하여 통일시키는 방안이라 할 수 있다. 이는 이미 하버마스가 자신의 의사소통 행위 이론을 통해 성공적으로 보여 주고 있는 대목이다. 이에 따르면, 과학, 도덕, 예술의 영역을 관할하는 진리, 정당성, 심미성의 기준은 개별 영역에 따라 각기 다르지만(다원성과 차이성), 참과 거짓, 윤리적 옳음과 그름, 아름다움과 추함은 모두 자유로운 열린 대화와 토론, 논증의 과정을 통한 상호 이해와 그로부터 도달한 합의를 통해 판가름난다는 점에서 개별 문화 영역의 척도는 모두 의사소통적 담론을 통해 발현되는 절차적 합리성이라는 공통성을 지닌다(통일성 및 총체성). 여기서 우리는 탈근대론이 강력하게 고수하고 있는 다원성과 차이성의 공존을 허용하면서도 여전히 통일성과 총체성을 담보하는 근대(성)의 한 모형, 다시 말해 근대의 경계 내에서 근대와 탈근대가 서로 통일되어 있는 근대(성) 유형의 단초를 엿보게 된다. 물론 이는 아직 만족스럽지 않은 상태이며 앞으로 더욱 보완되어야 할 여지가 많다. 그런 한에서 이 글은 이 같은 이론적 단초를 발판으로 삼아, 우리가 실현하고 완성해 나가야 할 한국적 근대(성) 유형을 모색하여 구성해 내는 보다 구체적인 작업을 이제부터라도 시작해야 한다는 점만을 문제 의식의 일단으로 제기하는 데 한정하고자 한다. 아울러 그러한 작업의 구체적인 진행에 대한 보고서의 작성은 아마도 이 글의 다음 과제가 될 것이다.

참고 문헌

서문: 철학의 위기와 대안적 사회 철학의 모색

남경희, 「인문학의 위기와 새로운 인문학」, 전국대학 인문학연구소협의회, 『현대사회 인문학의 위기와 전망』, 민속원, 1998.

박이문, 「인문학의 위기와 교육이념」, 『비평』 8호, 생각의나무, 2002.

이병천, 「민주주의론의 새로운 발전을 위하여」, 이병천/박형준 편저, 『마르크스주의의 위기와 포스트마르크스주의 I』, 의암, 1992.

최종욱, 「인문과학 위기에 대한 담론분석을 위한 시론」, 『한국 인문사회과학의 현재와 미래』, 푸른숲, 1998.

차인석, 「기술적 합리성과 세계의 운명」, 『사회철학대계 3』, 민음사, 1993.

황장엽, 『인간중심철학의 몇 가지 문제』, 시대정신, 2000.

Marcuse, H., "Some Social Implications of Modern Technology," A. Arato/E. Gebhardt(eds.), *The Essential Frankfurt School Reader*, Continuum, 1988.

Marx, K., *Thesen über Feuerbach*, MEW 3, Dietz Verlag, 1978.

MacIntyre, A., *After Virtue*, University of Notre Dame University, 1984.

Ritzer, G., *The McDonaldization of Society*, Pine Forge Press, 1996.

1. 자본주의 비판 철학으로서 루소의 평등주의적 정치 철학

소비에트 과학아카데미 철학연구소(편), 『세계철학사II』, 중원문화사, 1988.

평천청명(平田淸明), 『社會思想史』, 한울, 1982.

이병천,「현대 마르크스주의의 위기」,『사회주의 개혁논쟁』, 형상사, 1990.

차인석,「혁신 자유주의와 사회주의 이념」,『사회의 철학』, 민음사, 1992.

Althusser, L., *Politics and History*, NLB, 1977.

Baradat, L. P., *Political Ideologies: their origins and impact*, Prentice-Hall, 1991.

Barth, H., *Wahrheit und Ideologie*, Suhrkamp, 1974.

Beck, R. N., *Handbook in Social Philosophy*, Macmillan, 1979.

Berki, R. N., *The History of Political Thought*, Rowman and Littlefield, 1977.

Burgelin, P., *La Philosophie de l'existence de J. J. Rousseau*, Vrin, 1973.

Cobban, A., *Rousseau and the Modern State*, Allen & Unwin, 1934.

Colleti, L., "Rousseau, Kritiker der bürgerlichen Gesellschaft," *Marxismus und Dialektik*, ein
    Ullstein Buch, 1977.

Dahrendorf, R., *Life Chance*, The University of Chicago Press, 1979.

Fetscher, I., *Rousseaus politische Philosophie*, Suhrkamp, 1973.

Friedman, M., *Capitalism and Freedom*, The University of Chicago Press, 1962.

Fried, A./Sander, R., *Socialist Thought*, Doubleday & Company, 1964.

Gorbatschow, M., *Sozialistische Idee und revolutionäre Perestroika*, APN Verlag, 1989.

Hall, J. C., *Rousseau: An Introduction to his Political Philosophy*, Macmilllan,

Hallowell, J. H., *Main Currents in Modern Political Thought*, Henry Holt and Company, 1957.

Lemos, R. M., *Rousseau's Political Philosophy*, The University of Georgia Press, 1977.

Löwith, K., *Von Hegel zu Nietzsche*, Felix Meiner Verlag, 1981.

Marx, K., *Einleitung zur Kritik der Politischen Ökonomie*, MEW Bd. 13,

Müller, F., *Entfremdung*, Dunker & Humbolt, 1985.

Nielsen, K., *Marxism and The Moral Point of View*, Westview Press, 1989.

Plamenatz, J., *Man and Society*, Longman, 1981.

Rayan, A., *Property and Political Theory*, Basil Blackwell, 1986.

Reiman, J., *Justice and Modern Moral Philosophy*, Yale University Press, 1990.

Rousseau, J.-J., *Oeuvres complèts*, 4 vols, Gallimard, 1964.

Sabine, G. H., *A History of Political Theory*, Henry Holt and Company, 1950.

Shklar, J. N., *Men and Citizens: A Study of Rousseau's Social Theory*, Cambridge University
    Press, 1969.

Talmon, J. L., *The Origins of Totalitarian Democracy*, Secker & Warburg, 1952.

Volpe, G. D., *Rousseau and Marx*, Lawrence & Wishart, 1978.

2. 비판적 사회 이론으로서 권력-지식론

Dreyfus. H. L./P. Rainbow, *Michel Foucault: Beyond Structuralism and Hermeneutics*, The University of Chicago Press, 1983.

Dreyfus. H. L./P. Rainbow, "Qu'est-ce que la maturité? Habermas, Foucault et les lumières," D. C. Hoy(èd.), *Michel Foucault: Lectures critiques*, Editions Universitaires, 1989.

Eribon, D., *Michel Foucault*, Flammarion, 1989.

Foucault, M., *L'ordre du discours*, Gallimard, 1971.

Foucault, M., *Histoire de la folie à l'age classique*, Gallimard, 1972.

Foucault, M., *Surveiller et punir*, Gallimard, 1975.

Foucault, M., *Histoire de la sexualité* 1, Gallimard, 1976.

Foucault, M., *Power/Knowledge*(ed. by C. Gordon), Pantheon Books, 1977.

Foucault, M., "The Subject and Power," H. L. Dreyfus/P. Rainbow, *Michel Foucault: Beyond Structuralism and Hermeneutics*, The University of Chicago Press, 1983.

Foucault, M., "Structuralism and Post-Structuralism," *Telos*, n.55, 1983.

Foucault, M., *Language, Counter-memory, Practice*(ed. by D. F. Bouchard), Cornell University Press, 1986.

Foucault, M., "The Ethic of Care for the Self as a Practice of Freedom," J. Bernauer/D. Rasmussen(ed.), *The Final Foucault*, The MIT Press, 1988.

Foucault, M., "Qu'est-ce que les lumierès," *Magazine littéraire*, n. 309, 1993.

Frank, M., *Was ist Neostrukturalismus?*, Suhrkamp, 1984.

Frank, M., *Die Grezen der Verständigung: Ein Geistergespräch zwischen Lyotard und Habermas*, Suhrkamp, 1988.

Fraser, N., "Foucault on Modern Power: Empirical Insights and Normative Confusions," *Praxis International*, vol. 1, 1981.

Gutting, G.(ed.), *The Cambridge Companion to Foucault*, Cambridge University Press, 1994.

Habermas, J., *Kleine Politische Schriften* I-IV, Suhrkamp, 1981a.

Habermas, J., *Philosophisch-politische Profile*, Suhrkamp, 1981b.

Habermas, J., *Theorie des kommunikativen Handelns* 1, 2, Suhrkamp, 1981c.

Habermas, J., *Die Neue Unübersichtlichkeit*, Suhrkmap, 1985.

Habermas, J., *Der philosophische Diskurs der Moderne*, Suhrkamp, 1986.

Habermas, J., *Fatizität und Geltung*, Suhrkamp, 1992.

Honneth, A., *Kritik der Macht: Reflexionsstufe einer kritischen Gesellschaftstheorie*, Suhrkamp, 1989.

Honneth, A., *Kampf um Anerkennung: Zur moralischen Grammatik sozialer Konflikte*, Suhrkamp, 1992.

Hoy, C. D.(éd.), *Michel Foucault: Lectures critiques*, Editions Universitaires, 1989.

Hoy, C. D./Th. McCarthy, *Critical Theory*, Blackwell, 1994.

Kelly, M.(ed.), *Critique and Power: Recasting the Foucault/Habermas Debate*, The MIT Press, 1994.

Lenk, H.(hg.), *Zur Kritik der wissenschaftlichen Rationalität*, Verlag Karl Alber, 1986.

Luke, T. W., *Social Theory and Modernity*, Sage Publications, 1990.

Reese-Schäfer, W., *Jürgen Habermas*, Campus Verlag, 1991.

Smart, B., Foucault, *Marxism and Critique*, RKP, 1987

3. 노동 패러다임과 상호 작용 패러다임의 상호 보완성

선우현, 「하버마스의 '합리성이론'에 대한 비판적 검토」, 『철학논구』 22집, 서울대 철학과, 1994.

장춘익, 「하버마스: 비판적 사회 이론의 정립과 정치적 실천의 회복을 위한 노력」, 『사회비평』 11호, 나남, 1994.

Arnason, J. P., "Marx und Habermas," A. Honneth/U. Jaeggi(Hg.), *Arbeit, Handlung, Normativität*, Suhrkamp, 1980.

Baxter, H., "System and Lifeworld in Habermas's Theory of Communicative Action," *Theory and Society* 16, 1987.

Braaten, J., *Habermas's Critical Theory of Society*, SUNY Press, 1991.

Callinicos, A. T., *Against Postmodernism,* Polity Press, 1989.

Cooke, M., *Language and Reason: A Study of Habermas's Pragmatics*, The MIT Press, 1994.

Giddens, A., "Labour and Interaction," J. B. Thomson/D. Held(ed.), *Habermas: Critical Debates*, The MIT Press, 1982.

Gmünder, U., *Kritische Thorie: Horkerheimer, Adorno, Marcuse, Habermas*, *Metzler*, Stuttgart, 1985.

Habermas, J., *Technik und Wissenschaft als 'Ideologie,'* Suhrkamp, 1969.

Habermas, J., *Erkenntnis und Interesse*, Suhrkamp, 1973

Habermas, J., *Legitimationsprobleme im Spätkapitalismus*, Suhrkamp, 1973.

Habermas, J., *Kultur und Kritik*, Suhrkamp, 1977.

Habermas, J., *Zur Rekonstruktion des Historischen Materialismus*, Suhrkamp, 1982.

Habermas, J., *Theorie des kommunikativen Handeln* 1, 2, Suhrkamp, 1981.

Habermas, J., "Über Moralität und Sittlichkeit - Was macht eine Lebensform 'rational' ?," H. Schnädelbach(Hg.), *Rationalität*, Suhrkamp, 1984.

Habermas, J., *Vorstudien und Ergänzungen zur Theorie des kommunikativen Handelns*, Suhrkamp, 1984.

Habermas, J., *Die Neue Unübersichtlichkeit*, Suhrkamp, 1985.

Habermas, J., *Der philosopische Diskurs der Moderne*, Suhrkamp, 1985.

Habermas, J., "Entgegnung," A. Honneth/H. Joas(Hg.), *Kommunikatives Handeln*, Suhrkamp, 1986.

Habermas, J., *Faktizität und Geltung*, Suhrkamp, 1992.

Honneth, A., *Die zerrissene Welt des Sozialen*, Suhrkamp, 1990.

Honneth, A., *Kritik der Macht: Reflexionsstufen einer kritischen Gesellschaftstheorie*, Suhrkamp, 1989.

Honneth, A., "Arbeit und Instrumentales Handeln," A. Honneth/U. Jaeggi(Hg.), *Arbeit, Handlung, Normativität*, Suhrkamp, 1980.

Joas, H., "Unglückliche Ehe von Hermeneutik und Funktionalismus," A. Honneth/H. Joas(Hg.), *Kommunikatives Handeln*, Suhrkamp, 1986.

Marx, K., *Das Kapital* I, Marx-Engels Werke(MEW) 23, Dietz Verlag, 1975.

Marx, K., *Ökonomische-philosophische Manuskripte aus dem Jahre 1844*, MEW E.1, Dietz Verlag, 1981.

Marx, K., *Zur Kritik der politischen Ökonomie*, Vorwort, MEW 13, Dietz Verlag, 1975.

Pojana, M., *Zum Konzept der kommunikativen Rationalität bei Jürgen Habermas*, Verlag die BlaueEuele, 1985.

Rasmussen, D. M., *Reading Habermas*, Basil Blackwell, 1990.

Reese-Schäfer, W., *Jürgen Habermas*, Campus Verlag, 1991.

Reijen, W. v. , *Philosphie als Kritik*, Verlag Anton Hain, 1984.

Rockmore, T., *Habermas on Historical Materialism*, Indiana University Press, 1989.

Wellmer, A., *Ethik und Dialog: Elemente des moralische Urteile bei Kant und in der Diskursethik*, Suhrkamp, 1986.

Zimmermann, R., *Utopie-Rationalität-Politik*, Verlag Karl Alber, 1985.

Zimmermann, R., "Emanzipation und Rationalität: Grundprobleme der Theorie von Marx und Habermas," *Ratio* 26, 1984.

4. 생태학적 위기와 비판적 사회 이론의 역할

김형철, 「환경 위기와 세대간 분배정의」, 『사회계약론 연구』, 철학과현실사, 1993.

선우현, 「합리성이론으로서 하버마스의 비판적 사회 이론」, 서울대 철학과 박사학위 논문. 1998.

최종욱, 『철학과 일상으로부터의 탈출』, 국민대 출판부, 1996.

황경식, 『개방사회의 사회윤리』, 철학과현실사, 1996.

Birnbach, D., "Mensch und Natur," K. Bayertz(hrg.), *Praktische Philosophie. Grundorientierungen angewandter Ethik*, Rowohlt Taschenbuch Verlag, 1991.

Bookchin, M., *The Philosophy of Social Ecology*, Black Rose Books, 1995.

Devall, B./G. Session, *Deep Ecology*, Gibbs Smith Books, 1985.

Dobson, A., *Green Political Thought*, Routledge, 1995.

Eckersley, R., "Habermas and green political thought," *Theory and Society*, vol.19/6, 1990.

Elliot, R.(ed.), *Environmental Ethics*, Oxford University Press, 1995.

Habermas, J., *Erkenntnis und Interesse*, Suhrkamp, 1973.

Habermas, J., *Theorie des kommunikativen Handelns* I, II, Suhrkamp, 1981.

Habermas, J., *Der philosophische Diskurs der Moderne*, Suhrkamp, 1986.

Habermas, J., *Vorstudien und Ergänzungen zur Theorie des kommunikativen Handelns*, Suhrkamp, 1989.

Habermas, J., *Erläuterungen zur Diskursethik*, Suhrkamp, 1991.

Habermas, J., *Faktizität und Geltung*, Suhrkamp, 1992.

Horkheimer, M./Th. W. Adorno, *Dialektik der Aufklärung, Gesammelte Schriften*, Bd.5, Fischer, 1987.

Jonas, H., *Das Prinzip Verantwortung*, Suhrkamp, 1979.

Leopold, A., "The Land Ethic," M. E. Zimmerman(ed.), *Environmental Philosophy*, Prentice Hall, 1993.

Lukacs, G., *Geschichte und Klassenbewußtsein*, Luchterhand, 1971.

Luke, T. W/S. K. White, "Critical Theory, the Informational Revolution, and an Ecological Path to Modernity," J. Foster(ed.), *Critical Theory and Public Life*, The MIT Press, 1985.

MacKenzie, D./J .Wajcman, *The Social Shaping of Technology*, Open University Press, 1985.

Marcuse, H., *One-dimensional Man*, RKP, 1964.

Marx, K., *Ökomomisch-philosophische Manuskripte aus dem Jahre 1844*, Marx-Engles Werke 40, Dietz Verlag, 1981.

Moscovici, S., *Versuch über die menschliche Geschichte der Natur*, Suhrkamp, 1982.

Naess, A., "The Shallow and the Deep, Long-Range Ecology Movement: A Summary," *Inquiry* 16, 1973.

Naess, A., "The Deep Ecological Movement: Some Philosophical Aspects," M. E. Zimmerman(ed.), *Environmental Philosophy*, Prentice Hall, 1993.

Rolston, H., *Environmental Ethics*, Temple University Press, 1988.

Singer, P., "Animal Liberation," M. E. Zimmerman(ed,), *Environmental Philosophy*, Prentice Hall, 1993.

Sylban R., "Is There a Need for a New, an Environmental, Ethic?," M. E. Zimmerman(ed,), *Environmental Philosophy*, Prentice Hall, 1993.

Vogel, S., "Habermas and the Ethics of Nature," R. S. Gottlieb(ed.), *The Ecological Community: Environmental Challenges for Philosophy, Politics, and Morality*, Routledge, 1997.

Whitebook, J., "The Problem of Nature in Habermas," J. Bernstein(ed.), *The Frankfurtschool: Critical Assessments*, Routledge, 1994.

Zimmerman, M. E.(ed.), *Environmental Philosophy*, Prentice Hall, 1993.

5. 근대 역사 철학의 위기와 새로운 역사 철학의 정립 가능성

선우현, 『사회비판과 정치적 실천』, 백의, 1999.

선우현, 「진보와 보수의 공존: 하버마스 진보관의 의의와 한계」, 『시대와 철학』 12호, 1996.

양운덕, 「탈구조주의 사회 이론의 기초」, 『시대와 철학』 3호, 동녘, 1991.

최종욱, 「현대 프랑스철학의 비판적 이해」, 『프랑스철학과 우리 1』, 당대, 1997.

Adorno, Th., *Kulturkritik und Gesellschaft* I, Wissenschaftliche Buchgesellschaft, 1998.

Angehrn, E., *Geschichtephilosophie*, Verlag W. Kohlhammer, 1991.

Beck, U., *Riskogesellschaft*, Suhrkamp, 1986.

Bloch, E., *Das Prizip Hoffnung*, Suhrkamp, 1968.

Boyne, R., *Foucault and Derrida: The Other Side of Reason*, Unwin, 1990.

Changyin Chung, *Herbert Spencer's Evolutionary Liberalism*, Doctoral Thesis, University of Newcastle, 1998.

Derrida, J., *De la grammatologie*, Minuit, 1967.

Dray, W. H., *Philosophy of History*, Prentice-Hall, 1964.

Edward, P.(ed.), *The Encyclopedia of Philosophy*, vol. 6, The Macmillan Company & The Free Press, 1975.

Foucault, M., *L'archéologie du savoir*, Gallimard, 1969.

Foucault, M., *Surveiller et punir*, Gallimard, 1975.

Frank, Steven A., *Foundations of social evolution*, Princeton University Press, 1998.

Habermas, J., *Zur Rekonstruktion des Historischen Materialismus*, Suhrkamp, 1982.

Habermas, J., *Theorie des kommunikativen Handelns* 1, Suhrkamp, 1981.

Habermas, J., *Die neue Unübersichtlichkeit*, Suhrkamp, 1985.

Hegel, G. W. F., *Vorlesungen über die Philosophie der Geschichte*, Werke 12, Suhrkamp, 1986.

Jaeggi, U./A. Honneth(hg.), *Theorie des Historischen Materialismus*, Suhrkamp, 1977.

Lukacs, G., *Geschichte und Klassenbewußtsein*, Luchterhand, 1971.

Lyotard, J-F., *Le postmoderne expliqué aux enfants*, Editions Galilée, 1988.

Lyotard, J-F., *La condition postmoderne*, Les Editions de Minuit, 1979.

Mannheim, K., *Ideologie und Utopie*, Verlag G. Schulte Bulmke, 1969.

Marx, K./F. Engels, *Die deutschen Ideologie*, Marx-Engels Werke 3, Dietz Verlag, 1978.

Marx, K., *Das Kapital* III, Marx-Engels Werke 25, Dietz Verlag, 1975.

Munz, P., *The shapes of time: a new look at the philosophy of history*, Wesleyan University Press, 1977.

Schmid, D., "Habermas's theory of Social Evolution," J. B. Thomson/D. Held(ed.), *Habermas: Critical Debates*, The MIT Press, 1982.

Walsh, W. H., *An introduction to philosophy of history*, Hutchinson University Library, 1951.

Wiltshire, D., *The social and political thought of Herbert Spencer*, Oxford University Press, 1978.

Yovel, Y, *Kant and the philosophy of history*, Princeton University Press, 1980.

6. 대안적 사회 이론의 모델로서 합리성 이론

차인석, 「미국의 평등주의 전통」, 『사회의 철학』, 민음사(1992) 참조.

Anderson, P., *Consideration on Western Marxism*, Verso, 1976.

Angehrn, E., "Krise der Vernunft? Neuere Beiträge zur Diagnose und Kirtik der Moderne," *Philosophische Rundschau*, J. 33, H. 3/4, 1986.

Apel, K.-O., "Types of Rationality Today: the Continuum of Reason between Science and Ethics," *Karl-Otto Apel: Selected Essays* vol. 2, Humanities Press, 1996.

Apel, K.-O. "Die Herausforderung der totalen Vernunftkritik und das Programm einer philosophischen Theorie der Rationalitätstypen," *Concordia* 11, 1987.

Apel, K.-O., "Das Problem eniner philosophischen Theorie der Rationalitätstypen," H. Schnädelbach(hg.), *Rationalität*, Suhrkamp, 1984.

Arndt, A., *Dialektik und Reflexion. Zur Rekonstruktion des Vernunftbegriffs*, Felix Meiner Verlag, 1994.

Beck, U., *Riskogesellschaft. Auf dem Weg in eine andere Moderne*, Suhrkamp, 1986.

Bell, D., *The Cultural Contraditions in Capitalism*, Basic Books, 1967.

Boyne, R., *Foucault and Derrida: The other side of reason*, Unwin Hyman, 1990.

Bogner, C., *Die Versöhnung der mit sich selber zerfallenen Moderne: zum Verhältnis von Ethik und Gesellschaftstheorie bei Jürgen Habermas*, tuduv-Verlagsgesellschaft, 1992.

Casana, A., *Geschichte als Entwicklung?*, Walter de Gruyter, 1988.

Descombes, V., *Le meme et l'autre*, Minuit, 1979.

Gosepath, S., *Aufgeklärtes Eigeninteresse. Eine Theorie theoretischer und praktischer Rationaltität*, Suhrkamp, 1992.

Gripp, H., *Jürgen Habermas. Und es gibt sie doch - Zur kommunikationstheoritischen Begründung von Vernunft bei Jürgen Habermas*, Suhrkamp, 1984.

Habermas, J., *Kleine politische Schriften* I-IV, Suhrkamp, 1981.

Habermas, J., *Theorie des kommunikativen Handelns* 1, Suhrkamp, 1981a.

Habermas, J., *Die Neue Unübersichtlichkeit*, Suhrkamp, 1985.

Habermas, J., "Die Kulturkritik der Neokonservativen in den USA und in der Bundesrepublik," *Die Neue Unübersichtlichkeit*, 1985.

Hegel, G. W. F., *Die Vernunft in der Geschichte*, Felix Meiner, 1955.

Horkheimer, M./T. W. Adorno, *Gesammelte Schriften* Bd.5, Fischer, 1987.

Hösle, V., *Die Krise der Gegenwart und die Verantwortung der Philosophie*, Verlag C. H. Beck, 1990.

Jay, M., "The Debate over Performative Contradiction: Habermas vs. the Post-structuralists," A. Honneth/T. McCarthy/C. Offe/A. Wellmer(hg.), *Zwischenbetrachtungen. Im Prozeß der Aufklärung*, Suhrkamp, 1988.

Levine, D., "Rationality and Freedom: Weber and Beyond," P. Hammilton(ed.), Max *Weber: Critical Assessments* 2, vol. 4, Routledge, 1991.

Luke, T. W., *Social Theory and Modernity*, Sage Publication, 1990.

Marcuse, H., "Some Social Implications of Modern Technology," A. Arato/E. Gebhadt(eds.), *The Essential Frankfurt School Reader*, Continuum, 1988.

Resse-Schäfer, W., *Jürgen Habermas*, Campus Verlag, 1991.

Ritter, J., *Hegel und die französische Revolution*, Suhrkamp, 1972.

Roderick, R., "Preface," *Habermas and the Foundations of Critical Theory*, Macmillan, 1986.

Schnädelbach, H., "Transformation der Kritische Theorie," A. Honneth/H. Joas(hg.), *Kommunikatives Handeln*, Suhrkamp, 1986.

Schnädelbach, H., "Einleitung," H. Schnädelbach(hg.), *Rationalität*, Suhrkamp, 1984.

Steinfel, P., *Neoconservatives*, Simon & Schuster, 1979.

Weber, M., *Gesammelte Aufsätze zur Wissenschaftslehre*, J. C. B. Mohr, 1988.

Zimmerli, W. C., "Die Grenzen der Rationalität, als Problem der europäischen Gegewarts-philosophie," H. Lenk(hg.), *Zur Kritik der wissenschaftlichen Rationalität*, Verlag Karl Alber, 1986.

7. 담론 윤리학의 정립 토대 확보를 위한 예비적 · 보완적 이론 기획

권용혁, 「담화윤리학의 정당화」, 『철학연구』 35집, 철학연구회, 1994.

홍윤기, 「사회질서에서의 이성: 사회이성 시론」, 『철학사상』 6호, 서울대 철학사상연구소, 1996.

Apel, K.-O., *Transformation der Philosophie* Bd.2, Suhrkamp, 1976.

Apel, K.-O., "Das Problem einer philosophischen Theorie der Rationaltättypen," H. Schnädelbach(hg.), *Rationalität*, Suhrkamp, 1984.

Apel, K.-O., "Läßt *si*ch ethische Vernunft von strategischer Zweckrationalität sozialer Kommunikation und Interaktion," W. v. Raijen/K.-O. Apel(hg.), *Rationales Handeln und Gesellschaftstheorie*, Germinal Verlag, 1984a.

Apel, K.-O., "Grenzen der Diskursethik," *Zeitschrift für Philosophische Forschung* Bd.40, 1986.

Apel, K.-O., "Die Herausforderung der totalen Vernunftkritik und das Programm einer philosophischen Theorie der Rationalitättypen," *Concordia* 11, 1987.

Apel, K.-O., "Normative Begründung der Kritischen Theorie durch Rekurs auf lebensweltiche Sittlichkeit," A. Honneth/Th. McCarthy/C. Offe/A. Wellmer(hg.), *Zwischenbetrachtungen*, Suhrkamp, 1989.

Apel, K.-O., *Diskurs und Verantwortung*, Suhrkamp, 1990.

Apel, K.-O., "Die Vernuftfunktion der kommunikativen Rationalität Zum Verhätnis von konsensual-kommunikativer Rationalität, strategischer Rationalität und System rationalität," K.-O. Apel/M. Kettner(hg.), *Die eine Vernunft und die vielen Rationalitäten*, Suhrkamp, 1996.

Apel, K.-O., "Types of Rationality Today: The Continuum of Reason between Science and Ethics," E. Mendieta(ed.), *Karl-Otto Apel: Selected Essays* vol. 2, Humanities Press, 1996a.

Apel, K.-O., "A Planetary Macroethics for Humankind: The need, the apparent difficulty, and the eventual possibility," E. Mendieta(ed.), *Karl-Otto Apel: Selected Essays* vol. 2, Humanities Press, 1996b.

Bayertz, K., "Wissenschaft, Technik und Verantwortung. Grundlagen der Wissenschafts- und Technikethik," Bayertz, K.(hg.), *Praktische Philosophie*, Rowohlt, 1991.

Brown H., *Rationality*, RKP, 1990.

Casana, A., *Geschichte als Entwicklung?*, Walter de Gruyter, 1988.

Gosepath, S., *Aufklärtes Eigeninteresse. Eine Theorie theoretischer und praktischer Rationalität*, Suhrkamp, 1992.

Guthrie, W. K. C., *The Greek Philosopers: From Thales to Aristotle*, Harper & Row, 1960.

Guthrie, W. K. C., *History of Greek Philosophy* III, Cambridge University Press, 1975.

Habermas, J., *Theorie des kommunikativen Handelns* I, II, Suhrkamp, 1981.

Habermas, J., *Der Philosophische Diskurs der Moderne*, Suhrkamp, 1986.

Habermas, J., *Erläuterungen zur Diskursethik*, Suhrkamp, 1991.

Hösle, V., *Die Krise der Gegenwart und die Verantwortung der Philosophie*, Verlag, C. H. Beck, 1990.

Kant, I., *Kritik der reinen Vernunft*, Felix Meiner Verlag, 1971.

Kuhlmann, W., *Reflexive Letztbegründung*, Verlag Karl Alber, 1985.

Lenk, H., "Über Rationalitättstypen und Rationalitästkritik," *Zwischen Wissenschaftstheorie und Sozialwissenschaft*, Suhrkamp, 1986.

Mittelstraß, J., *Technik und Vernunft, Wissenschaft als Lebensform*, Suhrkamp, 1982.

Niquet, M., "Verantwortung und Moralstrategie Überlegungen zu einem Typus praktisch-moralischer Vernunft," K.-O. Apel/M. Kettner(hg.), *Die eine Vernunft und die vielen Rationalität*, Suhrkamp, 1996.

Reese-Schäfer, W., *Karl-Otto Apel. Zur Einführung*, Junius, 1990(권용혁 옮김, 『칼-오토 아펠과 현대철학』, 울산대 출판부, 1997).

Schnädelbach, H., "Einleitung," H. Schnädelbach(hg.), *Rationalität*, Suhrkamp, 1984.

Zimmerli, W. C., "Die Grenzen der Rationalität, als Problem der europäischen Gegenwartsphilosophie," H. Lenk(hg.), *Zur Kritik der wissenschaftlichen Rationalität*, Verlag Karl Alber, 1986.

8. 끝없는 발전의 도정으로서 유토피아

김재기, 「푸리에의 사회 철학의 기본 원리」, 『사회철학대계 2』, 민음사, 1993.

김용옥, 「황장엽이 말하는 주체 사상의 올바른 이해와 비판을 위하여」, 『전통과 현대』 1호, 1997.

김진, 「블로흐의 희망 철학과 유토피아론」, 『사회철학대계 2』, 민음사, 1993.

백종현, 「20세기 한국사회와 사회 철학 그리고 그 과제」, 『사회철학대계 5』, 민음사, 1998.

선우현, 「주체 사상의 변용 · 왜곡구조 분석 및 변화가능성 전망」, 『북한조사연구』 2권 2호, 통일정책연구소, 1999.

신일철, 「황장엽의 망명과 주체사상」, 『사상』 34호, 1997.

월러스틴, 『유토피스틱스』, 창작과비평사, 1999.

임철규, 「왜 유토피아인가」, 『오늘의 책』 5호, 한길사, 1985.

최종욱, 『철학과 일상으로부터의 탈출』, 국민대 출판부, 1997.

홍진표, 「주체 사상 논쟁에 대한 개괄적 정리」, 『시대정신』 1호, 시대정신, 1999.

황장엽, 『나는 역사의 진리를 보았다』, 한울, 1999.

황장엽, 『북한의 진실과 허위』, 통일정책연구소, 1998.

황장엽, 『개혁과 개방』, 통일정책연구소, 1998.

황장엽, 「북한 주체 사상의 실체」, 『민주이념』 2호, 민주이념연구소, 1998.

황장엽, 『황장엽비밀파일』, 『월간조선』 1997년 4월호 별책부록, 조선일보사, 1997.

황장엽, 『인간중심철학의 몇 가지 문제』, 시대정신, 2000.

황장엽, 『인간중심사상 강의』, 미발간 강의록.

황장엽, 『개인의 생명보다 귀중한 민족의 생명』, 시대정신, 1999.

Adorno, Th., *Kulturkritik und Gesellschaft I*, Wissenschaftliche Buchgesellschaft, 1998.

Bloch, B., *Das Prizip Hoffnung*, Suhrkamp, 1968.

Engels, F., *Die Entwicklung des Sozialismus von der Utopie zum Wissenschaft*, MEW 19, Dietz Verlag,

Fukuyama, F., "The End of History?," *The National Interest* 16, 1989.

Geoghegan, V., *Utopianism and Marxism*, Methuen, 1987.

Habermas, J., *Die Neue Unübersichtlichkeit*, Suhrkamp, 1985.

Hertzler, J. O., *The history of Utopian thought*, Macmillan Co., 1926.

Kautsky, K., *Thomas More und seine Utopie*, J. H. W. Diez Nachf. GmbH, 1920.

Kumar, K., *Utopia and anti-utopia in modern times*, Blackwell, 1987.

Larrain, J., *Marxism and Ideology*, Macmillan, 1983.

Lasky, M. J., *Utopia and Revolution*, The University of Chicago Press, 1976.

Levitas, R., *The Concept of Utopia*, Philip Allan, 1990.

Mannheim, K., *Ideology and Utopia*, Routledge & Kegan Paul, 1972.

Marx, K., *Kritik des Gothaer Programms*, MEW 19, Dietz Verlag, 1982.

Marx, K., *Ökonomisch-philosophische Manuskripte aus dem Jahre 1844*, MEW 40, Dietz Verlag, 1981.

Marx, K./F. Engels, *Die deutsche Ideologie*, MEW 3, Dietz Verlag, 1969.

Marx, K./F. Engels, *Manifest der Kommunistischen Partei*, MEW 4, Dietz Verlag, 1980.

More, T., *Utopia*, Yale University Press, 1964.

Popper, K., *The Open Society and Its Enemies* I, Princeton University Press, 1966.

Seibt F., "Utopie als Funktion abendländischen Denkens," W. Voßkamp(hg.), *Utopieforschung* 1, Suhrkamp, 1985.

Vattimo, G., *The Transparent Society*, Johns Hopkins University Press, 1992.

9. 탈근대(성)의 포용으로서 근대(성)

김동훈, 『한국의 학벌, 또 하나의 카스트인가』, 책세상, 2001.

김상환, 『해체론시대의 철학』, 문학과지성사, 1988.

이정우, 「현대 프랑스철학을 보는 관점―김성기/이정우 대담」, 『현대 프랑스철학을 보는 눈』, 당대, 1997.

김호기, 『한국의 현대성과 사회변동』, 나남, 1999.

유문무, 「포스트모더니즘의 문화적 파장」, 『현대사회의 구조와 변동』, 사회비평사, 1996.

유홍림, 「포스트모더니즘의 자유주의」, 『사회비평』 16호, 나남, 1996.

월러스틴, 『자유주의 이후』, 당대, 1996.

이진우, 「포스트모더니즘과 동양정신의 재발견」, 『한국 인문학의 서양 콤플렉스』, 민음사, 1999.

최종욱, 「탈현대론의 한국적 수용에 대한 비판적 소론」, 『"포스트논쟁"과 사회의식 연구』, 정신문화연구원, 1994.

최종욱, 「현대 프랑스철학의 비판적 이해」, 『현대 프랑스철학을 보는 눈』, 당대, 1997.

함재봉, 「포스트모더니즘과 근대 정치사상」, 『사상』 6권 2호, 사회과학원, 1994.

Adorno, Th., *Kulturkritik und Gesellschaft* I, Suhrkamp, 1998.

Apel, K.-O., "Die Herausforderung der totalen Vernunftkritik und das Programm einer philosophischen Theorie der Rationalitättypen," *Concordia* 11, 1987.

Berman, R. A., "Troping to Pretoria: The Rise and Fall of Deconstruction," *Telos 85*, 1990.

Derrida, J., *Positions*, Minuit, 1972.

Dryzeck, J., "Green Reason: Communicative Ethics for the Biosphere," *Environmental Ethics*, vol. 12, 1990.

Eaglton, T., *The Illusions of Postmodernism*, Blackwell Publishers, 1997.

Foucault, M., *Les mots et les choses*, Gallimard, 1966.

Giddens, A., *The Consequence of Modernity*, Polity Press, 1992.

Giddens, A./U. Beck/S. Lash, *Reflexive Modernization*, Polity Press, 1994.

Gorz, A., *Critique of Economic Reason*, Verso, 1989.

Habermas, J., *Der philosophische Diskurs der Moderne*, Suhrkamp, 1986.

Habermas, J., *Die Einbeziehung der Anderen*, Suhrkamp, 1996.

Hall, S./D. Held/D. Hubert/K. Thompson(eds.), *Modernity: An Introduction to Modern Societies*, Polity Press, 1995.

Heller, A./F. Fehler, *The Post-Modern Political Condition*, Columbia University Press, 1989.

Honneth, A., *Kritik der Macht*, Suhrkamp, 1989.

Inglehart, R., *The Silent Revolution: Changing Values and Political Styles among Western Publics*, Princeton University Press, 1977.

Jay, M., "The Debate over Performative Contradiction: Habermas vs. the Post-structuralists," A. Honneth/Th. McCarthy/C. Offe/A. Wellmer(hg.), *Zwischenbetrachtungen*, Suhrkamp, 1989.

Lash, S., *Another Modernity, A Different Rationality,* Blackwell Publishers, 1999.

Lyotard, J.-F., *La condition postmoderne*, Minuit, 1979.

Lyotard, J.-F., *Le postmoderne expliqué aus enfants*, Galilée, 1979.

Mannheim, K., *Ideologie und Utopie*, Verlag G. Schulte-Bulmke, 1969.

Vattimo, G., *The End of Modernity*, The Polity Press, 1988.

Weber, M., *Wirtschaft und Gesellschaft*, J. C. B. Mohr, 1985.

Wellmer, A., *Zur Dialektik von Moderne und Postmoderne*, Suhrkamp, 1985.

Welsch, W., *Unsere postmoderne Moderne*, Akademie Verlag, 1988.

Welsch, W., *Wege aus der Moderne*, VCH Verlaggeselschaft, 1988.